GÜTERSLOHER
VERLAGSHAUS

Andrea von Treuenfeld

Zurück in das Land, das uns töten wollte

Jüdische Remigrantinnen
erzählen ihr Leben

Gütersloher Verlagshaus

Bibliografische Information der Deutschen Nationalbibliothek
Die Deutsche Nationalbibliothek verzeichnet diese Publikation
in der Deutschen Nationalbibliografie; detaillierte bibliografische
Daten sind im Internet über https://portal.dnb.de abrufbar.

Verlagsgruppe Random House FSC® N001967.
Das für dieses Buch verwendete FSC®-zertifizierte Papier
Munken Premium Cream liefert Arctic Paper Munkedals AB, Schweden.

1. Auflage
Copyright © 2015 by Gütersloher Verlagshaus, Gütersloh,
in der Verlagsgruppe Random House GmbH, München

Dieses Werk einschließlich aller seiner Teile ist urheberrechtlich geschützt. Jede Verwertung außerhalb der engen Grenzen des Urheberrechtsgesetzes ist ohne Zustimmung des Verlages unzulässig und strafbar. Das gilt insbesondere für Vervielfältigungen, Übersetzungen, Mikroverfilmungen und die Einspeicherung und Verarbeitung in elektronischen Systemen.

Das Gütersloher Verlagshaus, Verlagsgruppe Random House GmbH, weist ausdrücklich darauf hin, dass im Text enthaltene externe Links vom Verlag nur bis zum Zeitpunkt der Buchveröffentlichung eingesehen werden konnten. Auf spätere Veränderungen hat der Verlag keinerlei Einfluss. Eine Haftung des Verlags für externe Links ist stets ausgeschlossen.

Umschlag- und Inhaltfotos: © privat
Druck und Einband: Těšínská tiskárna, a.s., Český Těšín
Printed in Czech Republic
ISBN 978-3-579-07087-2

www.gtvh.de

Für Antonia

Inhalt

- 8   Vorwort von Christian Berkel
- 10   Einführung

- 12   **Bela Cukierman**
  Berlin – Shanghai (China) – Hadera, Jerusalem (Israel) – Berlin

- 28   **Anita Lippert**
  Nordenstadt – Wiesbaden – Theresienstadt (Tschechoslowakei) – Wiesbaden – Philadelphia, New York (USA) – Wiesbaden

- 48   **Ruth Galinski**
  Dresden – Warschau, Tatra, Krakau (Polen) – Berlin

- 64   **Alisa Weil**
  Stettin – Hütten (Schweiz) – Nahalal, Givat Haim, Haifa, Ben Shemen, Qiryat Bialik, Haifa (Palästina) – London (England) – Hannover, Heppenheim, Wuppertal, Köln, Meckenheim

- 88   **Renée Brauner**
  Berlin – Innsbruck (Österreich) – Zagreb, Ruma, Belgrad, Split (Jugoslawien) – Asti (Italien) – Poschiavo, Davos, Zürich (Schweiz) – Paris (Frankreich) – Frankfurt, Berlin

- 102   **Steffi Wittenberg**
  Hamburg – Montevideo (Uruguay) – Houston (USA) – Hamburg

- 116   **Ruth Schlesinger**
  Berlin – Qiryat Haim, Haifa (Israel) – Berlin

- 126   **Ruth Hacohen**
  Framersheim – Heiden (Schweiz) – Usha, Bat Galim (Palästina) – Ismaʻilia (Ägypten) – Qiryat Haim, Qiryat Anavim, Zfat, Beʻer Sheva (Palästina/Israel) – Framersheim, Mainz, Frankfurt – Zürich (Schweiz) – Frankfurt

142   **Dr. Alice Ilian-Botan**
Berlin – Bukarest (Rumänien) – Nazareth, Qiryat Haim (Israel) –
Bad Oeynhausen, München

156   **Ruth Stadnik Goldstein**
Berlin – Buenos Aires (Argentinien) – Berlin

170   **Ruth Wolff-Stirner**
Shanghai (China) – Jerusalem (Israel) – München

182   **Anni Bober**
Dinslaken, Barmen – Wieringermeer (Holland) – Barmen –
Petah Tikva, Pardes Hana, Nahariya, Pardes Hana,
Nahariya (Palästina/Israel) – Frankfurt

194   **Eva Fröhlich**
Berlin – Montevideo (Uruguay) – Rio de Janeiro,
Cachoeiro de Itapemirim, Rio de Janeiro,
Teresópolis (Brasilien) – Frankfurt

206   **Ruth Thorsch**
Berlin – Ramat Gan (Palästina/Israel) – Frankfurt

216   **Margot Wisch**
Frankfurt – Santiago (Chile) – Haifa (Israel) – Wiesbaden

224   **Gerda Rosenthal**
Remscheid – Jerusalem (Palästina) – Remscheid – Jerusalem,
Tel Aviv (Palästina/Israel) – Wiesbaden – Portland, Chicago,
New York (USA) – Offenbach, Frankfurt

238   **Maßnahmen der Nationalsozialisten
gegen Juden 1933 - 1945**

246   **Glossar**

Vorwort

Christian Berkel,
geboren 1957, ist Schauspieler und Sohn einer jüdischen Mutter, die 1938 aus Berlin nach Paris floh, dort 1940 verhaftet und in das Internierungslager Gurs verschleppt wurde, freikam und sich bis zum Ende des Krieges in Leipzig versteckte. Sie emigrierte 1947 nach Argentinien und kehrte 1955 nach Berlin zurück.

Was wäre, wenn ...?

Mit dieser Frage beginnt jede Geschichte, sie steht am Anfang jedes Lebens. Es sind zunächst die Träume von Eltern, die sich ein Leben für ihr Kind wünschen, das meist aus ihren eigenen Sehnsüchten gezimmert ist. So sind wir nun mal. Irgendwann erreicht dieses Kind ein Alter, in dem es selber diese Frage stellt, in dem es beginnt, sich seine Identität durch Interpretation der Umstände, in die es hineingeboren wurde, zu erschaffen, oder, etwas sachlicher, zu konstruieren.

Jede Lebenskrise verlangt von uns eine Neuinterpretation, eine Wiederherstellung unserer durch Verlust und Schmerz angeschlagenen Identität. Verletzungen treiben vorübergehend in die Einsamkeit, weil diese Erfahrungen selten teilbar sind, weil es unsere ganze Kraft braucht, um sie durch den Vorgang der Trauer anzunehmen und in unser neues Leben zu integrieren. Auch wenn wir es auf dem Höhepunkt einer Krise anders empfinden mögen, ist es meist nur ein Bereich unserer Identität, der betroffen ist, ein Raum des Hauses, das uns Schutz bietet. Aber was geschieht, wenn die tragenden Wände eingerissen werden, wenn man uns unsere Heimat und unsere Sprache nimmt, unsere Familien, die Menschen, die wir lieben, wenn wir mit einem Mal alles verlieren, was uns Halt gibt, wenn man uns das Recht auf eine freie, selbstbestimmte Existenz verweigert, wenn man droht, uns zu vernichten, uns zu ermorden?

Was geschieht, wenn etwas vollkommen Unvorhergesehenes und Unvorhersehbares eintritt, etwas, das einen Bruch mit den Grundlagen der menschlichen Zivilisation markiert, etwas noch nie Dagewesenes, etwas, wovor alle erlernten Interpretationshilfen versagen müssen, ein systematischer, klug und umsichtig organisierter, ein industriell durchgeführter Völkermord mit den modernsten technischen Mitteln, menschenverachtend, ohne einen Moment der Empathie?

Wie würde das unser Leben verändern, sofern wir zu den Überlebenden gehören würden, zu den Menschen, die fliehend die Bürde dieses Glücks in andere Länder, andere Kontinente tragen müssten? Und was würde es bedeuten, in dieses Land zurückzukehren?

Andrea von Treuenfeld gibt mit ihrem Buch einige der komplexesten Antworten auf diese Fragen, indem sie auf historische Interpretation verzichtet und das Wort dem Leben gibt, den Frauen, die vor diese Fragen gestellt wurden, deren Lebensläufe sie einfühlsam aufgezeichnet hat.

Beim Lesen fragte ich mich jedes Mal, bei jedem Leben, welche verletzende Mühe es diese Frauen gekostet haben muss, in ihre Vergangenheit, eine Vergangenheit, die sie nicht mehr loslassen konnten, weil sie sie nie mehr losgelassen hat, emotional zurückzukehren, die Reise rückwärtsgehend nochmal zu durchleiden?

Und ich habe mich gefragt, warum sie es getan haben?

Die eingangs erwähnte Einsamkeit durch Verlust tritt dem Leser in jeder Zeile und zwischen den Zeilen entgegen. Sie ist ein trauriges Geschenk, ein Angebot, ein Versuch, das Unverständliche zu sagen, sich uns mitzuteilen. Ich kann mir nach der Lektüre dieser Lebensgeschichten nichts Großzügigeres vorstellen als die Bereitschaft zum Erzählen, auch da, wo es nicht versöhnlich ist.

Einführung

»Und dann gingen meine Eltern auf die Suche nach Verwandten, Bekannten, nach irgendjemandem, der überlebt hatte«, sagt Bela Cukierman über die ersten Tage in ihrer Geburtsstadt Berlin. Sie war zehn Jahre alt und eine der wenigen, die mit Familie zurückkam. Die überhaupt noch Familie hatte.

Gerda Rosenthal wusste während des Krieges nichts von ihrer, auch Ruth Hacohen hoffte vergeblich auf Nachricht. Erst Jahre später in Palästina hörten sie, dass ihre Eltern deportiert und ermordet worden waren. Dennoch wohnen sie beide heute in Frankfurt.

Anita Lippert überlebte Theresienstadt, Ruth Galinski in einem Versteck in der Tatra. Und auch sie gingen wieder nach Deutschland.

Wie hält man das aus, zurückzukehren in dieses Land? In das Land, das Verwandte und Freunde umgebracht und Unbeschwertheit, Vertrauen und Zukunft zerstört hat. Das Land, das auch die 16 Frauen töten wollte, die ich – auf der Suche nach einer Antwort – gebeten habe, mir ihre Lebensgeschichte zu erzählen.

Ihre Kindheit haben sie in Berlin oder Stettin verbracht, in Framersheim oder Frankfurt. Fröhlich und behütet und in dem Glauben, dass sich das niemals ändert. Bis sie als Jüdin – was ihnen bis zu diesem Moment nicht einmal bewusst war, und wenn doch, dann sicher nicht als Makel – ausgegrenzt wurden. Anfangs noch schleichend, dann immer brutaler. Erst war es die Freundin, die sich wortlos abwandte. Dann die Schule, die für sie verschlossen blieb. Schließlich der Absturz in die Armut, weil der Vater seine Arbeit verlor. Und dann die allgegenwärtige Bedrohung, die Angst vor der Verhaftung. Zum Schluss blieb nur noch die Furcht vor dem Ungewissen, als sie abgeschoben wurden, untertauchen mussten oder gerade noch rechtzeitig auswandern konnten.

Sie emigrierten nach Shanghai und Uruguay, nach Brasilien und natürlich nach Palästina. Sie flohen jahrelang von einem besetzten Gebiet in das nächste oder durften das kommunistische Rumänien jahrzehntelang nicht mehr verlassen. Sie wurden getaufte Katholikinnen oder überzeugte Israelinnen. Sie haben Familien gegründet und sich eingerichtet in ihrem neuen Leben. Sie haben keinen deutschen Pass und mehr Angst vor Antisemitismus als damals.

Und doch gehören auch sie zu jenen Juden, die sich nach 1945 für eine Wiederkehr entschieden – oftmals gegen großen Widerstand. Sie wurden angegriffen von Überlebenden, die eine Remigration in das Land der Täter verurteilten und abgelehnt von einem Teil der deutschen Bevölkerung, der sich, in dem Bestreben, die eigene Vergangenheit und die damit verbundenen Gräueltaten der Nationalsozialisten zu verdrängen, plötzlich wieder mit dieser konfrontiert sah.

Warum also dieser schwere Rück-Schritt an einen Ort, der nach dem Holocaust niemals wieder Heimat sein konnte? Die eine, alles erklärende Antwort habe ich nicht gefunden in den Gesprächen mit diesen Frauen. Die Gründe für ihre Remigration sind ebenso vielfältig wie ihre Biografien und auch nur aus diesen zu verstehen.

Gefunden aber habe ich in ihren Erzählungen das Unvorstellbare. Das Grauen, das in den kleinen, fast nebenbei berichteten Episoden für einen kurzen Augenblick wieder präsent ist. Die daraus resultierenden Traumata, lange verborgen und doch nie vergessen. Offen sprachen sie über viel zu früh geschlossene Ehen, die zum Ersatz für das verlorene Zuhause wurden. Und über bittere Entscheidungen, wie die, aus Armut die Schule abzubrechen und somit den Traum vom Studium ebenso vergessen zu müssen wie all die anderen Brüche, die das Leben dieser Jüdinnen prägten. Geblieben ist ihnen das Gefühl der Zerrissenheit, die Suche nach Zugehörigkeit. Denn obwohl sie sich vor Jahrzehnten wieder hier niedergelassen haben, ist dieses Land nicht mehr ihr Land.

Aus diesem Grund, und auch um ihre Authentizität zu wahren, sind Satzstellung und Wortwahl dieser Zeitzeuginnen, denen ich dankbar bin, dass sie mich an ihren Erinnerungen teilhaben ließen, weitgehend beibehalten worden.

Andrea von Treuenfeld

Bela Cukierman
geboren als Bela Wolff am 11. Juni 1940

Berlin

Shanghai (China)

Hadera, Jerusalem (Israel)

Berlin

Die deutschen Juden gibt es eigentlich nicht mehr. Deutsche Juden, die die Möglichkeit hatten, nach England, nach Amerika auszuwandern, die sind nicht zurückgekommen. Zurückgekommen sind Leute wie meine Eltern, die nicht zurechtkamen in Palästina.

Im September 1940 sind wir weg. Erst durch Polen, weiter mit der Transsibirischen Eisenbahn, dann über den Landweg nach Harbin, von da zur Küste und mit dem Schiff nach Shanghai. Um Weihnachten herum sind wir angekommen, aber wir sind nicht ununterbrochen gefahren, es gab auch Stopps. Vom Baikalsee hat meine Mutter gesprochen und auch von der unendlichen Ödnis in der Eisenbahn. In Polen und in Russland gab es jüdische Gruppen, die zum Bahnhof kamen und uns mitgenommen haben zu sich nach Hause. Dann durfte sie mich baden oder sie konnte mal schlafen.

Zum Glück konnte sie mich stillen. Sie hat immer gesagt, wenn ihr die Milch ausgegangen wäre, wäre ich verhungert. Darum gibt es auch wenige in meinem Alter. Als ich später wieder nach Berlin kam, da waren die meisten in der Jugendgruppe in den Zwanzigerjahren oder Anfang der Dreißiger geboren. Und dann gab es die ab 1947 Geborenen. Meine Altersgruppe von 1939/40, das sind nur ein paar. Man bekam schon Kinder, aber die starben wegen Entkräftung oder wurden umgebracht.

Ich bin noch im Jüdischen Krankenhaus Berlin zur Welt gekommen. Meine Eltern hatten 1938 in Berlin geheiratet und wohnten in der Kantstraße. Mein Vater kam, was ja sehr üblich war, aus einer Viehhändlerfamilie. Und er war Viehhändler sein ganzes Leben lang. Meine Mutter ist in Weißensee groß geworden und war vor dem Krieg gelernte Verkäuferin. Man sagt, sie war sehr hübsch. Ihre Familie und auch die meines Vaters stammten aus Westpreußen, und 1919/20 mussten die Leute dort optieren, ob sie Deutsche oder Polen sein woll-

Bela Wolff 1954 in Berlin

ten. Sie sprachen kein Polnisch, entschieden sich für Deutschland und kamen so nach Berlin.

Von dort sind meine Eltern nicht früher weggegangen, weil mein Vater dachte, das kann ja nicht so dämlich sein, das deutsche Volk, Hitler wird sich nicht halten. Aber als die Sache hier immer enger wurde, schrieb meine Mutter an die Schwester meines Vaters, die mit Mann und Sohn schon nach Shanghai ausgewandert war, dass sie uns auch Papiere schicken sollten. Als ihre Papiere kamen, war ich in der Zwischenzeit geboren. Die Eltern meines Vaters haben dann alles verkauft, was sie hatten, um so noch die Papiere für mich zu bezahlen. Sie waren auch schon in Shanghai. Das war eine freie Stadt, deshalb konnte man dorthin. Es war anfangs nicht das Problem, aus Deutschland heraus zu kommen. Es war das Problem, wo man rein konnte.

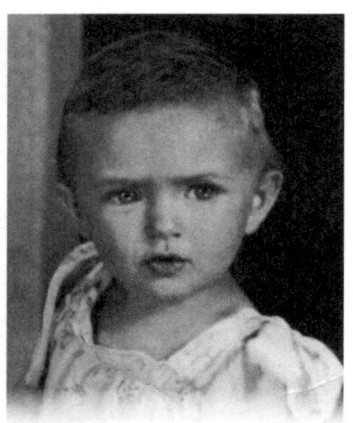

Bela Wolff am ersten Geburtstag, 11. Juni 1941

Nach Shanghai waren die Juden ursprünglich um 1870 gegangen, nach den Opiumkriegen. Die Stadt war als Konzession an die Engländer gegeben worden, und dank des Hafens wurde dort Handel getrieben. Somit kamen nicht nur Soldaten, sondern auch Handelstreibende. Und dabei waren auch die Familien Sassoon, Kadoorie und Mizrahi, ehemals irakische Juden, die eine sehr vermögende Gemeinde bildeten. Eine weitere Gruppe war die der russischen Juden, die bei der Revolution geflohen waren.

Schon 1941, nach dem japanischen Angriff auf Pearl Harbor, mussten die deutschen Juden ins Ghetto. Die Japaner waren die Alliierten der Deutschen, und als eine SS-Delegation geschickt wurde, erklärte die den Japanern, wie sie mit den Juden umzugehen hatten. Die Japaner wollten sich nun nicht mit allen Europäern anlegen und haben als Kompromisslösung die Engländer interniert und nur die Staatenlosen ins Ghetto geschickt. Da die deutschen Juden, die mit dem »J-Pass«, bei ihrer Auswanderung die deutsche Staatszugehörigkeit abgeben mussten, waren sie staatenlos. Die etablierten Juden waren nicht betroffen und finanzierten das Ghetto in Hongkou. Tragischerweise haben sie irgendwann gesagt:

»Wir können nicht mehr als 20.000 Menschen unterstützen.«

Und das war der Stopp. Parallel dazu verlief die Entwicklung des Krieges. Die Emigration durch Russland, die wir gemacht haben, ging ja nur so lange, bis der Russland-Feldzug der Nazis begann. Ab dann war dieser Schlupfwinkel unerreichbar.

Das Ghetto in Hongkou, das war der alte Hafen von Shanghai. Die dort lebenden Kulis und Arbeiter wurden von den Japanern rausgesetzt und uns haben sie reingesetzt. Die Japaner waren sehr brutal mit den Chinesen. Ich weiß noch, dass ich mit meinem Vater auf der Garden Bridge war, die über den Yangtse führt, und plötzlich mussten sich neben uns Chinesen knien und Japaner haben sie erschossen. Oder sie haben angeordnet, dass alle gegen Typhus geimpft werden. Es wurde eine Straße gesperrt und dann wumm, wumm, wumm – jeder, der vorbeikam, wurde geimpft.

Im Ghetto war es heiß, primitiv und es herrschte eine unvorstellbare Armut. Die Chinesen haben deshalb ihre Kinder zum Betteln verstümmelt. Es war schmutzig und es stank, es gab keine Toiletten. Morgens kamen die Lastenträger, um die Kübel abzuholen, die sie mit Stangen auf den Schultern trugen. Man wurde krank in diesen unhygienischen Verhältnissen. Die Menschen starben an Tbc, die Toten lagen in Tücher gewickelt auf den Straßen. Ich bekam das sogenannte Shanghai-Fieber, habe meine Eltern gar nicht mehr erkannt. Aber ich hatte Glück, die Amerikaner waren schon da und die hatten Penicillin.

Es waren nur ein paar Straßen, aber es war eine Welt für sich. Es gab japanische Polizei, die eine jüdische Ghetto-Polizei ernannt hatte. Es gab Schulen, aber ich wurde mit drei, vier anderen Kindern von einer Familie unterrichtet. Dafür hat mein Vater ihnen Fleisch gebracht, man war ja zurückgefallen auf die Tauschebene. Später ging ich dann in die Kadoorie-Schule. Es gab Ärzte. Es gab Cafés, das »Little Vienna« zum Beispiel, wo perfekte Mozartkugeln gemacht wurden. Das waren Wiener, die die Zutaten handelten mit den Chinesen. Es waren alles deutschsprachige Juden, auch die Kinder auf der Straße sprachen Deutsch und in der Schule Englisch.

Zu Hause haben wir auch nur Deutsch gesprochen. Und Oma hat erzählt von den »Nesthäkchen«-Kinderbüchern und von deutschen Schauspielerinnen. Was mich heute wundert: Wenn ich jetzt, mehr als 80 Jahre nach der Machtergreifung, diese Filme im Fernsehen sehe und diese Musik höre, dann kenne ich die ganzen Texte. Wir lebten ja quasi in einer deutschen Welt in Shanghai. Wir hatten dort die fünfte Kolonne und deren Musik wurde auch gespielt. Wenn man die als Kind hört, erinnert man sich vielleicht daran.

Viele Menschen lebten vom Geld der reichen jüdischen Familien. Aber wir waren nicht auf Sozialhilfe angewiesen, meine Eltern arbeiteten. Mein Vater hat alles gemacht. Es gab dieses Hotel am Bund, der Prachtstraße, »Peace Hotel« heißt es heute, und da hat er Koffer getragen. Er war sehr kräftig, vor dem Krieg war er Amateurboxer gewesen. Dann hat die ganze Familie angefangen mit dem Fleischhandel. Alles, was es so gab, Hühnchen oder eine Ziege. Sie hatten einen Stand auf dem Markt in Hongkou und da haben der Großvater und mein Vater und sein Bruder Vieh an die Chinesen verkauft. Meine Mutter hat mitgeholfen am Nachmittag. Am Abend hat sie als Kellnerin gearbeitet oder für Geschäfte, wo man alte Pullover auftrennte und aus der Wolle neue strickte. Heimarbeit sozusagen.

Man verkaufte, was man besaß. Meine Großmutter hatte wunderschöne Tischdecken gestickt, als mein Opa im Ersten Weltkrieg war, und die haben sie verkauft. Sie haben ihre Bettwäsche verkauft. Alles, was sie mitgebracht hatten. Sie durften keinen Ehering mitnehmen, kein Gold. Und als wir gingen, durfte man pro Kopf nur noch ein Gepäckstück haben. Meins war der Kinderwagen.

Wir waren eine große Gruppe. Da waren meine Großmutter und mein Großvater väterlicherseits und sein Bruder und dessen Frau. Die kamen mit Sohn und Schwiegertochter. Außerdem der Bruder meines Vaters und dessen Frau, die dort 1947 einen Sohn bekamen, und die Schwester meines Vaters mit Mann und Sohn. Wir waren also sehr stark als Familie, wohnten zusammen, und meine Oma kochte für alle. Wir waren eine Einheit, und dadurch war die Belastung nicht so groß.

In Europa war der Krieg im Mai 1945 zu Ende. In Shanghai nicht. Die Leute hörten heimlich BBC, was natürlich verboten war, und erfuhren so vom Kriegsende. Sie sind raus auf die Straße und haben gejubelt. Dann kamen die Japaner, haben Menschen verhaftet. Wer ihnen in die Finger kam, den haben sie schon sehr brutal behandelt. Oft auch gefoltert und zu Tode gequält. Wir gingen also wieder nach Hause und die Japaner haben weitergekämpft und erst nach Hiroshima im August 1945 kapituliert.

Und dann kamen die Schiffe der Pazifikflotte, die amerikanische Navy! Da waren auch jüdische Soldaten dabei, die gar nicht wussten, dass es uns dort gibt. Sie brachten uns Hershey-Schokolade, und wir waren alle verliebt in diese amerikanischen Soldaten.

Dann kam auch der Joint – und das war ganz toll: Die hatten aus Amerika gespendete Sachen dabei. Da durfte man hingehen und sich etwas aussuchen. Ich hab dann ein dunkelrotes Samtkleid bekommen, stand vor dem Spiegel und war hin und weg. Meine Mutter war immer sehr praktisch, ich war Papas Girl. Und als mein Bruder geboren wurde, Mutti war noch im Krankenhaus, hat er mir rote Lackschuhe gekauft. Das war so irre!

Uns ging es dann auch gut, relativ. Mein Vater hatte diesen Fleischstand, die ganze Familie hat da gearbeitet. Wir sind umgezogen in das French-Concession-Gebiet. Neben unserer Wohnung lag ein Café, und ich hab auf unserer Terrasse gesessen und zugeguckt, wie die Chinesen Tango tanzten. Das war total westlich. Inzwischen gab es auch Kinos und amerikanische Filme. Und als am 1. August 1948 mein Bruder zur Welt kam, nannten meine Eltern ihn Gary. Nach Gary Cooper, den fand meine Mutter ganz toll.

Familie Wolff 1941 in Shanghai: Vater Hans und Mutter Herta (links), Großmutter Clara (rechts) und Großvater Salomon (sitzend) mit Bela

Alle wollten nach Amerika, das war nach dem Krieg das Gelobte Land, aber der größte Teil kam nicht hin. Es gab Quoten, die nach Geburtsjahren gingen, und meine Eltern fielen beide unter die polnische Quote. Obwohl mein Vater aus der Provinz Posen kam und meine Mutter aus Thorn. Aber die polnische Quote war schon ziemlich ausgeschöpft und außerdem brauchte man zwei Bürgen in Amerika. Hatten wir nicht. Wir hatten nirgendwohin einen Bezugspunkt.

Nach Deutschland wollte meine Mutter nicht zurück. Logisch. Ihre Mutter starb vor dem Krieg. Ihr Vater und ihre Geschwister, die wurden alle deportiert und umgebracht. Sie hatte zwei Schwestern und zwei Brüder, sie waren verheiratet, hatten auch schon Kinder. Ihr jüngerer Bruder wurde deportiert aus einem Hachschara-Lager, die anderen Geschwister waren in Berlin Zwangsarbeiter und wurden von ihren Arbeitsstellen abgeholt. Nach dem Krieg kamen noch Briefe aus den Lagern, die hat das Rote Kreuz nach Shanghai gebracht. Und dann gab es Listen, da standen die Leute davor und suchten nach den Namen ihrer Familien. Meine Mutter bekam dann Dokumente, auf denen – Deutschland ist ja korrekt – Todesgründe angegeben waren, »Auf der Flucht erschossen« oder so. Aber damit lebten wir ja kein Solitär-Leben. Alle in unserem Kreis lebten so. Ich, als Kind, kannte es nicht anders.

Wohin also sollten wir gehen? Israel, meinte der Joint. Es war gerade im Mai gegründet worden. Wir waren keine religiöse Familie, mein Vater konnte nicht sehr gut Hebräisch. Aber es war das Land der Hoffnung. Ein Land, das dich aufnimmt. Wenn Israel existiert hätte 1938 und wenn die Engländer in Palästina nicht die Leute, die ankamen, zurückgeschickt hätten, dann wären alle gerettet worden.

Der Joint heuerte italienische Frachtschiffe an, die in Shanghai gestrandet waren. Und je mehr Leute die Italiener mitnahmen, desto mehr wurde bezahlt. Also wurden die Schiffe vollgestopft. Es gab keine Kabinen, nur große Laderäume. Da wurden Etagenbetten rein gebaut.

Wir durften in keinen Hafen, weil wir »displaced persons« waren. Staatenlose, die immer außerhalb der Drei-Meilen-Zone bleiben mussten. Als wir vor Kapstadt lagen, haben sich die jüdischen Emigranten, die dort lebten, Boote gemietet und sind zu uns gekommen und haben uns Sachen herauf geworfen. Dabei waren auch Leute, die mein Vater noch aus Berlin kannte. Auf dem Schiff hatten wir zwei, drei Beerdigungen. Da gab es eine kleine Zeremonie und dann wurde der Tote ins Meer geworfen. Wir hatten auch Studenten an Bord, die haben die Kinder unterrichtet. Aber da hab ich nicht teilgenommen, ich war nur seekrank, weil es mörderisch schaukelte.

In Neapel erwarteten uns die Carabinieri mit Maschinengewehren und aufgepflanzten Bajonetten. Wir wurden von dem italienischen Schiff auf das israelische gebracht, das war noch kleiner. Unsere Kisten wurden einfach rein gestopft und alles ging kaputt.

Als wir im Hafen von Haifa ankamen war Shabbat. Deshalb wurden wir nicht ausgeladen und mussten den Tag über an Bord bleiben. Und dann haben die Musiker auf unserem Schiff die Hatikva gespielt, die Nationalhymne. Das hab ich noch ganz stark in Erinnerung. Und auch die Frauen, die da standen und Sandwiches verteilten, als wir abends vom Schiff durften. Das war die WIZO. Das hat mich so beeindruckt, dass ich später in Berlin in den Vorstand der WIZO gegangen bin.

Wir wurden mit den Großeltern auf LKW verladen und kamen in die Beth Olim, die Flüchtlingslager, in Hadera. Ist heute ein hübsches Städtchen, war damals nur Sand. Da stand so eine Art Hangar, riesengroß und darin Bett an Bett, Feldbetten. Männer, Frauen, dicht an dicht, und die Koffer schob man unter die Betten. Es gab Kantinen, wo man anstand zum Essen. Und Unterricht unterm Baum. Da bin ich aber auch nicht hingegangen, weil ich das schon kannte. Ich hab immer wieder das Einmaleins bis Fünf gelernt. Immer, wenn ich wieder in eine Schule kam, waren die bei demselben Stoff. Auch Moses Auszug aus Ägypten hatte ich ein paar Mal.

Wir blieben einige Monate, und es waren schlimmere Zustände als in Shanghai. Das ist kein Vorwurf gegen Israel. Es war gleich nach dem Krieg mit den Arabern, das Land war überfordert. Auch mit den Einwanderern. Sie kamen aus aller Welt und manche hatten eine ganz andere Kultur. Wir verzichteten deshalb sehr schnell auf die Toiletten, gingen halt ins Wäldchen, und nachts heulten da die Schakale.

Mit uns war auch der Bruder meines Vaters und dessen Frau und ihr Sohn aus Shanghai gekommen. Diese Tante hat einen Verwandten in Jerusalem ausfindig gemacht, der in der Histadrut war, der Arbeiter-

Gewerkschaft. Der hat meinem Vater und meinem Onkel Jobs auf dem Bau verschafft. Das war unser Absprung aus den Beth Olim. Wir sind mit einem Lastwagen von Hadera nach Jerusalem gefahren. Damals war diese Straße gerade freigekämpft worden, heute sind noch die Panzer als Erinnerung an die Schlachten von Latrun zu sehen. Meine Mutter durfte mit meinem Bruder, weil er das kleinste Baby war, in der Fahrerkabine sitzen und der Rest der Familie, auch die Großeltern, da waren die um die 70, saß oben auf unseren Kisten.

In dem Viertel Katamon fanden wir ein Haus ohne Fenster, ohne Türen, ohne Fußböden – und wohnten wieder alle zusammen. Nachts zogen mein Onkel und mein Vater los und hängten Türen in alten, leer stehenden Häusern aus und bei uns ein. Wasser kam aus dem Brunnen, eine Wasserleitung gab es nicht. Aber Kaninchen und Hühner, und Oma hat immer gewartet, dass die Hühner Eier legen, damit sie uns ein paar Nudeln machen konnte. Essen gab es nur auf Marken, es war die Zena-Zeit.

Und dann kam ich in die Schule. Das war eine von der Familie Mizrahi gesponserte religiöse Mädchenschule. Ich war aber in dem Viertel das einzige Emigrantenkind. Und das einzige, das kein Ivrit konnte. Die hielten mich für geistig zurückgeblieben. Ich hab Nachhilfeunterricht gehabt, aber ich kam nicht in Tritt mit denen.

Jeder hat versucht, Geld zu verdienen. Mein Großvater fand einen Job als Nachtwächter. Abends wurde er zu einer Baustelle gebracht, auf einen Stuhl gesetzt und morgens wieder abgeholt. Er hatte Grauen Star und war schon auf einem Auge erblindet. Mein Vater und mein Onkel fingen auf dem Bau an. Mein Onkel lernte noch Eisenbieger und mein Vater stand in den Gruben und musste immer den Eimer mit dem feuchten Beton auffangen. Papa war 1904 geboren, hatte Shanghai hinter sich und hat irgendwann gesagt, er kann das nicht mehr.

Meine Mutter ist dann zu ihrer Cousine in Haifa gefahren, die als Untermieter Offiziere der israelischen Marine aufgenommen hatte. Es ging alles nur mit Protektion, und so bekam sie Arbeit für meinen Vater. Er, der nicht kochen konnte, wurde Koch auf den Schiffen, die nach Tripolis fuhren und Flüchtlinge holten. Er war immer seekrank. Und wenn er in Haifa einlief, dann fuhr meine Mutter, manchmal mit uns Kindern, von Jerusalem aus dort hin. Mein Vater hatte drei, vier Stunden Landaufenthalt und ging dann zurück aufs Schiff. Das war kein Leben, und er konnte kaum die Familie ernähren. Schließlich hat er zu meiner Mutter gesagt, er macht das nicht mehr mit. Er kann diese Sprache nicht, er kommt nicht zurecht. Und er will zurück nach Deutschland. Meine Mutter wollte nicht. Und er hat gesagt, dann geht er alleine. Geht, wenn er mal in Neapel ist, von Bord und zurück nach Deutschland. Was sollte meine Mutter machen? So sind wir zurück nach Deutschland.

Wir fuhren mit dem Schiff nach Neapel, von da mit dem Zug nach Frankfurt. Berlin war russisch besetzt. An den Grenzen standen Sowjetsoldaten. Wir hatten diesen Nansen-Pass, waren ja ausgebürgerte Deutsche, Staatenlose. Es war 1950 und wieder September – exakt zehn Jahre, die wir weg gewesen waren.

Dieses Mal waren wir allein. Papa, Mama, mein Bruder und ich. Mein Großvater, der saß in Jerusalem abends auf der Terrasse und träumte von Deutschland. Ich glaube, dass er zurückgehen wollte. Aber er ist gestorben, hat es nicht mehr geschafft. Es ist diffizil zu sagen, was er an Deutschland liebte. Er war in dieser Kultur aufgewachsen. Er war Soldat im Ersten Weltkrieg gewesen. Er und meine Großmutter waren Deutsche, und Israel war Orient. Ja, es war jüdisch, aber es war fremd.

Wir waren in Frankfurt und mein Vater wollte zurück nach Berlin. Aber wir wussten nicht, dass wir für Berlin eine Art Visum brauchten. Wir kamen an die Zonengrenze, und da haben die russischen Soldaten die Papiere kontrolliert und gesagt:

»Ne, Freunde!«

Sie haben uns aus dem Zug geholt und in einen Wachraum gebracht. Da haben wir die ganze Nacht gesessen. Am nächsten Tag haben sie uns zurückgeschickt nach Frankfurt. Wir hatten kein Geld. Es war September, Sukkot, und meine Eltern gingen in die Synagoge. Meine Mutter saß da mit einem zweijährigen und einem zehnjährigen Kind und weinte. Und dann wurden wir untergebracht im Jüdischen Altersheim, oben auf dem Dachboden. Meine Mutter hatte gerade noch ein paar Mark. Mein Bruder wollte dies und ich wollte das. Und Mama sagte:

»Nein, wir müssen uns gut überlegen, wofür wir das Geld ausgeben.«

Sie wollte was zu essen kaufen und dann hat sie diese zwei, drei Mark verloren. Das ist mir tief in Erinnerung geblieben.

Mein Vater hat schließlich Leute getroffen, die er aus Shanghai kannte, und hat sich von denen Geld geliehen. Davon sind wir nach Westberlin geflogen, nach Tempelhof. Da mussten wir ja nicht durch die DDR. Nach Frankfurt waren meine Eltern schon klüger. Wir sind gleich zum Jüdischen Altersheim in die Iranische Straße gefahren und haben gesagt:

»Hier sind wir, helft uns.«

Sie haben uns ein Zimmer gegeben. Und dann gingen meine Eltern auf die Suche nach Verwandten, Bekannten, nach irgendjemanden, der überlebt hatte. Und fanden Tante Mariechen in Ostberlin. Sie war mit einem christlichen Mann verheiratet, und die beiden haben uns aufgenommen. Mein Vater erkundigte sich nach den Schlachthöfen und kannte plötzlich wieder Leute. Waren ja dieselben Händler wie früher. Er fuhr auch wieder auf die Viehmärkte in Westdeutschland und kaufte Kühe, die wurden dann in Zügen nach Berlin gebracht, in Spandau geschlachtet und an Einzelhändler verkauft.

Wir wurden wieder eingebürgert, bekamen deutsche Pässe. Die erste Wohnung, die wir hatten, war in Moabit, Pritzwalker Straße. Zum ersten Mal wohnte meine Familie allein. Ich kam in die Grundschule und hatte den besten Lehrer aller Zeiten. Ich hab ihn geliebt, heiß und innig. Deutsch konnte ich, aber kein Wort schreiben und sprechen auch nicht so wie die anderen. Deshalb hat meine Mutter zu ihm gesagt:

»Sie ist jetzt zehn, aber sie kann ja nichts. Schicken Sie sie in die erste Klasse.«

»Das geht doch nicht! Vierte Klasse!«, sagte er.

Er würde das schon machen, hätte Vertrauen zu mir. Und als wir am ersten Tag ein Diktat schrieben, hat er mir erlaubt, abzuschreiben. Ich hatte, glaube ich, auf einer halben Seite 90 Fehler. Aber er hat mich durchgezogen, ich bin nicht sitzen geblieben. Nie. Allerdings war ich natürlich sehr gut in Religion, weil ich immer wieder dasselbe gelernt hatte, das Alte Testament. In den Stunden hätte ich auf den Hof gehen dürfen. Aber mir hat es Spaß gemacht, weil ich das besser konnte als die anderen.

1952 ist mein Opa in Jerusalem gestorben. Ein Jahr danach hat mein Vater seine Mutter und seinen Bruder mit Familie, inzwischen hatten sie noch eine Tochter, aus Israel nachkommen lassen. Die haben dann unsere Wohnung in Moabit übernommen, und wir sind mit der Oma nach Charlottenburg gezogen, in die Giesebrechtstraße.

Ich kam in der Leibnizstraße in die Mädchenschule. Ich hatte immer sehr gern gezeichnet und im Lette-Verein hab ich Mode-Illustration gelernt. Die Ausbildung dauerte drei Jahre und ich hab sie geliebt: Kunstgeschichte, Kostümkunde, Zeichnen. Anschließend hab ich in der Konfektion gearbeitet, Couture in der Meineckestraße. Nach einem Jahr hab ich gekündigt, weil meine Eltern mir ermöglicht haben, ein Jahr durch Amerika zu reisen. Das war revolutionär damals, es war 1960. In Amerika bin ich 20 geworden. Es war für mein Leben unerhört prägend, es war eine ganz andere Welt und ich musste mich anpassen. Ich habe bei Bloomingdale's vorgesprochen, und die hätten mich genommen als Modezeichnerin. Aber ich ging zurück nach Hause und lernte meinen Mann kennen.

In der jüdischen Jugendgruppe in der Joachimsthaler Straße in Berlin traf ich Renée [Brauner, siehe Seite 88], als sie 1954 mit ihrer Familie zurückkam nach Berlin. Sie hat auch einen jüngeren Bruder, der 1947 geboren ist – und wir waren wie Schwestern. Auch als sie schon verheiratet war, sind wir ausgegangen in der Clique, und es kam mal der mit und mal der. Und auch mein späterer Mann. Er war 15 Jahre älter als ich, Mitte 30. Er rief immer wieder an, und dann bin ich mit ihm ausgegangen, das war im Sommer. Und im November haben wir uns verlobt. Im Juni 1962 haben wir geheiratet. Und 1963 hab ich dann meinen ersten Sohn bekommen, 1966 und 1974 die beiden anderen.

Mein Mann kam aus Polen, aus einer Kleinstadt bei Lodz. Seine Familie musste in das Ghetto. Seine Eltern wurden umgebracht. Er war in Mauthausen, einer seiner Brüder in Auschwitz. Ein Bruder mit Frau und Kind wurden noch in Lodz erschossen. Die anderen vier Geschwister haben überlebt. Nach dem Krieg gingen sie alle zurück nach Lodz und fanden sich da wieder. Seine älteste Schwester war 18 Jahre älter und wie eine Mutter für ihn und später wie eine Schwiegermutter für mich.

Er hätte dann zum polnischen Militär gemusst und das wollte er natürlich überhaupt nicht. Polen war auch nach dem Krieg noch sehr antisemitisch, deshalb gingen viele Juden nach Amerika oder Palästina – über Stettin und Berlin. Dort gab es ein Auffanglager am Schlachtensee. Da war auch er mit seinem älteren Bruder, der dann nach München ging mit seiner Frau. Deren Tochter hat Auschwitz überlebt, weil sie sehr niedlich war und eine Kapo-Dame sie wohl als Spielzeug betrachtet hat. Ihr Sohn ist umgekommen. Und der Sohn von der Schwester meines Mannes ist umgekommen, als die Russen vorrückten und die Nazis das Lager verlegten.

Bela Cukierman in Berlin

Die Gefangenen wurden weiter transportiert in Waggons. Die Tür wurde zugemacht, sein Arm war dazwischen. Er ist gestorben, noch 1945.

Mein Mann blieb in Berlin. Sein Vater hatte eine Weberei gehabt, und er übernahm in der Wilmersdorferstraße ein paar Strickmaschinen und fing wieder mit der Fabrikation an. Er baute die Firma auf, die wir bis heute haben, Suprema Strick- und Wirkwarenfabrik. Wir stellen hauptsächlich Damenstrick her und sind Zulieferer für Konzerne, unter deren Label wir arbeiten.

Als mein Mann 1985 bei einer Bypass-Operation starb, konnte ich die Leute nicht einfach entlassen. Ich hatte die Wahl, entweder ich schließe den Betrieb und zahle ein Vermögen an Abfindungen oder ich versuche ihn weiterzuführen. Jahrelang hatte ich wegen der drei Kinder nicht gearbeitet. Aber Konfektion kannte ich ja, nicht selbstverantwortlich, aber ich hatte immer die Kollektionen gezeichnet. Und ich kannte auch die Einkäufer, und die waren wirklich sehr nett zu mir, haben mich nicht reingelegt und haben mir sogar gezeigt, wie man die Präsentationen macht. Und es klappte. Na ja, es musste weiter gehen, ich musste die Gehälter zahlen. Das waren damals 50 Leute, die in drei Schichten gearbeitet haben. Dann ist auch mein ältester Sohn aus Amerika zurückgekommen und eingestiegen in die Firma. Alle drei Jungs haben VWL in Brandeis studiert, eine jüdische Universität in Boston. Der zweite hat inzwischen eine Immobilienlinie aufgebaut und sitzt im selben Gebäude. Der dritte ist in Amerika geblieben, arbeitet für eine große Bank in New York.

Ich hatte nie Schwierigkeiten als Jüdin. Aber wir waren immer ein bisschen die Exoten. Wir fuhren, als es meinen Eltern schon besser ging, nach Wyk auf Föhr. Da kamen Leute auf uns zu – meine Mutter und mein Bruder hatten viel dunklere Haare als ich – und sagten:

»Oh, ihr seht so exotisch aus. Wo kommt ihr denn her?«

So hab ich eigentlich immer gelebt. Meine sechs Enkel – einer meiner Söhne hat eine Frau geheiratet, die zum Judentum konvertiert ist, und auch wenn ich nicht so religiös bin, ist es schon schön, dass sie alle jüdisch erzogen werden – sind blond und haben blaue Augen.

»Ach«, sagt eine Frau im Lions Club zu mir, »ich dachte, deine Enkel sind jüdisch!«

Oder es heißt:

»Na, wenn alle so wären wie Du, dann wäre ja nie was passiert.«

Ist das Antisemitismus? Nein, aber es ist immer eine Ausgrenzung. Es ist nicht Hass. Ich glaube, die meisten hassten auch damals die Juden nicht. Sie waren ihnen gleichgültig, »na ja, die Juden wurden deportiert zur Zwangsarbeit, aber so schlimm war's ja nicht.« Nicht schlimm? Die Menschen haben es doch gesehen. Bahnhof Grunewald, 70.000 Juden! Und die haben nicht geschrien? Nicht geweint? Die sind einfach so stillschweigend vom LKW in den Zug? Und Zug um Zug ging ...

»Kennen Sie nicht Esther? Die wohnte da und da«, fragt mich jemand.

»Nein, kenne ich nicht.«

»Was ist wohl aus der geworden?«

»Na«, sage ich, »vermutlich vergast?«

Dieses Desinteresse. Heute und damals. Und auch Neid. Die Juden waren Chefärzte, Anwälte, gut verdienende Kaufleute. Viel Neid. Als wir zurückkamen nach Deutschland, sind wir überall hingegangen, wo meine Eltern gewohnt hatten. In der Kantstraße hing bei dem Portier im Souterrain ein Kronleuchter. Es war der Kristallleuchter aus der Wohnung meiner Großeltern. Ganz toll, kann man sich ja einfach mal nehmen.

Nein, ich habe keine direkten antisemitischen Sprüche erlebt, aber eben Ausgrenzungen. Auch heute noch, mit Sätzen wie:

»Ach, na ja, du. Du siehst das natürlich so.«

Oder:

»In unserer Gruppe ist auch ein Jüdischer.«

Es wird immer erwähnt, wenn es sich um einen Juden handelt. Sogar wenn er konvertiert ist, steht es noch dabei. Totale Assimilation? Glaube ich nicht! Heute ist es ja sowieso anders. Die jüdische Gemeinde in Berlin ist zu drei viertel russisch. Die deutschen Juden gibt es eigentlich nicht mehr. Deutsche Juden, die die Möglichkeit hatten, nach England, nach Amerika auszuwandern, die sind nicht zurückgekommen. Zurückgekommen sind Leute wie meine Eltern, die nicht zurechtkamen in Palästina.

Anita Lippert
geboren als Anita Rosel Fried am 5. Mai 1931

Nordenstadt

Wiesbaden

Theresienstadt (Tschechoslowakei)

Wiesbaden

Philadelphia, New York (USA)

Wiesbaden

Ob ich mich als Deutsche fühle? Das Land wollte mich nicht. Ich bin mehr Amerikanerin als Deutsche. Der Entschluss, nach Deutschland zurückzukehren, war damals hauptsächlich meiner Eltern wegen. Heute bin ich die einzige Überlebende von Wiesbaden. Und werde niemals aufhören zu fragen: »Warum habt ihr uns das angetan?«

Unser Transport nach Theresienstadt war der letzte Transport von Wiesbaden. Am 14. Februar 1945, da haben die Amerikaner schon am Rhein gestanden. Aber das hat die Nazis nicht davon abgehalten, ihren Plan der Ausrottung bis zum letzten Juden umzusetzen. Die wollten sichergehen, dass keiner übrig bleibt.

Bis Anfang Februar 1945 waren wir noch geschützt gewesen, weil meine Mutter nach der Rassenideologie der Nazis als »Arierin« galt, die in einer »Mischehe« lebte. 1929 hatte sie den 39-jährigen Ludwig Fried geheiratet und war zum Judentum konvertiert. Ihre Verwandtschaft missbilligte die Verbindung und sagte sich völlig los von ihr. Aber meine Mutter ging vollends auf im jüdischen Glauben, wurde zu einer 200-prozentigen Jüdin und führte den Haushalt streng kosher.

Als ich am 5. Mai 1931 geboren wurde, war die jüdische Welt in Deutschland noch annähernd intakt. Trotzdem gab man mir keinen jüdischen Zweitnamen, wie zum Beispiel Rebecca oder Rachel nach meiner Ur- und Ururgroßmutter. Denn das war zu der Zeit schon dubios. Bloß nicht auffallen, und deshalb nannte man mich Rosel. Das klang nichtjüdisch und Anita ist auch kein jüdischer Name.

Meine ersten Lebensjahre verbrachte ich in der Nähe von Wiesbaden, in Nordenstadt, einem Dorf mit knapp 1.000 Einwohnern. Mein Vater war Kaufmann mit einem einträglichen Gemischtwarengeschäft in unserem Haus, das seit dem 18. Jahrhundert im Besitz der Familie war. Meine Eltern waren sehr religiös und jeden Freitagabend und Samstag und zu allen jüdischen Feiertagen begleitete ich sie zur Syna-

Anita Fried 1947 auf der Überfahrt nach Amerika

goge in Wallau, von Nordenstadt rund 1,5 Kilometer entfernt. Selbstverständlich waren wir zu Fuß unterwegs zum Gottesdienst, denn an diesem Tag war es uns nicht erlaubt, ein Fahrzeug zu benutzen. Zu unseren nichtjüdischen Nachbarn hatten wir engen Kontakt. Ich spielte mit deren Kindern, sowohl bei uns wie auch in ihren Häusern, sodass ich nie das Gefühl hatte, anders zu sein.

Mutter Elisabeth, Vater Ludwig und Anita (rechts), Großmutter Fanny, Martha und Josef Schiffer mit Sohn Herbert (Mitte), Selma (links), 1935 in Nordenstadt

Das änderte sich schlagartig, als ich eingeschult werden sollte: »Juden sind hier unerwünscht« stand auf einem Schild an der Schule in Nordenstadt. Weil die jüdischen Kinder von den Schulen der Stadt ausgeschlossen waren, gab es in Wiesbaden seit Mitte der Dreißigerjahre eine jüdische Volksschule. In die kam ich 1937. Im ersten Schuljahr wohnte ich während der Woche meistens bei meiner Tante Martha in Wiesbaden, weil meine Eltern es als zu große Strapaze für mich ansahen, jeden Tag von Nordenstadt nach Wiesbaden und zurück zu fahren. Außerdem vertrug ich das Busfahren nicht gut, mir wurde immer so übel, dass meine Mutter mich mit Eimer und Putzlappen bewaffnet an der Haltestelle in Empfang nahm. So unangenehm das war, immerhin durfte ich damals noch mit dem Bus fahren. Eines Morgens aber stand der Hauptlehrer Metzler, ein überzeugter Nazi, am Bus und gab dem Fahrer die Anweisung, ohne mich loszufahren – mit der Bemerkung:

»Judenschweine fahren nicht im Bus.«

Dieser Lehrer Metzler hetzte seine Schüler mit Worten und Spottschriften derart gegen uns Juden auf, dass ich kaum noch mit meinen christlichen Spielkameraden zusammenkommen konnte. Sie mussten befürchten, dass ihre Familien von dem Lehrer angezeigt wurden. Meine unbeschwerte Kindheit war zu Ende. Und von meinen besorgten Eltern wurde ich stets ermahnt, mich ruhig und sittsam zu verhalten und nicht aufzufallen. Diese Ermahnungen haben mein gesamtes weiteres Leben geprägt.

Lange Zeit war mein Vater noch der irrigen Auffassung, dass erstens nichts so heiß gegessen wie gekocht werde und zweitens, dass man ihm, als Frontkämpfer von 1914/18, Träger des Eisernen Kreuzes und Verwundeten-Abzeichens, nichts antun werde. Aber 1937 oder '38 beantragten meine Eltern dann doch die Ausreise nach Amerika, wo eine Freundin meiner Mutter für uns bürgen wollte. Die Einreisequoten in die Vereinigten Staaten waren sehr niedrig, unsere Antragsnummer jedoch sehr hoch, was eine baldige Ausreise hoffnungslos erscheinen ließ. Bald darauf kamen die Nazis auf die Idee, dass amerikanische Bürgen Verwandte sein mussten, was unsere Auswanderungspläne vollends zunichte machte.

Dann kam der 9. November 1938. Ich lag mit Fieber im Bett, als meine Mutter mich gegen Mittag plötzlich herauszerrte. Sie lief mit mir ans Fenster, hielt mich raus und flehte die gaffenden Nachbarn an:

»Nehmt mir doch mein Kind ab!«

Aber keiner erhörte sie. Einige Männer kamen die Treppe hoch, griffen die dort stehende Nähmaschine und warfen sie im hohen Bogen über das Geländer in den Garten. Meine Oma und meine Tante Selma hatten sich in ihren Zimmern eingeschlossen. Auch von meinem Vater war nichts zu sehen, sodass meine Mutter in diesem entsetzlichen Moment von Angst und Schrecken hilflos und allein mit mir da stand. Mit furchtbarem Getöse schlugen diese Männer in unserem Geschäft im Erdgeschoss alles entzwei. Die Aktion dauerte höchstens zehn Minuten, aber das Chaos, das diese Vandalen hinterließen, war grauenhaft. Sämtliche Regale mit Lebensmitteln, Gläsern, Geschirr waren auf den Kopf gestellt, die Säcke mit Salz, Zucker, Rosinen aufgeschlitzt, die Zapfhähne an den Wandbehältern mit Essig, Öl, Petroleum aufgedreht, das Fass mit Heringen umgekippt. Auf dem Fußboden mischte sich alles zu einem glitschigen, übelriechenden See. Die Existenz meines Vaters war wie die aller Juden in Deutschland an diesem Tag zerstört worden. Er selbst tauchte erst nach einigen Stunden wieder auf. Er hatte sich in einem Maisfeld versteckt, aus Angst, die Männer könnten ihn erschlagen.

Am 11. November kamen Nazibeamte und holten meinen Vater und alle anderen jüdischen Männer aus Nordenstadt ab. Als wir ein Lebenszeichen von Papa erhielten, war es eine vorgedruckte Postkarte aus Buchenwald. Am 6. Dezember 1938 kam er wieder frei, aber sein Zustand war erschütternd. Übersät mit Grind auf dem Kopf und am Körper, schmutzig und kahl geschoren. Außerdem hatte sich seine Hämorrhoiden-Schwäche durch die fehlende Ernährung und die mangelnde Hygiene akut verschlimmert. Es war schrecklich schmerzhaft, er war schon zweimal daran operiert worden. Und dort hatte er nicht mal Papier zum Abputzen. Es gab unter den Häftlingen in Buchenwald zwar genug Ärzte, die ihm hätten helfen können, aber kein Wasser und keine Seife. Unter diesen grauenhaften Umständen hat sich kein Arzt an eine offene Wunde gewagt. Das muss die Vorhölle gewesen sein. Wissen Sie, was ein Donnerbalken ist? Die Männer waren entkräftet, konnten sich nicht festhalten. Sie sind hintenüber gekippt und in der Grube erstickt.

Einige Monate darauf, im März 1939, starb meine Oma, dem Himmel sei Dank in ihrem eigenen Bett. Meine Tante Martha und ihr Mann Josef verließen mit ihrem Sohn Herbert Wiesbaden und gingen illegal nach Belgien, um der Judenverfolgung in Deutschland zu entkommen.

Aber 1942 wurden sie von Brüssel »nach dem Osten« verschleppt, wahrscheinlich nach Treblinka. Wir haben nie mehr von ihnen gehört.

Im Juli 1939 zogen wir nach Wiesbaden in ihre Wohnung. Unser Haus wurde zwangsverkauft, Papa erhielt einen lächerlichen Preis dafür. Man nahm ihm sein Motorrad mit Beiwagen und verpflichtete ihn zu verschiedenen Arbeiten. Er wurde im Straßenbau eingesetzt, bei der Errichtung von Bunkern und Löschwasserbassins und in einer Gerberei. Die Bezahlung war weit unter den normalen Löhnen.

Im September 1941 wurden wir gezwungen, den gelben Stern zu tragen, den »Judenstern«, in Brusthöhe auf die Kleidung genäht. Wir durften ihn nicht verdecken, hätten sonst sofort verhaftet werden können. Außerdem hatten wir stets unsere Kennkarte, versehen mit einem großen »J«, bei uns zu führen und deren Nummer und Ausstellungsdatum auswendig zu wissen. Zudem wurden uns die Vornamen Sara und Israel verordnet, die wir bei jeder Befragung nennen mussten.

Wir waren praktizierende Juden und gehörten der jüdischen Kultusgemeinde an, auch zum Zeitpunkt als die Nürnberger Rassengesetze erlassen wurden. Von da an galt die Ehe meiner Eltern, ungeachtet der Tatsache, dass meine Mutter als Christin zum Judentum konvertiert war, als »jüdische Mischehe«. Für die Nazis zählte nicht die Konfession, sondern nur ihre Rassenideologie: Somit galt meine Mutter als »Arierin«. Mein Vater und ich mussten den »Judenstern« tragen, aber auch meine Mutter war diskriminiert, weil wir einen weißen Judenstern an die Wohnungstür kleben mussten. Bei Strafe, also meist sofortiger Verhaftung, war es verboten, dass Nichtjuden und Juden miteinander verkehrten oder auch nur auf der Straße miteinander sprachen. Das hatte zur Folge, dass meine Mutter immer fünf Schritte vor oder hinter meinem Vater und mir gehen musste.

Zu den vielen Gesetzen, die über uns verhängt wurden, gehörte auch, dass wir öffentliche Verkehrsmittel nicht benutzen und uns nur in einem Umkreis von sieben Kilometern um Wiesbaden bewegen durften. Die Wilhelmstraße, Wiesbadens Prachtboulevard, konnten wir nur an der Rheinstraße und an der Friedrichstraße überqueren, aber nicht entlanggehen. Der Zutritt zu Parks und anderen Grünanlagen war uns untersagt. Fahrräder, Roller, Schlittschuhe und Rollschuhe waren uns bereits viel früher abgenommen worden. Auch Schmuck und alles aus Edelmetall wurde uns von den Nazis geraubt. Meine Oma väterlicherseits hatte mir zu meiner Geburt einen kleinen goldenen Davidstern geschenkt. Den hat Mutti in ein Kleidungsstück genäht und ihn somit gerettet. Ich trage ihn noch heute.

Im Juni 1942 erfolgte dann die Deportation der meisten Juden aus Wiesbaden. Unter ihnen befand sich auch meine Tante Selma, die ältere Schwester meines Vaters. Ich habe sie zum letzten Mal gesehen, als sie in den Güterwagen einstieg. Zurückblieben nur noch hochbetagte Juden und fünf Kinder sowie ihre vier Väter, die in sogenannten »privilegierten Mischehen« mit »Arierinnen« verheiratet waren.

Kurz darauf erschien die Gestapo und befahl uns, unsere Wohnung zu verlassen. Wir wurden bei einer älteren jüdischen Witwe einquartiert, und in einem der leeren Zimmer, ihre Möbel waren bereits von der Gestapo konfisziert, richtete ich mich ein, um dort mit meinen Puppen zu spielen und aus Schulbüchern zu lernen. Privatunterricht, auch durch die noch verbliebenen Juden, war verboten.

In diesem Haus wohnte auch ein Standartenführer der SA. Er wusste, dass sein Sohn und ich miteinander im Garten spielten. Er hat zwar nie ein Wort mit uns gesprochen, aber er duldete es, dass sein Kind oft bei uns in der Wohnung war. Ab und zu lag auch mal eine Zeitung wie zufällig vor unserer Tür. Es war uns untersagt, Zeitungen und Zeitschriften zu halten.

Eines Tages, im Dezember 1943, fand ich im Briefkasten ein Schreiben an meinen Vater. Absender: Gestapo Wiesbaden. Ich hätte zu gern gewusst, was drin stand, aber natürlich durfte ich es nicht öffnen. Es hätte aber auch nicht viel gebracht, denn die Gestapo gab nie wahre Gründe an. Man wurde einfach vorgeladen. Sollte ich den Brief meinem Vater bei dessen Heimkommen von der Arbeit sofort geben? Würde er spontan reagieren und sich das Leben nehmen, statt sich der Gestapo auszuliefern? Oder sollte ich ihn erst einmal zurückhalten, um Schlimmstes zu verhindern? In der Nacht bei einem Luftangriff, den wir in unserem Kohlenkeller abwarteten, ausgebaute Luftschutzkeller durften wir nicht aufsuchen, übergab ich den Brief. Den Schmerz, den ich in den Augen meiner Eltern sah, als ich ihnen meine Überlegungen schilderte, den werde ich nie vergessen. Ich war damals zwölf Jahre alt und es war eine sehr schwere Entscheidung für mich. Denn wie ich geahnt hatte, war es eine Vorladung für den nächsten Tag: sieben Uhr bei der Gestapo in der Paulinenstraße.

Papa sagte, ich sollte an dem Morgen mit ihm gehen. Vor dem Gestapo-Haus trug er mir auf, 15 Minuten zu warten und dann, sollte er bis dahin nicht zurückgekommen sein, nach Hause zu gehen. Wir verabschiedeten uns. Es hätte das letzte Mal sein können, dass ich meinen Papa sah. Aber glücklicherweise kam er sehr bald wieder heraus. Man hatte ihm nur mitgeteilt, dass wir erneut umzuziehen hätten. Wieder kamen Männer von der Gestapo in unsere Wohnung und sahen sich um. Dann verkündeten sie, dass der Lüster an der Decke hängen bleiben, die Daunensteppdecken zurückgelassen werden und die Kohlen im Keller liegen bleiben müssten.

Wir kannten diese Familie nicht, nahmen aber an, dass es sich auch um Juden handeln müsse, da die Gestapo so viele Juden wie möglich in sogenannte »Judenhäuser« steckte, um ihren späteren Abtransport zu erleichtern. Wie sich herausstellte, hatte er, Jude und in »Mischehe« lebend, ebenfalls eine Vorladung von der Gestapo bekommen. Da er schon einmal monatelang im Polizeipräsidium in Haft gewesen war, glaubte er, dass die Gestapo ihn dieses Mal nicht wieder freilassen würde. Er verließ zwar seine Wohnung, ging aber in den Wald, öffnete sich die Pulsadern und verblutete. Und so stand, als wir im Dezember mit dem uns verbliebenen Hausrat dort ankamen, der Leichenwagen vor der Tür, um ihn abzuholen, nachdem man ihn im Wald gefunden und nach Hause gebracht hatte. Ein höchst makaberes Zusammentreffen. Die Stimmung an diesem Tag übertrug sich auf das Klima und machte das Zusammenleben, mit gemeinsamer Küche und Bad, nicht leicht. Aber im Laufe der Zeit entwickelte sich eine enge Freundschaft zwischen den beiden Familien. Wir bewohnten zwei Räume, der eine war das elterliche Schlafzimmer und zugleich unser Wohn- und Esszimmer, das andere mein Zimmer.

Außer meiner »Mischehe«-Familie gab es noch die drei anderen in Wiesbaden verbliebenen. Wir fünf Kinder trafen uns abwechselnd in unseren Wohnungen, um zusammen zu spielen oder zu lernen. Wir kamen jedoch in Abständen, um einen »Sternenauflauf« zu verhindern und keine unnötige Aufmerksamkeit zu erregen.

Ich wurde zu einer etwas kränklichen Frau geschickt, ebenfalls in »Mischehe« verheiratet, um bei ihr zu putzen. Es war ein Fußweg von 45 Minuten und als Lohn erhielt ich ein Glas Milch und ein Butterbrot. Als sie mir beim ersten Besuch eine zweite Scheibe Brot anbot, lehnte ich aus Höflichkeit ab. Dabei hätte ich auch drei Scheiben verdrücken können, so hungrig war ich. Denn nur Mutti hatte eine Lebensmittelkarte für eine vollständige Ration. Papas und meine Karten waren über und über mit dem Wort »Jude« bedruckt – und die meisten unserer Zuteilungen waren um mehr als die Hälfte reduziert. Zu Weihnachten gab es für die Bevölkerung zusätzlich je eine Ration Butterschmalz, Zucker, Mehl und Eier – mit dem Hinweis »Juden, Ostarbeiter und Zigeuner sind von der Zuteilung ausgeschlossen«. Kleider und Schuhe wurden uns auch nicht zugeteilt. Indem sie irgendetwas eintauschte, besorgte Mutti eine Schuster-Ausstattung. So konnte Papa unsere Schuhe reparieren. Mutti schnitt seine Haare, da es uns auch verboten war, zum Friseur zu gehen.

Es gab viel Fliegeralarm in dieser Zeit. Obwohl wir ständig in Gefahr waren, begrüßten wir jede Bombe, die auf Deutschland fiel. In der Hoffnung, dass sie das Ende des Krieges und damit das Ende der Nazi-Herrschaft beschleunigte.

Aber im Januar 1945 erhielten wir die gefürchtete Nachricht, dass Papa und ich evakuiert werden sollen. Obwohl sie darum bat, durfte Mutti nicht mitkommen. Wir wurden angewiesen, derbe Schuhe und warme Kleidung einzupacken, das Ziel wäre ein Arbeitslager. Anfang Februar sollte der Transport losgehen, aber der Fliegerangriff in der Nacht des 2./3. Februars verzögerte den Abtransport bis zum 14. Februar. Und an diesem Morgen, an dem wir uns am Hauptbahnhof melden mussten, hat man nicht mehr überlegt, sich zu verstecken. Es gab keine Möglichkeit, Wiesbaden war zu klein. Und der Gestapo-Chef Bodewisch hat uns alle gekannt. Zivilcourage hat gefehlt. Aber es war eine böse Zeit und wirklich schwierig und nur unter Lebensgefahr möglich, jemandem zu helfen. Was ich jedoch nicht glaube, ist, dass man nichts gewusst hat. Die Nazis haben so viel Propaganda gemacht gegen die Juden – es wusste jeder, was da passierte.

Die Fahrkarten nach Frankfurt mussten wir aus eigener Tasche bezahlen. Unter den strengen Augen von Bodewisch, »Bösewicht« von uns genannt, bestiegen wir die Eisenbahnabteile. Alle, die zurückblieben, weinten. Wir wussten nicht, ob wir sie jemals wiedersehen würden. Hätten wir geahnt, was uns bevorstand, wäre der Abschied noch herzzerreißender gewesen. Aber zu jener Zeit war uns noch nichts über die Vernichtungslager bekannt. Niemand ist je zurückgekommen, um davon zu erzählen. Wir waren noch naiv: Arbeitslager, dachten wir.

In Frankfurt mussten wir dann zu Fuß durch die Stadt zur Markthalle gehen. Passanten blieben zwar stehen und glotzten uns an, aber es war keine Regung bei ihnen zu bemerken. Um vier Uhr nachmittags wurden wir in Viehwaggons verladen. Genau in diesem Augenblick gab es Voralarm und einen plötzlichen Angriff von Tiefffliegern, die den Bahnhof beschossen. Wir suchten Deckung unter den Wagen, einige Bomben explodierten in unserer Nähe. Schließlich hat man uns in die Waggons gepfercht, jeweils 40 bis 50 Personen in einen Laderaum. Irgendwann in der Nacht fuhren wir los. Alle sechs bis acht Stunden wurden die Türen geöffnet, damit die Menschen ihre Notdurft verrichten konnten. Unter freiem Himmel, Männer und Frauen nicht getrennt. Das werde ich nicht vergessen. Es war ein Schock.

Unsere Route führte über Weimar, Leipzig, Chemnitz, Eger, Aussig, Leitmeritz. Der Zug hielt oft und lange auf offener Strecke. Am

18. Februar kamen wir um Mitternacht in Theresienstadt an. Bis zum Morgen saßen wir in einer Halle. Wir wussten nicht, was mit uns geschehen würde. Gegen 8.30 Uhr begann eine Odyssee. Als Erstes wurde jede Person registriert, meine Nummer war XII/10-530. Dann mussten sämtliche Wertgegenstände abgegeben werden. Es folgte eine ärztliche Untersuchung. Viele wurden sofort in ein »Entwesungsbad« geschickt – gegen Ungeziefer, das wir nicht mitbrachten, sondern erst später reichlich bekamen. Dann hieß es:

»Haare schneiden!«

Theresienstadt war schon seit dem Ersten Weltkrieg eine Garnisonstadt. Vor Kopf lag die Kommandantur und davor Stacheldraht, sodass wir nicht reingehen konnten. Wollten wir auch gar nicht. Dann kamen die großen Kasernen. Die Nazis hatten sie nach deutschen Städten benannt, die Hamburger, die Dresdner, die Magdeburger Kaserne, und darin waren separat die Frauen und Männer untergebracht. Mein Vater hat nicht in der Kaserne gewohnt, sondern in einem runtergekommenen Haus mit fünf anderen Männern auf einem Zimmer.

Uns Kinder hat eine Betreuerin in das Kinderheim L414 geführt. Es bestand aus mehreren Stockwerken, die Mädchen oben, die Jungen unten. Die Zimmer waren groß, aber jeder Zentimeter ausgenutzt: 24 Schlafplätze, hohe Bettgestelle mit jeweils drei Schlafstellen übereinander. Wir machten Bekanntschaft mit Wanzen, Flöhen und Filzläusen. Die meiste Freizeit verbrachte ich mit meinem Vater und ging nur zum Schlafen in das Kinderheim. Dort wurden wir von älteren Frauen betreut, die uns gelegentlich unterrichteten, manchmal auch Schulaufgaben machen ließen. Aber das war verboten, ein Mädchen hielt immer Wache an der Tür, da wir oft kontrolliert wurden.

Alle Häftlinge ab einem bestimmten Alter mussten arbeiten. Ich war noch nicht 14 Jahre alt, als ich für das Krankenhaus »Hohen Elbe« abgestellt wurde. Vormittags und einige Stunden nachmittags war ich Schwester, ausgestattet mit Häubchen und weißer Schürze, erst bei einem Hals-Nasen-Ohrenarzt und dann bei einem praktischen Arzt, wo ich Spritzen aufziehen und medizinisches Besteck sterilisieren musste.

Wahrscheinlich habe ich mich bei dem HNO-Arzt mit Masern infiziert und später mit Scharlach angesteckt.

Wir Kinder haben auch gespielt, auch mal gelacht. Aber es gab nicht viel zu lachen. Es war eine Atmosphäre, in der Lachen ein Verbrechen war. Das ganze Elend drum herum, die Leute, die da zusammengepfercht gelebt haben, und das wenige Essen, das wir bekommen haben. Wir hatten ständig Hunger. Unsere Ration bestand aus einem Viertel Laib Brot, das musste für drei Tage reichen. Wir haben die Scheiben praktisch abgeschliffen, ganz dünn abgeschnitten, aber wenn man Hunger hat ... Ich habe nicht immer die Disziplin gehabt, das aufzuheben. Der letzte Tag – da hast du dann eben nichts mehr gehabt. Dazu gab es morgens eine Tasse »Kaffee«, braune Brühe, mittags eine warme, knappe und fettfreie Mahlzeit. Abends gab es fast nichts. Papa und ich taten unser Essen immer zusammen, es sah dann nach mehr aus.

Obwohl, an Pessach haben wir Matzen bekommen. Wahrscheinlich kam es vom Roten Kreuz wie auch Ovomaltine für die Kinder. Und es gab mal ein bisschen Margarine oder Butter. Die war zwar ranzig, aber das war egal. Und wir haben diese pasteurisierte Milch bekommen. Die konnte man nicht verstecken und wenn man abends zu seinem Schlafplatz kam, da war sie weg. Geschleust, wie man für gestohlen sagte, und ein Gerücht war ein Bonkes. In Theresienstadt hatte man eine eigene Sprache. Und keine Frau hatte noch ihre Tage, die Männer waren impotent. Es war nicht aus Mangel, sondern weil sie uns was ins Essen getan haben. In dem Moment, als ich nach Hause zurückkam, hatte ich sofort wieder meine Tage. Wir trugen unsere Privatkleidung – mit dem Stern. Es waren alles Juden, aber der Stern musste auch in Theresienstadt getragen werden.

Der Winter 1944/45 war hart und lang, und wir froren entsetzlich. Die Tage vergingen im gleichen leeren Rhythmus. Aber jeder Tag, den wir überlebt haben, war ein Geschenk. Wir wussten ja nicht, was der nächste bringt.

Theresienstadt war überfüllt. Die Menschen haben mehr übereinandergelegen als nebeneinander. Es war katastrophal. Dann kamen viele weg, wohin wussten wir nicht. Und dass die in Vernichtungslager kamen, das wussten wir auch nicht. Wir wussten jedoch, dass Theresienstadt keine Verbrennungsanlage hatte. Aber dann kam das Gerücht auf, dass die Nazis eine bauen. Mein Vater wusste, dass ich es weiß. Ich wusste, dass er es weiß. Wir haben nie darüber gesprochen. Sie ist Gott sei Dank nicht zum Zuge gekommen. Theresienstadt war für viele ein Durchgangslager, kein Vernichtungslager. Aber eben die Vorstation.

Nach dem ersten Besuch des Internationalen Roten Kreuzes im Juni 1944 war der Propagandafilm »Der Führer schenkt den Juden eine Stadt« gedreht worden. Anfang April 1945 sollten zum zweiten Mal Vertreter des Roten Kreuzes kommen. Vorher mussten wir die kleinen gelben Steine im Bürgersteig mit der Wurzelbürste schrubben. Wir bekamen Decken und Schokolade, die ist uns nachher wieder abgenommen worden. Als die Leute vom Roten Kreuz durchgeführt wurden, war alles Jubel, Trubel, Heiterkeit. Wir konnten ihnen keine Zeichen geben. Wie sollten wir das machen? Wir wurden doch bewacht. Dann gingen sie wieder – war doch gar nicht so schlimm in Theresienstadt! War ja alles in Ordnung. Die Kinder haben Decken, sie brauchen nicht zu frieren. Und Schokolade haben sie auch. Und ein Stück haben sie aufgeführt, das hieß »Glühwürmchen«. Die Musiker hatten ja noch ihre Instrumente und haben anfangs heimlich gespielt. Dann hat die SS ein Gesetz erlassen und sie gezwungen zu spielen. Da sind dann auch Konzerte gegeben worden. Viele von den Musikern wussten, dass sie am nächsten Tag deportiert werden und mussten abends noch spielen. So irre, so irreal.

Am 5. Mai, meinem 14. Geburtstag, schenkte mir Papa eine Scheibe Brot und ein kleines Stückchen Wurst. Er hatte es sich vom Munde abgespart. Dieses Geschenk war das wertvollste, das ich je in meinem Leben erhalten habe. Und ich bekam ein Stück Lebkuchen geschenkt. Von Rolf. Er war der Sohn einer mit uns befreundeten Familie. Wir fünf Wiesbadener Kinder waren alle in einem Alter. Marianne und Erich waren Jahrgang 1929; Günther, der Bruder von Erich, mein Jahrgang, also 1931, und der Rolf war zwei Jahre jünger. Er war erst elf und allein in Theresienstadt. Seine »arische« Mutter hatte ihn nicht begleiten dürfen. Seinen Vater hatten die Nazis schon 1943 abgeholt und nach Auschwitz transportiert.

Eines Tages stand da ein großer weißer Bus. Es hat geheißen, die Dänen fahren jetzt nach Hause. Wir waren skeptisch: Wo fahren die wirklich hin? Es war das Schwedische Rote Kreuz, dass tatsächlich Dänen und Norweger aus Theresienstadt herausgeholt hat. In diesen berühmten weißen Bussen. Aber wir haben damals gedacht, sie werden umgebracht. Man musste ja immer das Schlimmste annehmen. Noch heute träume ich von dieser Zeit, man kann das nicht verarbeiten. Ob ich nie Hass hatte, wurde ich später gefragt. Ich weiß nicht, ob man mit 13, 14 hassen kann. Einen Groll hatte ich und den habe ich dann im Laufe der Zeit abgearbeitet. Wenn man darüber nachdenkt, ist es so unwirklich. Und man fragt sich, wie konnte das passieren? Warum? Warum musste uns das passieren? Was haben wir denn getan? Es bleibt unverständlich. Nicht nachvollziehbar. Ich würde nicht mal ein Tier so behandeln, wie wir behandelt worden sind. Der Hass dieser Leute muss schrecklich groß gewesen sein, so etwas Unmenschliches anderen Menschen anzutun.

An einem sehr kalten Maitag saß ich vor dem Kinderheim in der Sonne, um ein paar wärmende Strahlen zu erhaschen. Plötzlich hörte ich unbekannte Geräusche. Jemand rief, ich solle sofort ins Haus gehen, es werde geschossen. Da wir keinen Kontakt zur Außenwelt hatten, wussten wir nicht, dass russische Truppen vorgerückt waren. Den als Befreiung bejubelten Einmarsch der Truppen in Theresienstadt am 8. Mai habe ich nicht mitbekommen. Denn ich lag im Krankenhaus mit Scharlach, dafür galt eine Isolierzeit von 35 Tagen.

Als ich entlassen wurde, lagen unsere vom russischen Kommandeur ausgefertigten Pässe schon bereit. Die meisten Wiesbadener Juden, die mit uns nach Theresienstadt gebracht worden waren, wollten das Lager gemeinsam verlassen. Wir waren ungefähr 20, auch die fünf Kinder aus den vier sogenannten »Mischehen« waren dabei.

Am 12. Juni 1945 fuhren wir los auf Lastwagen. Es wurde eine abenteuerliche Rückreise, wir haben zehn Tage gebraucht von Theresienstadt nach Wiesbaden. Irgendwo hieß es, da könnten wir nicht durch, die Wache sei uns nicht gut gesonnen. Also mussten wir warten bis Ablösung kam. Wieder weiter mit Fuhrwerk. Dann kam ein Zug, er sollte Richtung Heimat fahren. Wir kamen gerade bis vor den nächsten Bahnhof, da hieß es »Alle aussteigen!«. Es war ja Chaos, Auflösung. Die Züge fuhren nicht nach Fahrplan und hielten oft stundenlang auf den einzelnen Streckenabschnitten, und so hatten wir viele Zwischenaufenthalte. Wir mussten in verschiedenen Unterkünften übernachten, mal auf Stühlen, mal auf Strohsäcken, Flöhe inklusive. Alle drängten, wollten so schnell wie möglich nach Hause. Aber es ging manchmal nicht weiter, entsprechend gedrückt war die Stimmung. Verpflegung bekamen wir unterwegs aufgrund unserer Pässe, die auf Deutsch, Englisch und Russisch abgefasst waren, damit wir freie Passage hatten. Wir fuhren vorbei an Chemnitz, Aue, Nürnberg, Würzburg und sahen nur Ruinen.

Am 22. Juni 1945 kamen wir schließlich an, zunächst in Mainz-Bischofsheim. Dort war Endstation. Papa ging mit einem Mann aus unserer Gruppe in den Ort hinein und sie organisierten ein Auto mit Fahrer. Wir luden unser Gepäck ein, fuhren zum Main-Ufer, setzten über und fuhren zum Bahnhof. Um elf Uhr in der Nacht waren wir endlich in Wiesbaden. Zu Hause aber waren wir noch nicht.

Papa war so erschöpft, und das wohl nicht nur körperlich, dass er nicht mehr weiter konnte. Er schickte mich zu der Wohnung in der Heiligenbornstraße, in der wir zuletzt gelebt hatten, um ein kleines Wägelchen zu holen. Vor einem amerikanischen Nachtclub wurde ich angehalten von einem Wachsoldaten mit Gewehr. Es war ja Ausgangssperre. Wir hätten also gar nicht auf der Straße sein dürfen, was wir natürlich nicht wissen konnten. Ich hab ihm mit meinem bisschen Schulenglisch den dreisprachigen Ausweis gezeigt und die weiße Armbinde, auf der Theresienstadt stand. Er befahl einem Soldaten, mit mir zu gehen und meinen Koffer zu tragen. Als wir in die Straße einbogen, sah ich schon von Weitem, dass unser Haus zerstört war. Genau die Ecke, an der wir gewohnt hatten, war wie abrasiert.

Wir hatten aus Theresienstadt meiner Mutter schreiben können, umgekehrt aber von ihr keine Nachricht bekommen. Und so wussten wir nicht, was im März 1945 passiert war. Mutti war von der Arbeit nach Hause gekommen, hatte sich auf das Bett gelegt und war eingeschlafen. Plötzlich sei sie wach geworden, erzählte sie uns später, und habe den Eimer für die ausgebrannte Kohle vor Augen gehabt, dessen regelmäßige Leerung die Frau, bei der sie wohnte, übernommen hatte. Diesmal wollte sie es machen. Sie ging also in den Keller und holte den Eimer. In diesem Moment gab es Voralarm. Meine Mutter zog schnell die Kellertür zu – und da fiel eine Bombe. Sie traf genau das Zimmer und das Bett, in dem Mutti wenige Augenblicke zuvor noch gelegen hatte. Sie wäre auf der Stelle tot gewesen.

Als ich sah, dass unser Haus zerstört war, fing ich an zu weinen und rief nach Mutti. Der Soldat stand hilflos neben mir, stellte schließlich das Gepäck ab und machte kehrt. Als die Nachbarn, die ja wegen der Ausgangssperre Fenster und Türen nicht öffnen durften, sahen, dass der Amerikaner weg war, kam eine Frau ans Tor.

»Bist du die Anita?«

»Ja! Wo ist denn die Mutti?«

»Sie lebt! Sie wohnt bei einer Freundin, aber ich weiß nicht, wo.«

Sie gab mir einen Fahrradanhänger für unser Gepäck und ich machte mich wieder auf den Weg zum Bahnhof, wo Papa wartete.

Auch Rolf hatte zu unserem Rücktransport gehört. Er läutete bei seinen Großeltern, weil er glaubte, dass seine Mutter da sei. Und als sich das Fenster öffnete, war es nicht seine, sondern meine Mutti, die herausschaute. Sie übernachtete dort, weil unsere neue Wohnung in dem Haus nebenan noch nicht fertig war. Die hatte meine Mutter schon organisiert, weil sie inzwischen wusste, dass wir überlebt hatten. Ein paar Männer aus Wiesbaden waren schon vor uns aus Theresienstadt zurückgekehrt und hatten natürlich allen Angehörigen gesagt:

»Sie leben! Sie kommen!«

Nachdem Rolf ihr erzählt hatte, wo wir sind, zog meine Mutter nur eine Kittelschürze über ihr Nachthemd und rannte los. Was bedeutete da schon Sperrstunde! Sie war schneller am Bahnhof als ich.

Traurigkeit schlug um in Glück und Jubel, als wir uns in den Armen lagen. Da steht man da und kann es nicht fassen. Dass alle drei überlebt haben! Es war ein Wunder. Wir waren wieder zu Hause und wir waren wieder eine Familie. Meine Mutter war schon vor unserem Abtransport mehrfach von der Gestapo bedrängt worden, sich scheiden zu lassen. Hätte sie es getan, wären Papa und ich völlig schutzlos gewesen. Auch wir wären ermordet worden. Aber wir wussten: Mutti hätte uns nie im Stich gelassen. Ihr verdanken wir unser Leben.

Nach dem Bombenangriff hatte Mutti die Trümmer des Hauses durchwühlt und nur noch unsere Shabbat-Lampe gefunden, die seit Generationen in unserem Besitz war. Wir hatten kein Möbelstück mehr, von meinen Büchern und meinen Spielsachen war nichts übrig geblieben, und die Wäsche war durchsiebt von Bombensplittern.

Wir richteten uns in der neuen Wohnung ein und bauten unser Leben wieder auf. Und nahmen mit Leuten, von denen wir wussten, dass sie uns gut waren, wieder Kontakt auf. Das waren Menschen, die sich um uns gekümmert hatten. Wir haben anonym Brot-Karten geschickt bekommen, aber wir wussten immer, wo sie herkamen. Es gab auch Menschen, die uns bei Nacht und Nebel Essen vor die Tür gestellt haben. In der Zeit, in der mein Vater in Buchenwald war, gab es in Nordenstadt eine Frau, die hat sich verkleidet als Mann und ist nachts gekommen und hat uns Essen auf die Treppe gestellt. Solche Sachen kann man nicht vergessen und solche Leute kann man nicht vergessen. Wir wussten, wer Nazi war und wer nicht.

Viel später, ich war schon 24, 25 Jahre alt, habe ich mich eines Tages

Anita Fried 1948 in New York

sehr schick gemacht, bin in meine alte Schule gegangen und habe an der Tür eines Klassenzimmers geklopft. Als sie sich öffnete, habe ich ihn sofort erkannt, trotzdem aber gefragt:
»Sind Sie Herr Metzler?«
»Ja.«
»Sie wissen nicht, wer ich bin«, habe ich gesagt. »Ich bin das Judenschwein, das nicht mit dem Bus fahren durfte.«
Er war baff.
»Sie hören noch von mir«, habe ich noch gesagt.
Ich wollte, dass der vielleicht mal zwei Nächte nicht schlafen kann und sich Gedanken macht, was da noch kommen könnte. Ich hab natürlich nichts mehr gemacht. Was auch? Es war so viele Jahre danach, Mitte der Fünfzigerjahre, er war entnazifiziert und er war wieder Lehrer. Was ich heute noch nicht verstehen kann.

Wir wollten nach Amerika auswandern, hatten schon unsere Papiere, mussten aber noch untersucht werden. Und da stellte man fest, dass mein Vater Tbc hat. Unser Mobiliar, Wäsche, Geschirr, alles war schon in Amerika. Aber er durfte nicht dorthin.

Nachher kam die Wiedergutmachung. Jeder glaubt, die Juden sind reich geworden dadurch. Ist ein Irrglaube. Die Wiedergutmachung hat sich nach der Höhe der letzten Einkünfte errechnet, also 1938 – und da ging das Geschäft meines Vaters bereits bergab, weil man bei Juden nicht mehr kaufte. Mein Vater hat dann Rente bekommen, weil er im Krieg auf der Straße arbeiten musste, Splittergräben ausheben und Bunker bauen. Er war Jahrgang 1890 und noch jung, als der Krieg zu Ende war.

Am 30. April 1947 bin ich allein von Bremerhaven nach Amerika gefahren. Die Schiffspassage zahlte der Joint, es war ein Transport von Auswanderern. Beim Abschied dachten wir, wir sehen uns in Amerika wieder, der Papa schafft es doch noch. Aber so war es nicht.

Am 7. Juni kam ich in New York an. Verwandte holten mich ab, und wir fuhren nach Philadelphia. Ich wurde Dienstmädchen in verschiedenen Stellungen – und amerikanische Staatsbürgerin. Irgendwann ging ich zurück nach New York und blieb da hängen. Sieben Jahre lang. Ich war bei Macy's festangestellt, eine gute Stelle. 1950 hatte ich einen Amerikaner geheiratet. Ich war 19 Jahre alt, und es war eine Flucht in die Ehe. Sie dauerte fünf Jahre, 1955 wurde ich geschieden.

Ein Jahr zuvor war ich zurückgekehrt nach Wiesbaden. Aber es war schwierig, einen Job zu finden, ich war ja inzwischen Amerikanerin und hatte dafür die deutsche Staatsbürgerschaft aufgeben müssen. Ich habe dann Schreibmaschine gelernt und dadurch meine erste Stelle bekommen, bei den Amerikanern in Wiesbaden. 16 Jahre mit Unterbrechungen blieb ich dort bei der Air Force, arbeitete anschließend ein Jahr bei einer israelischen Firma in Frankfurt und ab 1977 war ich für weitere 16 Jahre Chefsekretärin bei einer englischen Firma.

Inzwischen hatte ich zum zweiten Mal geheiratet, es war meine große Liebe, aber nach fünf Jahren war Schluss. Aus der Ehe stammt mein Sohn, er ist 1962 geboren. Heute wohnt er mit Frau und Sohn in Nordenstadt, der Kreis hat sich geschlossen.

Ich hab zwei Mal nichtjüdisch geheiratet, aber für meine Mutter war das gar kein Thema. Und selbst mein Vater hat, als ich ihn gefragt habe, ob ich meinen Sohn im jüdischen oder im christlichen Sinne erziehen soll, gesagt:

»Genug ist genug.«

Er wollte nicht, dass das Kind jüdisch wird. Ich weiß nicht, ob er eine Vision hatte, dass es nie aufhört. Es ist ja nie ein Ende, der Antisemitismus ist so alt wie die Menschheit. So ist mein Sohn getauft und konfirmiert. Ich habe es bedauert, aber als mein Vater 1966 starb, war mein Sohn schon zu alt, um bei mir in der Synagoge zu sitzen – die Frauen sitzen ja oben und die Männer unten – und er hätte dann unten alleine gesessen. Ich aber gehe in die jüdische Gemeinde und je älter ich werde, desto frommer werde ich. Es ist der Zusammenhalt, es ist jetzt wieder eine Gemeinde da.

Nach 1945 gab es weder offenen Widerstand gegen uns noch offene Ablehnung. Es hat sich eben niemand gekümmert und die meisten wollten auch nichts mehr davon wissen. Und wir wollten auch nicht mit jedem sprechen. Meine Philosophie ist: Ich bin 1931 geboren, als der Krieg zu Ende war, war ich 14. Mein Jahrgang oder spätere, das ist kein Problem für mich. Alles, was vor 1928 geboren ist, da bin ich skeptisch. Mein Sohn hat mal gesagt:

»Es gibt erst wieder Ruhe, wenn diese Generation ausgestorben ist.«

So unrecht hat er nicht. Aber die Antisemiten wachsen nach. Als in Wiesbaden die Gedenkstätte für die ermordeten Juden errichtet wurde, fragte mich eine Journalistin:

»Was halten Sie von dem Mahnmal?«

»Das Mahnmal ist schön«, habe ich damals gesagt. »Ich warte nur darauf, dass es zum ersten Mal geschändet wird.«

Es hat keine drei Monate gedauert.

Auf dem Mahnmal stehen die Namen der Toten. Das ist wichtig. Wissen Sie, warum? Wenn der Messias kommt, dann ruft er sie alle beim Namen. Ich kenne sehr viele Namen auf dem Mahnmal. Kinder, die neben mir gesessen haben in der Schule, meine Lehrer, viele jüdische Familien, mit denen wir befreundet waren. Wenn man da durch geht, dann sagt man sich, die kannte ich, die kannte ich, die kannte ich. Aus meiner Familie sind 22 Menschen umgekommen.

In Nordenstadt, da sind Stelen hingestellt worden für Leute, die ganz zum Schluss noch abtransportiert wurden. Damit haben sich die Nordenstadter sehr schwer getan. Bis heute hat sich weder der Bürgermeister noch der Ortsvorsteher auch nur so viel um mich gekümmert, vollkommen ignoriert. Ich habe vor unserem Haus in Nordenstadt zwei Stolpersteine für meine Tanten legen lassen. Und hinten dran sind fünf Stolpersteine, da lebten auch Verwandte.

Auswandern nach Israel war nie ein Thema für mich. Ob ich mich als Deutsche fühle? Das Land wollte mich nicht. Ich bin mehr Amerikanerin als Deutsche. Der Entschluss, nach Deutschland zurückzukehren war damals hauptsächlich meiner Eltern wegen. Heute bin ich die einzige Überlebende von Wiesbaden. Und werde niemals aufhören zu fragen:

»Warum habt ihr uns das angetan?«

Ruth Galinski
geboren als Ruth Weinberg am 19. Juli 1921

Dresden

Warschau, Tatra, Krakau (Polen)

Berlin

Ob die Deutschen uns gegenüber ein schlechtes Gewissen hatten? Ich glaube, ein Gewissen hatten sie nie groß. Die Deutschen haben die Juden nicht gemocht, auch nach dem Krieg nicht. Schon vor Jahren hat man festgestellt, dass 15 Prozent zugeben, dass sie Antisemiten sind. Heute sind es viel mehr. Aber darüber wird geschwiegen. Da frage ich mich manchmal: Weshalb sind wir geblieben?

Damals gab es Reisende, die mit Koffern in die Provinz gefahren sind und Tischdecken oder ähnliches verkauften. Und dazu gehörte mein Vater, er hat auch ganz gut verdient. Als die Nazizeit kam, wurde ihm das sofort verboten. Dann hat meine Mutti gearbeitet. Sie konnte sehr gut malen, wollte auch Malerei studieren und hat die Erlaubnis bekommen, in der Dresdner Gemäldegalerie Bilder abzumalen. Ich hab immer daneben gesessen, kannte dadurch die Galerie in- und auswendig. Das ging aber auch nicht mehr lange, weil man die Bilder nicht verkaufen konnte. Dann hat meine Mutter in der Gemeinde gearbeitet. Da wurde für Juden billiges Essen ausgegeben, »Mittelstandsküche« nannte sich das. Mein Vater hat auch in der Gemeinde mitgeholfen, ich weiß nicht, ob er groß verdient hat.

Es ging uns schlecht, es ging uns richtig schlecht. Aus unserer Wohnung mussten wir raus, das mussten wir ein paarmal. Weil wir nicht bezahlen konnten. Wir hatten mal sehr schön gewohnt, dann sind wir immer mehr abgestiegen. Zum Schluss haben wir am Wettiner Bahnhof gewohnt, fünf Minuten vom Zwinger entfernt. Im vierten Stock und ohne Fahrstuhl. Da gab es noch die Toiletten auf halbem Stock. Das fand ich furchtbar, wenn man abends im Dunkeln mal wirklich raus musste, und die Mutter konnte man nicht immer wecken. Als ich nach dem Krieg das erste Mal wieder in Dresden war, existierte keine Wettiner Straße mehr. Sie war vollkommen zerstört und ist nicht wieder aufgebaut worden.

Ruth Weinberg 1925 in Dresden

Wir waren nicht fromm, aber wir gingen in die Synagoge, an den Feiertagen sowieso. Ich war in einem jüdischen Kindergarten, kam aber Ostern 1928 in eine staatliche Grundschule, weil es keine jüdische gab. Die haben sie erst geschaffen, als wir aus der staatlichen Schule rausgeworfen wurden. Das war schon 1934 oder '35. Das Schuljahr war um, und es wurde eine Feier gemacht in der Aula. Wir, es gab noch eine Jüdin in meiner Klasse und eine in der Nebenklasse, waren hübsch angezogen, soweit wir noch hübsche Kleider hatten. Wir bekamen die Zeugnisse. Und auf einmal wurden wir gerufen zum Rektor. Wie wir in seinem Zimmer waren, hat er gesagt:

»So, ihr habt eure Zeugnisse, die sind leider gut. Aber Gott sei Dank sind jetzt die letzten Juden raus aus der Schule.«

Diese Worte vergesse ich nie. So sind wir rausgeflogen aus der Wettiner Schule. Auf eine gemeine Art. Das war ein Absturz. Die anderen haben gefeiert. Und wir?

Ich hab dann noch mehr Sport getrieben. Schon mit vier Jahren bin ich in den jüdischen Sportverein Bar Kochba gegangen. Ich war immer Sportlerin, hab das geliebt. Wenn ich das nicht gehabt hätte, wäre ich ein unglückliches Kind gewesen. Der Sport aber hat mir noch Freude und Ehrgeiz gegeben. Ich wurde deutsche Jugendmeisterin in Leichtathletik, und als ich kleiner war, hatte ich von Hindenburg eine Urkunde bekommen. Aber die und alle anderen hab ich verloren, als ich später verhaftet wurde.

Die jüdische Gemeinde hat noch eine provisorische Schule aufgemacht, und wir haben da weiter gelernt. Religion zum Beispiel. Auf der staatlichen Schule haben die anderen das ja im Unterricht gehabt. Wir mussten immer sonntags in die Gemeinde, um da Hebräisch zu lernen. Das war ärgerlich, Sonntag war der einzige freie Tage.

Meine Freundinnen haben sich zurückgezogen, aber ich hatte auch gar nicht so enge Freundinnen. Das war halt Nazizeit. Und Dresden war eine große Nazistadt. Da war alles früher als in Berlin, weil das ja eine internationale Stadt war, in der 1936 die Olympiade stattfand, bei der man zeigen wollte, dass alles in Ordnung war in Deutschland. In

Dresden aber war das nicht nötig, und der Gauleiter – der ist nachher aufgehängt worden in Polen, Gott sei Dank – war einer der schlimmsten. Wir konnten in der Straßenbahn nicht fahren, im Bus nicht fahren, in den Park nicht gehen, auf den Sportplatz nicht gehen. Ich habe nie die Semperoper von innen gesehen, weil ich nicht rein durfte. Ich war nie in einem Theater dort, weil man mit zehn noch nicht ins Theater geht und nachher, als mein Vater die Arbeit verboten bekommen hat, hatten wir kein Geld dafür. Und als Jüdin hätte ich sowieso nicht hineingehen dürfen.

Mein Vater wanderte nach Argentinien aus im Juni '38. Vorher musste er noch ein Jahr auf Hachschara bei Berlin, und dann sollte das Visum kommen. Aber dann haben die argentinischen Behörden gesagt, dass nicht mehr die ganze Familie einreisen darf, sondern nur noch der Mann. Und er darf auch nicht in einer Stadt arbeiten, sondern muss auf einen Bauernhof. Ein Jahr lang und dann kann er die Familie nachholen. Unser Visum kam früher – und lag in Berlin. Im Oktober 1938. Und Ende des Monats wurden wir in Dresden bei der Polenaktion verhaftet.

Ich hatte abends immer noch heimlich im jüdischen Sportverein Tischtennis trainiert. Es war schon nicht mehr erlaubt, aber ich wollte ja eines Tages Trainerin werden. Auch an diesem Abend wollte ich zum Bar Kochba gehen, guckte vorher aus dem Fenster und sah, wie ein Polizist ins Haus kam. Und kurz darauf an unserer Tür klingelte.

»Was ist denn los?«, hab ich gefragt.

»Sie müssen alle aufs Revier.«

Er war ganz nett, wir kannten ihn von unserem dauernden Vorzeigen der Papiere. Den Pass verlängern, das mussten wir in Leipzig machen lassen, in Dresden gab es kein polnisches Konsulat. Nur mein Vater Abraham, er war 1897 geboren, kam aus Polen oder damals Russland – Bialystok war mal Russland, mal Polen. Er hatte auf polnisch-russischer Seite gekämpft, war als Kriegsgefangener nach Dresden gekommen und hatte da meine drei Jahre jüngere Mutter kennengelernt.

Sie war Dresdnerin und ist gleich bei der Heirat Jüdin geworden. Gegen den Willen ihrer Eltern. Und ich weiß noch, als sie mal gerufen wurde zur Polizei, da war mein Vater schon weg, wurde ihr gesagt:

»Sie als deutsche Frau, lassen Sie sich scheiden.«

»Eine deutsche Frau hält zu ihrer Familie«, hat meine Mutter gesagt. »Ich bin eine deutsche Frau. Und jetzt bin ich Polin und ich halte genauso zur Familie.«

Den polnischen Pass hatte sie ja durch die Heirat, und wir Kinder waren das, was der Vater war. Ich hatte also einen polnischen Pass, obwohl ich kein Wort Polnisch sprach. Und weil Mutti Jüdin geworden war, galt ich als »Volljüdin«. So nannte sich das, stand auch in meinen Papieren.

Manche Frauen haben sich scheiden lassen, was ich auch verstehe. Damit haben sie vielleicht ihre Kinder gerettet. Aber wenn sie sich nicht hätten scheiden lassen, wären ihre Männer nicht umgekommen. Doch das kann man gut hinterher sagen. Heute bin ich weiser, frage mich: Wenn's dir geschehen würde, was würdest du tun?

»Ziehen Sie sich an und kommen Sie mit«, sagte der Polizist. »Und nehmen Sie den Pass mit.«

»Ist da was?«, hab ich gefragt.

»Nein. Nur Passkontrolle.«

Na gut, da wir ihn kannten, haben wir es geglaubt. Er selbst hat es auch geglaubt, nebenbei bemerkt. Wir sind zur Wache, meine Mutter und ich, mein Bruder Gerson war noch klettern in der Sächsischen Schweiz. Deshalb hat die Polizei in der Wohnung gewartet, bis er abends um elf kam – abgepasst und mitgenommen. Wir mussten in einen großen Raum. Im Laufe der Nacht wurden alle Juden aus den Dresdner Bezirken dort hingebracht. Gesammelt. Wir waren eine ganze Menge. Bis zum Morgen haben wir gewartet, dann wurden wir unruhig.

»Abmarsch!«, schrie plötzlich jemand.

Wir sind über die Elbe, rüber nach Neustadt zum Bahnhof. Es war ein langer Weg über die Brücke. Die Leute haben es gesehen, natürlich. Keiner hat was dagegen gesagt. Auf dem Bahnhof stand SS. Rein in die

Waggons. Auf den Außenbrettern stand auch SS und sperrte ab. Dann pfiff es, und da sah ich den Polizisten, der uns abgeholt hatte.

»Sie haben gar keine Sachen!«, rief er.

»Sie haben doch gesagt, wir brauchen nichts.«

»Wenn ich das gewusst hätte!«

Wir fuhren viele Stunden, hielten ab und zu. Es waren alte Waggons, Holzklasse. Und immer saß ein SS-Mann mit dabei. Sie haben uns das Geld abgenommen, zehn Mark durfte man nur behalten. Ich hatte gar nicht die zehn Mark, das war ja viel Geld damals. Das hat mir noch einer gegeben, der mit uns fuhr und den ich kannte.

»Nimm, ich hab so viel Geld. Das nehmen sie mir sowieso weg.«

In Zbąszyń, an der grünen Grenze nach Polen, haben wir gehalten. Es war dunkel, und wir mussten raus. Es hat geregnet, furchtbares Wetter, war ja Ende Oktober. Wir hatten nichts dabei, waren so, wie wir gegangen waren. Dann haben wir die Nacht über gestanden, draußen im Freien. Die Polen haben uns nicht reingelassen und die Deutschen haben gesagt:

»Wenn ihr zurückkommt, schießen wir.«

Sind auch ein paar erschossen worden. Also standen wir da wie eine Herde Lämmer. Erst am nächsten Tag sind vom Roten Kreuz und von den jüdischen Gemeinden in Polen ein paar Leute gekommen und haben welche ausgesucht, die rein kamen. Zum Beispiel wir, weil wir sagen konnten, dass wir ein Visum bekommen. Wir wurden weiter transportiert in ein Flüchtlingslager bei Warschau. Es war ein Kurort für Lungenkranke, und die Häuser wurden im Winter nicht gebraucht. Wir kamen in die verlassene Villa eines jüdischen Inhabers. Es war einfach, aber Möbel gab es.

Wir haben da gelebt. Wenn ich meine Wäsche gewaschen hatte, musste ich im Bett bleiben. Ich hatte ja nichts anderes dabei. Dann wurde eine Kleiderkammer eingerichtet, da brachten die aus der jüdischen Gemeinde gebrauchte Kleidung hin. Das waren die einzigen, die halfen. Polnische Juden, Studenten vor allem, haben sich um uns gekümmert. Mehr als wir es vielleicht getan hätten, denn da hatten die Polen mehr Herz. Sie haben auch gekocht für uns. Meine Mutter durfte mitkochen, dadurch kam sie in die Küche und konnte auch etwas tun. Gehungert haben wir nicht. Und was passieren würde, ahnte man nicht. Erst mal hat man ein bisschen Freiheit gerochen, weil da keine Nazis waren. Der Krieg fing ja erst im Jahr darauf an.

Und dann begann er, und die Bomben fielen. Gleich am ersten Tag. Man sah die Flugzeuge am Himmel, es war ein blauer Himmel, und man wusste gar nicht, was man machen sollte. Es war grausam. Dass Krieg war, hörten wir im Radio. Ich hatte ja inzwischen Polnisch gelernt. Was gut war, denn später hab ich illegal leben müssen. Wenn ich da nicht Polnisch gesprochen hätte, wäre ich sofort aufgeflogen.

Wir hatten uns falsche Ausweise beschafft, die verkaufte die katholische Kirche. Trotzdem wurden meine Mutter, mein Bruder und ich nach Warschau gebracht. Ins Ghetto. Erst war es noch offen. Dann wurde die Mauer gebaut und man konnte nur raus, wenn man draußen arbeitete. Wir wohnten zu sechst in anderthalb Zimmern.

Inzwischen hatte ich geheiratet, im Ghetto. Ich war 18 und verliebt, der erste Mann in meinem Leben! Leon Davidson kam aus Lemberg und hatte in Warschau Jura studiert. Während seines Studiums, schon vor Hitler, durften die Juden in der Universität nur links sitzen. Der Antisemitismus! Ich habe es nicht glauben wollen, aber er hat es mir gezeigt. Ich weiß nicht, ob es nur in Warschau galt. Da auf jeden Fall war es so, das haben mir auch andere bestätigt.

Wir sind dann alle illegal raus aus dem Ghetto. Meine Mutter wollte zu einer Freundin in der Tschechoslowakei. Ich wusste nicht, ob sie angekommen war. Erst als ich meinen Bruder traf, erzählte er es. Er war inzwischen Widerstandskämpfer geworden und hatte von anderen Widerstandskämpfern gehört, dass ich lebte und wo ich versteckt war. Da ist er hingekommen, während des Warschauer Aufstands und in polnischer Uniform. Wir haben uns gesehen, haben uns wieder getrennt. Aber wir haben ja gedacht, wir gewinnen. Die ersten vier Wochen sind sie ausgerissen, die Deutschen vor den Polen. In Warschau haben wir auf der anderen Seite der Weichsel schon die Russen gesehen. Wir waren glücklich! Haben auf der Straße getanzt, weil wir wieder frei waren! Dann haben die Deutschen aus Ich-weiß-nicht-Wo noch Soldaten geholt und Warschau zerstört. Sie haben alles zerbombt.

Ich lebte mit meinem Mann in der Illegalität. Seine Eltern waren in Lemberg im Ghetto, sie wollten nicht illegal sein. Zu alt. Sie hatten aber versprochen, wenn das Ghetto zugemacht wird, dann schicken sie ein Telegramm, damit wir sie abholen mit den falschen Papieren, die wir für sie besorgt hatten. Wir waren immer zusammen, mein Mann und ich, aber an dem Tag, als es kam, lag ich krank. Und da ist er allein gefahren und nie wieder gekommen. Ich weiß nicht, was passiert ist. Ob er schon im Zug erwischt worden ist. Das Tragische ist, auch wenn er noch hingekommen ist, um seine Eltern zu retten: Das Ghetto war schon geräumt. Ich war nicht dabei. Sonst war ich immer dabei, aber an dem Tag nicht.

Ein Studienkollege von meinem Mann, ein Nichtjude, der in Krakau Professor war, kam, um mich aus Warschau zu holen. Ich musste ja weg! Das Haus, in dem ich lebte, war nicht zerbombt. Aber was sollte ich da noch? Ich wusste von vielen jüdischen Freunden, die umgekommen waren. Wohin sollten sie auch fliehen?

»Du kommst mit mir«, sagte er. »Wir gehen in die Berge. Ich hab eine kleine Widerstandsgruppe, sechs bis acht Studenten. Erzähl ihnen nicht, dass du Jüdin bist. Die brauchen es nicht zu wissen.«

Sie mussten auch weg, aber aus politischen Gründen. Und so machten wir uns auf in die Tatra. Ich konnte nicht Ski laufen, aber ohne Skier konnte man sich nicht fortbewegen, wenn man in die Berge ging. Es lag ja Schnee. Sie haben mir ein Paar Skischuhe gegeben, das war Größe 44. Ich habe 37. Sie haben sie ausgestopft mit Papier. Und ich bekam Skier von Springern, die sind sehr lang. Ich hab sie angezogen, und schon sind sie weggerutscht und ich bin auf den Steiß gefallen. Das tat weh, ich hab noch über ein Jahr Schmerzen gehabt. Aber ich musste laufen. Und wir sind gelaufen, gelaufen, gelaufen. Und es ging, es war auch lebensnotwendig.

Die Männer haben Waffen gehabt, aber waren nicht aktiv. Wir lebten ganz allein in einer Schutzhütte. Holz haben wir gehabt, das musste man nur trocknen, Bäume gab es ja genug. Wir hatten auch einen kleinen Ofen, Mehl hatten wir mitgenommen in großen Säcken. Trotzdem war ich halb verhungert. Ab und zu ist einer runtergefahren nach Zakopane und hat Kartoffeln geklaut. Mal haben sie einen Hund gekriegt und geschlachtet. Ich hab immer kochen müssen, aber den haben sie selbst gemacht, weil sie ahnten, dass ich das nicht kann. Ich war die einzige Frau, aber Übergriffe gegen mich gab es nicht. Auf keinen Fall, das waren alles gut erzogene und früher mal wohlhabende Leute. Aber es war nie sicher, ob sie mich nicht doch verraten. Oder sagen, was hat die mit uns zu tun?

Mir ging es schlecht, aber ich wollte überleben. Man glaubte noch, man wird die Familie wiederfinden. Von meinem Bruder wusste ich ja, dass meine Mutter in der Tschechoslowakei angekommen war, aber dann nicht mehr, ob sie noch lebte. Von ihm hörte ich auch nichts mehr. Von meinem Mann nahm ich an, dass er tot war. Der ist wahrscheinlich erschossen worden. Wenn man Juden fand, wurden sie meistens gleich umgebracht. Oder ins KZ gesteckt. Auch später hab ich niemals etwas erfahren, nicht über Yad Vashem, nicht über das Rote Kreuz, nicht über den Joint.

Im Januar 1945 kamen zwei Russen und berichteten, der Krieg sei dort vorbei. Aber auch dann wurde noch nicht gesagt, dass ich Jüdin bin. Wir sind runtergefahren nach Zakopane, und da hab ich ihnen erzählt, wer ich bin. Und alle haben gesagt:

»Ja, das wussten wir.«

Ich weiß nicht, ob es stimmt. Sie haben sich dann nicht mehr groß um mich gekümmert, und ich bin nach Krakau gegangen zur jüdischen Gemeinde. Dort hat man mich angemeldet, mir einen Ausweis gegeben und ein Zimmer gemietet bei einem älteren Herrn, der aus Auschwitz zurückgekommen war. Er hat mich wie eine Tochter behandelt, und ich hab in seinem Geschäft, ein sehr schönes großes Geschäft für Nähbedarf mitten in der Stadt, an der Kasse gearbeitet und gut verdient. Fast ein Jahr. Ich war auch im Krakauer Sportverein. Schwimmen in der Mannschaft, das hab ich sofort wieder gemacht. Aber Leichtathletik ging nicht mehr. Wenn man sechs Jahre nicht trainiert hat und schon über 20 ist, ist es vorbei mit dem Leistungssport. Sport aber hab ich gebraucht, das war mein Leben.

Nach Deutschland wollte ich nicht mehr. Was sollte ich da? Hab es nur gehasst. Und dann haben mich der Joint und das Rote Kreuz gefunden. Die hatten sofort nach dem Krieg die Namen der Überlebenden in alle Welt geschickt. Und mein Vater hat in Buenos Aires gelesen: »Ruth Weinberg lebt in Krakau.« Er hat mir einen Brief geschrieben, in dem stand: »Fahr sofort nach Berlin. Deine Mutter und dein Bruder und seine Frau« – er hatte inzwischen eine sehr fromme Frau aus dem Ghetto geheiratet – »sind in Berlin. Die haben ihr Visum schon und du kriegst auch eins.« In Berlin war das Konsulat. Da hab ich dem alten Herrn, der mich behalten wollte als Familie, weil er seine Frau in Auschwitz verloren hatte, gesagt:

»Ich muss weg! Ich will nach Argentinien!«

Ich glaube, ich hab erst später gehört, dass es in Polen auch nach dem Krieg noch Pogrome gab. Da kamen jüdische Überlebende zurück in ihren Ort und sind dort geschlachtet worden. Spätestens da war es bei mir sowieso vorbei mit Polen.

Pfingsten 1946 bin ich mit einer Freundin los. Sie war Polin und ihr Mann schon in Berlin. Aber wir konnten nur illegal rüberfahren mit dem Zug. Ich hatte ja keinen Pass mehr, der war mir von den Deutschen abgenommen worden. Hatte nur eine polnische Kennkarte von der jüdischen Gemeinde. Die Polen ließen uns raus, aber auf der deutschen Seite wurde kontrolliert. Wir mussten aussteigen. Ich hatte nur ein kleines Köfferchen, aber meine Freundin hatte einen sehr großen Koffer. Da hatten wir Zigaretten drin, das war unser Vermögen. Und dann ist sie erwischt worden. Sie sprach nicht Deutsch, hatte kein Visum, und dann haben sie sie ausgenommen. Ich stand da, dachte: Was machst du? Ich war erst etwas feige, aber dann bin ich zu ihr gegangen. Haben sie mir natürlich auch alles aus dem Koffer genommen.

Nachdem sie alles geklaut hatten – die Deutschen, nach dem Krieg! –, konnten wir rüber.

Ich bin zuerst ins DP-Lager Schlachtensee gegangen. Das war sehr gut. Ich wurde angemeldet, hab zu essen und zu trinken bekommen. Mein Bruder hatte mich dahin geschickt. Er hatte hier schon eine Wohnung und eine Stelle bei der Polizei, wo er kontrollierte, ob unter den Polizisten SS-Leute waren. Die hatten ja ein Zeichen – ihre Blutgruppe – auf der Unterseite des Oberarms tätowiert.

Ich wohnte dann bei ihm und bei einer Frau, die ich kennengelernt hatte und die zu einer sehr guten Freundin wurde. Sie hatte eine große Altbauwohnung am Kaiserdamm und mir angeboten, zu ihr zu ziehen. Vom Joint gab es Pakete, und man brauchte nur eine Zigarettenstange zu verkaufen und hatte so das Geld für die Miete.

Den Sportverein Hakoah habe ich mitgegründet. Als Kapitänin der Handballmannschaft bekam ich die Blumen, als wir gewonnen hatten, und die übergab mir Heinz Galinski. Das war im Juni 1947. Am 19. Juli 1947, meinem Geburtstag, haben wir uns verlobt und im Oktober geheiratet. Die Ehe ist gut gegangen, 46 Jahre lang.

Er war zehn Jahre älter. Auch er hat seine erste Frau verloren. In Auschwitz. Und seine Mutter. Die Familie kam aus Marienburg, Westpreußen, und die letzten Jahre hatten sie in Berlin gelebt, in der Schönhauser Allee. Weil Heinz der einzige Sohn war, wollte er seine Eltern nicht verlassen, und dann sind sie in der Fabrikaktion im Februar 1943 alle abgeholt worden. Er, seine Frau, seine Mutter, sein Vater. Der war Frontkämpfer gewesen im Ersten Weltkrieg und hat deshalb immer gedacht, es wird ihm nichts geschehen. Sie kamen in das Jüdische Krankenhaus. Das war das Lager, aus dem sie deportiert wurden. Dass es heute wieder das Jüdische Krankenhaus ist, dafür hat Heinz später gesorgt. Und die Straße, in der es liegt, heißt Heinz-Galinski-Straße. Er selbst war in Auschwitz, in Dora-Mittelbau, in Bergen-Belsen.

»Auschwitz war die Hölle«, hat er gesagt. »Aber wenn es eine noch größere Hölle gab, dann war es Dora.«

Dort waren nur Männer, auch viele Nichtjuden. In Dora waren deshalb nur Männer, weil da die V2-Waffen gebaut wurden. Man hatte in den Felsen Stollen gebohrt und da drin die Häftlinge die V2-Geschütze bauen lassen. Noch heute sieht man die Höhle, eine Baracke, einen Waggon, mit dem die Menschen transportiert wurden, und man sieht noch Vergasungskammern. Das alles ist unfassbar. Auch weil um Dora herum in jedem Dorf ein kleines KZ war. Sie brauchen nur 100 Meter zu laufen, da haben Sie eine Baracke, dort haben Sie ein Erdloch. Darin haben die Gefangenen gelebt. Als das KZ aufgelöst wurde, schickte man die Männer auf den Todesmarsch nach Bergen-Belsen. Da ist Heinz im April 1945 von den Engländern befreit worden.

1949 wurde er der erste Vorsitzende der Jüdischen Gemeinde Berlins, und wir zogen aus unserer Charlottenburger Zweizimmerwohnung in eine Dreizimmerwohnung in Schmargendorf. Da war schon Zentralheizung. Später hatten wir dreieinhalb Zimmer am Südwestkorso. Und bis zu seinem Tod lebten wir dann in einer Traumdachgeschosswohnung – mit Fenstern aus Panzerglas.

Als Präsident des Zentralrats der Juden, 1954–63 und 1988–92, wurde er, wurden wir bewacht. Und das war schrecklich. Immer wa-

Verlobung Ruth Weinberg mit Heinz Galinski am 19. Juli 1947 in Berlin

ren vier Leute dabei: der Fahrer und ein Mann daneben und im Wagen dahinter weitere zwei Männer. Das hat er sich irgendwann verbeten. Denn wenn wir einkauften, und er hat so gerne eingekauft, kamen wir immer zu sechst ins Geschäft. Mein Mann ist oft wütend geworden, sie sollten nicht so nah herankommen. Er hat es dann geschafft, dass immer nur zwei da waren. Aber das reichte auch! Die Polizisten holten ihn früh ab und brachten ihn abends zurück. Nachts standen sie vor dem Haus. Um unser Leben hatte ich immer Angst. Aber es war eine Angst mit der Polizei vor der Tür, ich hatte ja einen gewissen Schutz. Das war was anderes als in der Nazizeit. Da hatte ich mächtige Angst.

Heinz ist oft angegriffen worden. Noch sechs Jahre nach seinem Tod hat man im September 1998 versucht, mit Sprengstoff sein Grab zu zerstören. Dabei ist nur ein Stück aus dem Grabstein gebrochen. Aber ein paar Monate später, im Dezember, ist bei einem Anschlag die ganze Grabplatte zerbrochen. Die Stücke sind erhalten geblieben, auf einem steht: »Sprengstoffanschlag durch unbekannte Frevler«. Keinen der Täter hat man je gefunden. Jahre zuvor hatte eine Putzfrau im Gemeindehaus in der Fasanenstraße eine Bombe gefunden – direkt unter dem Saal, in dem kurz darauf eine Feier sein sollte, bei der er sprechen wollte. Sie konnte noch entschärft werden. Und dann, 1975, hat man ihm eine Briefbombe ins Büro geschickt. Seine Sekretärin hat gemerkt, dass der Brief so dick war, und ihn der Polizei gegeben. Anfangs war das alles noch anonym. Später wurden Drohbriefe mit Namen unterschrieben, stoßweise kamen die. So hat sich das in Deutschland wieder entwickelt. Aber er hat immer gesagt:

»Ich hab nicht überlebt, um zu schweigen. Ich hab es mir im KZ versprochen, dass Hitler nicht recht haben wird. Dass die Juden nicht ausgerottet sind.«

Dafür wollte er kämpfen. Das war sein Lebensinhalt. Sein Vater war schon nach der Verhaftung gestorben, auch seine erste Frau und seine Mutter sind umgekommen. Sie sind im selben Waggon mit ihm gefahren nach Auschwitz. Die Frauen gingen gleich ins Gas und er wurde zur Arbeit eingeteilt, weil er noch jung und kräftig war. Wir haben

Dr. Andreas Nachama, Dr. Michel Friedman, Ruth Galinski (von links) im Februar 1999 in Berlin am zweifach zerstörten Grab von Heinz Galinski (1912-92)

einmal über die Vergangenheit geredet, dann nicht mehr. Aber auch kein Geheimnis daraus gemacht. Ich habe mir eingebildet, wir hätten es vollkommen verdaut. Das war nicht der Fall.

Als ich im Jahr 2000 operiert wurde, eine Herzoperation, die neun Stunden dauerte, war das Narkosemittel zu stark oder zu viel, sodass ich über 14 Tage wirr geredet habe. Und nur von früher. Ich hab um mich geschlagen, niemanden an mein Bett gelassen. Nur den Professor und später den Chefarzt vom Jüdischen Krankenhaus, weil ich die privat gut kannte. Bei allen anderen im weißen Kittel hab ich geschrien:

»Nicht rankommen! Ihr wollt mich abholen! Die haben es nicht geschafft, jetzt macht ihr es!«

Ich hatte eine Todesangst. Es war schlimmer als in den schlimmsten Zeiten. Schlimmer, weil ich eine panische Angst hatte. Panische Angst vor Menschen, die mir nichts getan hatten. In den ersten Tagen hatte ich in der Virchow-Klinik gelegen, in der mein Mann gestorben ist. Er hatte die gleiche Operation, Bypässe. Es ging ihm sehr gut danach, drei Tage und dann kam ein völliger Zusammenbruch. Vier Wochen hat er im künstlichen Koma gelegen, aber bis zum Schluss gekämpft. Er starb 1992 an meinem Geburtstag, der ja auch unser Verlobungstag war. Das Gefühl der Endgültigkeit, das kam erst nach einem Jahr. Mein Leben veränderte sich sehr nach seinem Tod. Ich hatte ja nicht nur meinen Mann verloren. War auf Empfängen eingeladen gewesen, kannte Politiker und Königinnen, und das war irgendwann nicht mehr. Man hat mir noch einige Zeit Einladungen geschickt, weil Heinz Ehrenbürger von Berlin war.

Ich wollte, als ich zurückkam, nicht in Berlin, nicht in Deutschland bleiben. Aber mein Mann wollte aufbauen. Er hat ja auch recht gehabt, hat die Gemeinde in Berlin sehr gut aufgebaut. Erst in den letzten Jahren hat sie sich so verändert.

Ich wäre gern nach Amerika ausgewandert, nicht mehr nach Argentinien. Obwohl meine Familie dort lebte. Mein Vater hatte in einer Spinnerei Arbeit gefunden, schwer gearbeitet und schlecht verdient. Aber zurückkommen nach Deutschland wollten meine Eltern auf keinen Fall. Sie haben noch Spanisch gelernt. In meiner Kindheit haben sie immer Wert darauf gelegt, dass ich nicht Sächsisch sprach. Dabei hat mein Vater mehr Jiddisch gesprochen. Ich wusste allerdings nicht, dass es Jiddisch war. Ich dachte immer, er ist ein Ausländer und spricht eben nicht gut Deutsch. Erst als ich es später in Warschau hörte, habe ich gemerkt, es war Jiddisch. Und da es dem Deutschen etwas ähnlich ist, konnte ich es auch verstehen.

In den ersten Jahren hab ich sie nicht mal besuchen können, weil wir das Geld für den Flug nicht bezahlen konnten. Mein Mann hat als stellvertretender Leiter für die Opfer des Faschismus gearbeitet. Dann wurde er zum Gemeindevorsitzenden gewählt. Ehrenamtlich. Schließlich hat man gesagt, er solle dafür Geld kriegen. Wir waren ja auch nicht reich. Wer war das schon von denen, die zurückkamen?

Ich hab nicht gearbeitet. Mein Mann wollte das nicht, und ich hatte ja auch nichts Großes gelernt. 1953 aber hab ich den Jüdischen Frauenbund in Deutschland wieder mitgegründet. Mit Jeanette Wolff. Sie war eine bedeutende Frau, SPD-Politikerin, saß auch im Bundestag. Sie war ins KZ geschickt worden als Politische, kam frei und wurde dann als Jüdin deportiert mit ihrer Familie. Alle sind umgekommen, nur eine Tochter und sie haben überlebt.

In unserer Berliner Frauengruppe hatten wir in der besten Zeit 500 Mitglieder. Wir trafen uns jede Woche, besuchten Kranke. Aber vor allem ging es darum, Kontakte zu knüpfen. Es war nach dem Krieg. Wir hatten überlebt.

Ob die Deutschen uns gegenüber ein schlechtes Gewissen hatten? Ich glaube, ein Gewissen hatten sie nie groß. Die Deutschen haben die Juden nicht gemocht, auch nach dem Krieg nicht. Schon vor Jahren hat man festgestellt, dass 15 Prozent zugeben, dass sie Antisemiten sind. Heute sind es viel mehr. Aber darüber wird geschwiegen. Da frage ich mich manchmal: Weshalb sind wir geblieben?

Ruth Galinski in den Neunzigerjahren in Berlin

Alisa Weil
geboren als Angelika Levin am 4. Februar 1931

Stettin

Hütten (Schweiz)

Nahalal, Givat Haim, Haifa, Ben Shemen,
Qiryat Bialik, Haifa (Palästina)

London (England)

Hannover, Heppenheim, Wuppertal,
Köln, Meckenheim

Meine Eltern haben uns die ganze Zeit, wo wir in Palästina waren, immerhin elf Jahre, gesagt: »Wenn der Spuk da mal vorüber ist, dann müssen wir alle zurück nach Deutschland. Da leben ja nur Nazis oder welche, die in den Nationalsozialismus rein geboren sind und nichts anderes kennen. Man muss dahin, um das Land wieder aufzubauen als ein demokratisches Land.« Mit der Einstellung waren sie nicht allein.

Dass meine Mutter einen Juden heiratete, war überhaupt kein Problem. Ihre Eltern liebten den Schwiegersohn, sie kannten ihn ja schon vorher, weil er wie sie auch Sozialdemokrat war. Überhaupt waren diese Großeltern unglaublich liberal. Meine Großmutter hat vergleichende Religionswissenschaften unterrichtet. Sie war gar keine Lehrerin, sie war Hausfrau und hat ihre vier Kinder großgezogen. Aber sie wollte schon damals, dass Kinder wissen, es gibt nicht nur eine Religion, es gibt viele Religionen. Und dann saß sie in der Weimarer Nationalversammlung. Da waren überhaupt nur drei Frauen, zwei von ihnen für die SPD. Eine davon war Else Höfs, meine Großmutter, die zusammen mit Marie Juchacz die Arbeiterwohlfahrt gegründet hat. Und mein Großvater, der war Stadtrat und der Sozialdemokrat von Stettin, wo wir alle noch geboren sind.

Mein Vater war nun was ganz anderes. Der stammte aus einer reichen, sehr angesehenen Kaufmannsfamilie. Sein Vater war im Textilhandel. Die Familie war jüdisch, ging natürlich zu den Hohen Feiertagen in die Synagoge, aber nicht orthodox. Nach vier Töchtern wurde endlich mein Vater geboren – der Sohn als Prinz. Dann kam tatsächlich noch ein Sohn, und so waren es sechs Kinder.

Buchhändler wollte mein Vater werden und hat die Lehre auch gemacht. Aber sein Vater kriegte einen Schlaganfall, konnte die Familie nicht mehr ernähren und hat sich gedacht: Der Junge hat ja Buchhänd-

Angelika Levin ca. 1935 in Stettin

ler gelernt und, Handel ist Handel, jetzt muss er Textilhändler werden. Mein Vater hat sich angestrengt, aber es war damals gerade die Inflation und so wurde es nichts. Dann starb meine Großmutter an Zucker und mein Großvater an den Folgen des Schlaganfalls.

Die beiden größeren Schwestern meines Vaters haben einen Teil ihrer Siebenzimmerwohnung vermietet und sich so über Wasser gehalten. Die beiden jüngeren Schwestern und der zweite Bruder, ein Tischler, waren Kommunisten. Die eine hat als Sekretärin für einen bekannten kommunistischen Parteimenschen gearbeitet. Die andere war erst Floristin und hat dann bei dem Vater meiner Mutter als Hausdame gearbeitet. Die Familien kannten sich ja schon lange.

Meine Mutter war gelernte Kindergärtnerin und als Fürsorgerin angestellt bei der Stadt. Bis sie entlassen wurde mit der Begründung »Ehemann jüdischer Abstammung«.

Die Hochzeit meiner Eltern war 1927 gewesen und vier Jahre später wurde ich als Erste geboren. Sie nannten mich Angelika und mei-

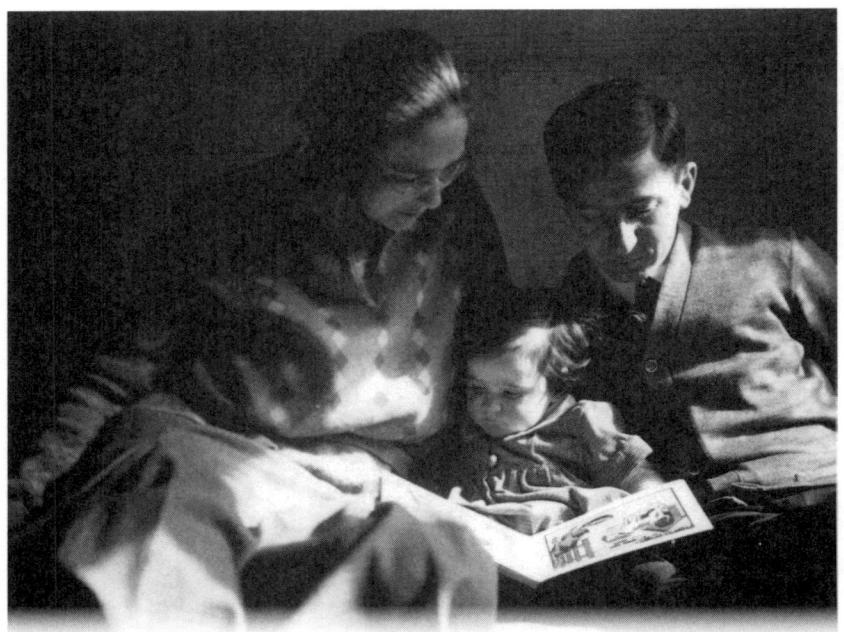

Mutter Margarete und Vater Werner Levin mit Angelika im März 1932 in Stettin ne Schwester später Renate. Meine Mutter war sehr stolz auf unsere schönen deutschen Namen. Sie hatte ja keine Ahnung, dass wir mal in Palästina landen würden.

Ich hab manche Erinnerung daran, wie es ab 1933 wurde. Als ich drei, vier Jahre alt war, sind meine Eltern aus dem Haus meiner Großeltern umgezogen in eine Siedlung. Einmal war meine Mutter in der Waschküche im Keller, und ich hab sie unten gesucht, als eine Stimme sagte:

»Was machst du denn hier!«

Das war der Blockwart. Er kam von hinten und hat mich im Dunkeln erschreckt. Diesen Schock, den ich da gekriegt habe, hab ich noch gehabt, da war ich schon wieder in Deutschland. Da hab ich mich immer, wenn ich im Restaurant war, an die Wand gesetzt, damit von hinten keiner kommen kann. Dieser Blockwart, der hat mich auch in der Gartenkolonie bei einem Fest angesprochen:

»Bist du nicht die kleine Levin?«

Und ich, strahlend natürlich:

»Ja, ich bin die kleine Levin!«

»Du hast hier nichts zu suchen! Du bist doch ein Mischling!«

Ich bin heulend zu meiner Mutter.

»Ich bin ein Mischling, ich darf nicht bei dem Fest dabei sein!«

Meine Mutter hat mich auf den Schoß genommen – das ist mir natürlich später alles erzählt worden – und hat gesagt:

»Guck mal, du weißt doch, wie ich einen Kuchen backe. Da nehme ich Mehl und Milch und Butter und Zucker. Und wenn ich nicht so viele Sachen nehmen und mischen würde, dann würde auch nicht so ein schöner Kuchen daraus werden. Und so ist das bei dir auch. Du bist ein wunderbarer Kuchen, weil du ein Mischling bist.«

Das ist eine sehr schöne Geschichte, und auf diese Weise hat sie mich getröstet.

1936, meine Schwester war im Juni geboren, reisten wir in die Schweiz. Aber vorher gingen meine Eltern noch mit mir in die Schule und fragten den Rektor:

»Wenn wir zurückkommen, wird die Angelika ja sechs. Wie sind die Aussichten? Wird sie eingeschult?«

Der hat geradezu gelacht und gesagt:

»Natürlich, wir kennen uns doch seit Jahren! Natürlich nehmen wir die Angelika in unsere Schule auf, die kann bei uns bleiben bis zum Abitur.«

Hat er gedacht.

Wir fuhren in die Nähe von Zürich zu Quäkern. Der Mann war Pastor und seine Familie hatte uns für sechs Wochen eingeladen. Als die Zeit um war und wir auch kein Geld mehr hatten, man durfte ja aus Deutschland nur vier Goldmark pro Person mitnehmen, wurde meinen Eltern klar, dass Zurückgehen nicht mehr so einfach ist. Sie haben allerdings noch nicht gedacht, dass sie gar nicht zurück können.

Der Bruder meines Vaters hatte inzwischen unsere Wohnung betreut. Kurz vor unserer Rückkehr fand er dort einen Brief unter der Tür. Er machte ihn auf – es war eine Vorladung von der Gestapo. Das war jetzt die zweite Vorladung, die Eltern waren schon mal bei der Gestapo gewesen. Da hatten sie nichts rausgekriegt aus ihnen, weil die beiden vorher ausgemacht hatten, wenn einem von ihnen gesagt wird, »das hat Ihr Mann oder Ihre Frau uns ja alles schon erzählt, das brauchen Sie nicht zu verschweigen«, dann stimmt das nicht. Die haben sich genau abgesprochen.

Bei diesem Verhör war zwar einer von der Gestapo dabei, aber der andere war ein Polizist aus der Nachbarschaft, der meine Eltern kannte. Vielleicht ging es deshalb gut aus. Aber es war klar, dass sie mit einer zweiten Vorladung nicht wieder rauskommen würden. Den Brief hat mein Onkel zu uns in die Schweiz geschickt, was strengstens verboten war. Man durfte keine Äußerungen der Gestapo und schon gar nicht eine Vorladung ins Ausland schicken. Dafür hätte er hopsgehen können. Er hatte selber Familie und ist sofort danach mit ihr in die Tschechoslowakei geflohen.

Als die Vorladung – nicht, weil mein Vater Jude war, sondern weil sie Sozialdemokraten waren – kam, sind sie zu den Behörden in Zürich gegangen, haben alles erklärt, und da hieß es:

»Ein halbes Jahr Asyl.«

Danach hätten sie uns ausgeliefert, und wir wären nicht mehr am Leben. Keiner von uns. In dieser Zeit war mein Vater natürlich immer mit der Frage beschäftigt, wo gehen wir hin. Vier Personen ohne Geld, im Grunde aussichtslos.

»Geht nach Südamerika. Da suchen sie Lehrer, Deutschlehrer«, hat jemand gesagt.

»Geht nach Südfrankreich und pflückt da Mirabellen«, haben die Quäker gesagt.

Das hätten meine Eltern gemacht, sie hätten alles gemacht. Dann schrieb ein Freund meiner Eltern, der schon in Palästina war, an meinen Vater: »Und daran, dass du nach Palästina gehst, hast du wohl noch gar nicht gedacht?« Das hatte er wirklich nicht, sie waren keine Zionisten und nicht so gläubige Juden, dass sie ins Heilige Land wollten. Aber dann ist er zu den Zionisten in Zürich, und die haben gesagt:

»Wenn wir Sie auf die reguläre Liste setzen, dann sind Sie vielleicht in zwei, drei Jahren dran. Aber wenn sie Kapital haben, dann lassen die Engländer Sie so rein.«

Mein Vater ging wieder zu den Quäkern, die uns weiterhin ernährt haben, und erzählte es denen. Und dann passierte ein Wunder:

Angelika Levin mit ihrer Schwester Renate im Winter 1936 in Hütten in der Schweiz

Die Quäker-Frau hatte eine Schwester, die von uns gehört, uns aber noch nie gesehen hatte, und die sagte:

»Ich habe ein kleines Kapital. Das würde gerade dafür reichen. Ich muss das aber zurück haben, weil ich davon lebe. Aber ich schreibe das über auf Herrn Levin, dann kann die Familie einwandern und er kann es mir wieder zurückschicken.«

Meine Eltern sind wieder zu den Zionisten, haben erzählt, dass sie das Geld haben.

»Das ist ja gut und schön«, haben die gesagt, »wir schreiben das auf ihr Zertifikat. Aber so blöd sind die Engländer nun auch nicht. Wenn Sie da mit zwei Kindern im Juli in Winterklamotten ankommen, dann glauben die Ihnen nicht. Also müssen wir erstens in Ihr Zertifikat ein Kindermädchen reinschreiben. Aber natürlich keine zusätzliche Person, sondern ein junges Mädchen, das sowieso auf der Liste ist. Und zweitens kriegen Sie ein Überbrückungsgeld« – das war natürlich gedacht für die Anfangszeit –, »das Sie jetzt ausgeben müssen für Kleidung. Denn Sie sind ja so reich, dass Sie natürlich nicht mit Winterkleidung einreisen ...«

Mein Vater hat einen Tropenhelm und einen weißen Anzug gekauft, meine Mutter einen Hut mit blauem Schleier. Meine Mutter! Und lange Glacéhandschuhe, ein weißes Kostüm mit einer blauen Bluse. Und das Mädchen wurde in unser Zertifikat eingetragen. Wir haben es vorher nie gesehen und später auch nicht.

So fuhren wir im Juli 1937 auf einem französischen Truppentransporter mit Soldaten, die nach Afrika gingen. Und daran kann ich mich genau erinnern: Das Schiff fährt in den Hafen von Haifa ein und die Gangway wird runtergelassen. Mein Vater lässt die Mutti mit dem Baby und mir oben auf dem Schiff stehen und rennt wie ein gepikter Affe diese Gangway runter. Ich denke, jetzt stehen wir hier und der verlässt uns. Er aber rennt nur zu der ersten Bank, die er finden kann, um das Geld zurückzuüberweisen. Mein Vater war ein besonderer Mann.

Damit aber war unser Überbrückungsgeld endgültig ausgegeben, und wir hatten nichts mehr. Nicht einen Groschen. Und als wir da noch im Hafen stehen, kommt einer von der Hitachdut Olej Germania, der Vereinigung der deutschen Einwanderer, auf uns zu und sagt:

»Wir haben da oben ein Haus und der Bus steht schon da.«

Wir sind hoch auf den Carmel, und das war das Feudalste, was man uns überhaupt bieten konnte: ein Haus – und jeder kriegte seine Wohneinheit. Und dann haben meine Eltern einen irrsinnigen Fehler gemacht. Anstatt auf dem Carmel zu bleiben und zu sagen, »wir sind Lehrer und Fürsorgerin, besorgt uns Arbeit, auch wenn wir die Sprache noch nicht können, die lernen wir dann dabei«, wollten sie in einen Kibbuz. Sie waren ja Sozialdemokraten. Aber der Kibbuz hat gesagt, ohne Hachschara käme das nicht infrage. Also gingen sie ein halbes Jahr nach Nahalal in den Emek. Heiß ist es da, und mein Vater kriegte Papadatschi, eine leichte Variante von Malaria.

Auf dem Weg dahin haben sie – ich weiß gar nicht, von was für einem Geld – noch ein Bett gekauft. Der Bus fuhr vor, das Bett wurde auf dem Dach befestigt und wir stiegen ein. An dem Bett haben natürlich alle im Bus gemerkt, dass wir neu waren.

»Wie heißen denn die Kinder?«, wollte ein Mann wissen.

Meine Mutter voller Stolz:

»Angelika und Renate.«

Der guckte uns sehr skeptisch an, ging nach vorne, machte mit den anderen im Bus eine regelrechte Konferenz, kam wieder und sagte:

»So können die Kinder hier nicht heißen. Aber wir haben uns überlegt, sie sollen ihr Monogramm behalten.«

Das war ja schon sehr rücksichtsvoll, es waren alles Bauern aus Nahalal, das darf man nicht vergessen.

»Die eine können wir Alisa nennen, die andere Rinah.«

Alisa ist die Fröhliche, Rinah ist Jubelgesang. Also toller ging es gar nicht. Meine Eltern haben sofort »Ja« gesagt, sie haben das irgendwie eingesehen. Und so kriegten wir beide in dem Bus nach Nahalal unsere neuen Namen. Alisa wurde mir dann so kostbar, dass ich es kaum ertragen konnte, als ich später bei unserer Auswanderung von Palästina nach London plötzlich Angelika, laut Geburtsurkunde, in hebräischen Buchstaben in den Pass schreiben musste.

In Nahalal haben wir einen Lift aus Holz bekommen. Den stellte man auf Steine und sägte vorne eine Tür rein und noch ein Fenster mit Gitter. Eines Tages kam meine Mutter mit einem Badetuch, das draußen gehangen hatte, und wollte meine Schwester darin einwickeln – und da hab ich plötzlich darin gesehen einen gelben Skorpion. Ich habe geschrien und geschrien. Meine Mutter wusste nicht, warum, ließ aber das Tuch fallen. Die gelben sind tödlich, für ein Baby sowieso.

In Palästina war alles ziemlich anders, vor allem das Klima. Für meine Eltern war das mörderisch. Sie sprachen kein Hebräisch, die meisten in Nahalal waren Russen. Die Familie, die uns beherbergte, war ganz rührend und konnte ein bisschen Jiddisch. Mein Vater musste bei einem Bauern, zwei Höfe weiter, die Hachschara machen. Dafür kriegte er kein Geld, aber Milch und Tomaten und andere Lebensmittel. Wenn es nicht reichte, haben die, bei denen wir wohnten, was dazugegeben.

In dieser Zeit kriegte meine Mutter Flecktyphus und kam ins Krankenhaus. Sie war weg, mein Vater auf Hachschara und ich nicht alt genug, um ein Baby zu betreuen. Ich war versorgt, mein Papa hat mir morgens ein Brot geschmiert. Und meine Schwester konnte er in dem kleinen Kibbuz Hefzibah unterbringen. Als Rinah wieder nach Hause kam, sprach sie nur Hebräisch und meine Mutter nur Deutsch. Das war sehr amüsant, ständig hörte ich:

»Alisa, was hat sie gerade gesagt?« Oder: »Sag ihr das und das!«

Meine Mutter hat nie wirklich Hebräisch gelernt. Dabei hieß es überall:

»Rak Ivrit! Rak Ivrit!«

Wir sollten Ivrit sprechen, Hebräisch. Sind aber nie drangsaliert worden, wenn wir Deutsch sprachen. Meine Eltern haben sich immer auf Deutsch unterhalten und meine Schwester hat es dann gelernt. Mich haben sie schon in der Nahalal-Zeit in ein Kinderheim in Bialik geschickt, um vor meiner Einschulung Ivrit zu lernen. Ich muss das wohl in diesen sechs Wochen hingekriegt haben. Aber unter Tränen, ich hab jede Nacht geweint. Ich war nicht mal sechs und da war niemand, der Deutsch konnte. Wie hart das war, war meinen Eltern gar nicht bewusst.

Mein Vater war dann fertig mit der Hachschara und wir sind in den Kibbuz Givat Haim. Damals waren die Kibbuzim noch wählerisch und man hatte ein halbes Jahr Probezeit. Danach wurde entschieden, ob man genommen wurde oder nicht. Meine Mutter war in der Waschküche und so verantwortungsvoll, dass man ihr bald die Nachtschicht gab, weil man wusste, dass ist gut, wenn die Grete das macht. Grete? Dann heißt du jetzt Margalit! Da waren die im Kibbuz nicht zimperlich. Nur mein Vater, Werner, der kriegte keinen hebräischen Namen.

Kibbuz-Leben, das war für meine Mutter genau das richtige. Morgens steht man auf, arbeitet acht Stunden, duscht und isst im Speisesaal. Dann geht man ins Kinderhaus, nimmt seine zwei Töchter und spielt mit ihnen. Die Kleine haben wir gemeinsam ins Bett gelegt und dann hat sie mich ins Bett gebracht. Und ich war selig da, im Kinderhaus. Es gab noch keine Wohneinheiten, meine Eltern lebten wieder in einem Lift und noch dazu mit einem Primus. Im Kibbuz war der Primus der Dritte, der im gleichen Lift wohnte. Das war ein Nachtwächter, der schlief am Tag und meine Eltern nachts. Man hatte nur diese eine große Kiste, in der man wohnte. Schränke brauchte man nicht, die Wäsche kam in die Wäscherei und da hatte man Fächer. Einen Tisch auch nicht, man ging in den Speisesaal. Man hatte Duschräume und Sammelklos. Regelungen, die wie gemacht waren für meine Mutter.

Es war nie ein Thema, dass sie keine Jüdin war. Nach der Kibbuz-Zeit lebten wir in Haifa, da waren überall Jeckes. Viele von ihnen jüdische Männer mit nichtjüdischen Frauen, wir waren überhaupt keine Ausnahme. Und keiner hat darüber die Stirn gerunzelt. Im Gegenteil, wenn darüber geredet wurde, dann »Ihr seid mit euren jüdischen Männern hierhergekommen. Und jetzt arbeitet ihr hier wie die Bescheuerten – und das honorieren wir«. Nie hat einer gesagt: »Ach, du bist ja eine Deutsche«, sondern, »Ihr seid Jeckes, nun gut, dass sind wir ja alle.«

Aber ich wollte keine Jecke sein, weil ich das Gefühl hatte, solange ich noch Jecke bin, bin ich immer noch nicht ganz zu Hause. Deshalb habe ich mir nur Freunde angeschafft, die da geboren waren, also Sabres. Die waren rar! Aber als Anhängsel eines Sabre bist du ja schon was. Ich habe versucht, ein ganz sauberes Hebräisch zu sprechen. Nie hat es jemand an meiner Sprache gehört, dass ich eine Jecke bin! Ich war sehr gut in der Schule und in der Jugendbewegung HaMahanot HaOlim war ich auch.

Eingeschult worden war ich in diesem Kibbuz. Da waren wir in der ersten Klasse nur vier Jungs und ein Mädchen. Mehr Kinder hatten sie nicht. Die Jungs waren alle im Kibbuz geboren, nur ich war so ein Außenseiter. Und dann kam der Präsident der Zionistischen Weltorganisation, Chaim Weizmann, in den Kibbuz und wollte ihn besichtigen. Als Erstes haben sie ihm natürlich ihre eigene Produktion vorgeführt: vier Jungs! Die haben, stur wie Ich-weiß-nicht-Was, überhaupt nichts gesagt, als er ihnen Fragen stellte. So, dann kam er zu mir, und ich hab gesagt:

»Ich zeig dir den Kibbuz.«

Er nahm mich an der Hand und ist durch den ganzen Kibbuz mit mir gegangen. Das sprach sich rum wie ein Feuer, und die Mütter von den vier anderen Kindern, eine war Lehrerin, eine war Sekretärin, wichtige Kibbuzniks also, wurden so wütend. Die konnten das überhaupt nicht fassen, wir waren doch gerade erst ein paar Wochen da.

Mein Vater, der hat mit der Turiah, einem schweren Werkzeug, im Orangenhain gearbeitet und da ist er in der Sonne in Ohnmacht gefallen. Das ging auch durch den ganzen Kibbuz:

»Margalit, die kann was, aber der Werner, der fällt in Ohnmacht.«

Nach einem halben Jahr haben die Kibbuzniks auf ihrer Versammlung gesagt:

»Die Familie Levin ist zu belastend. Die hat schon zwei Kinder.«

Bis dahin hatten die alle nur eins und sollten auch erst mal nicht mehr kriegen. Aber meine Eltern kamen ja nun schon mit zweien, die konnten schlecht eins schlachten. Der Vater von einem Jungen aus meiner Klasse ist aufgestanden und hat gesagt:

»Es könnte eine Zeit kommen, da sind wir dankbar, wenn überhaupt einer zu uns will. Denkt daran bei eurer Abstimmung.«

Sie haben trotzdem gegen uns gestimmt und haben meinem Vater in Haifa eine Stelle besorgt als Bibliothekar in der Gewerkschaft. Meine Eltern haben das als Unglück empfunden. Natürlich, sie wollten doch in einen Kibbuz und dann nimmt man sie nicht. Dafür hatte dann mein Vater ein halbes Jahr Hachschara gemacht.

Wir kamen nach Haifa, und weil meine Eltern nicht wollten, dass ihre Mädchen in der unteren Hälfte wohnten, wo die Araber und englischen Soldaten waren, suchten sie eine Wohnung im oberen Teil, im Hadar. Sie fanden eine Einzimmerwohnung. Das waren zwei Häuser, jedes mit sechs Wohnungen und außen, den Carmel entlang, eine Treppe. Die hat mein Vater zweimal die Woche geputzt, um die Wohnung bezahlen zu können. Denn von dem, was er als Bibliothekar verdient hat, konnte man mit zwei Kindern nicht leben. Es gab Monate, wo er von der Gewerkschaft kein Geld bekam. Einen Monat haben die Leute das ausgestanden, dann noch einen und dann sind sie mal hin gegangen und haben gesagt:

»Wie ist es mit unserem Geld?«

»Ihr braucht im Laden nur zu sagen, ihr seid fest angestellt bei der Gewerkschaft, dann kriegt ihr alles auf Pump. Aber unsere Arbeitslosen, die müssen Bares haben.«

Tja, ganz einfach. Drei Monate kein Geld und dann nicht etwa rückwirkend was. Da musste meine Mutter noch mehr putzen. Sie wollte gerne Hebräisch lernen, ein Freund von meinem Vater hat sogar angeboten, ihr Privatunterricht zu geben, morgens um acht. Nach einer halben Stunde hat sie den Kopf auf den Tisch gelegt und geschlafen. Dann ist sie zur Arbeitsvermittlung gegangen, hat zu der Frau gesagt:

»Vermittle mich in eine Fabrik, damit ich da Ivrit höre und dann auch lerne.«

Alisa Levin (oberste Reihe, viertes Kind von links) in der 2. Klasse im Mai 1938 in Haifa

Da hat die sich halb totgelacht.

»Was? In einer Fabrik hörst du Ivrit? Da hörst du Rumänisch, Polnisch, Russisch. Aber kein Ivrit.«

Damit war ihr Traum, Ivrit zu lernen, vorbei. Und dann hat sie immer mehr geputzt. Auch in einem Haus zwei Straßen unter uns. Das war ein Kindergarten und eine Schule für die erste Klasse. Heute ist das die berühmte Leo-Baeck-Schule. Sie ist gegründet worden von einem jungen Rabbiner aus Stettin, der hat noch meine beiden Großeltern beerdigt. In den Kindergarten ist meine Schwester gekommen und ich bin auf die Gewerkschaftsschule gegangen. Aber nur ein Jahr.

Denn wir lebten weiterhin mit vier Personen in einem Zimmer. Ich war gerade eingeschult und nahm meine Schulaufgaben noch ernst. Wenn ich da saß und brütete, kam meine Schwester mit einem Rotstift und wollte auch schreiben und ging damit durch meine Hefte. Ich war so was von verzweifelt. Aber Haifa hat ja Treppen von ganz unten bis zum Carmel rauf. Da hab ich mich hingesetzt und auf den Knien meine Schulaufgaben gemacht. Kam überhaupt nicht mehr nach Hause. Meine Mutter wurde wahnsinnig. Sie ist mit mir zu einem Psychologen gegangen und der hat mein Schicksal besiegelt, so jedenfalls hab ich das empfunden.

»Alisa braucht einen geregelten Lebensablauf, aber das geht ja bei Ihnen nicht«, hat er gesagt. »Also, ein Heim.«

Und so kam ich mit acht Jahren nach Ben Shemen. Dort ist auch unser letzter Präsident aufgewachsen, Shimon Peres. Die Gründer und Leiter waren zwei deutsche Brüder, und es war sicher ein tolles Heim. Es hat sich auch später ganz anders entwickelt, als ich befürchtet hatte. Aber anfangs hab ich nur geweint. Inzwischen konnte ich ja Ivrit, aber dieses Mal hatte ich einen Russen und eine Polin als Erzieher und die waren ganz anders gestrickt. Einmal hab ich mir in der Mittagspause ein dickes Buch genommen, mich unter einen Olivenbaum gelegt und bin erst zum Abendessen wieder gekommen. Aber am Nachmittag musste gearbeitet werden, Hühner füttern, Garten.

»Ich hab gelesen, hab die Zeit vergessen.«

»Das kann man gar nicht glauben«, haben sie gesagt und mich angeguckt, als hätte ich sonst was getan, und mich zur Strafe eingeteilt als Nachtwache für die Hühner.

Seine Eltern sah man drei Mal im Jahr. In den großen Ferien kamen sie, es gab ein Riesenfest, und sie nahmen die Kinder mit. Dann besuchte man sie noch einmal kurz zu Pessach und zu Chanukka. Wir fuhren mit dem Bus nach Hause, und der Chauffeur hatte ein Maschinengewehr und auch einer der Erzieher, und die Kinder mussten sich zwischen die Sitze legen. Der Bus wurde gepanzert mit unseren Rucksäcken und Koffern, damit die Kugeln möglichst das Gepäck und nicht die Kinder trafen. Wir hatten furchtbare Angst, durch die rein arabischen Städte Lod und Ramleh zu fahren. Es war 1939, da waren noch die Unruhen und jeder wusste, dass das die Orte waren, wo man sein Leben lassen konnte. Und ich musste noch weiter bis Haifa. Das war von Ben Shemen aus, das liegt hinter Tel Aviv, am Ende der Welt. Und so hab ich es auch empfunden. Ich hab furchtbar gelitten in dem ersten Jahr. Aber dann hat meine Mutter mit einer Fürsorgerin gesprochen, die wusste, dass in der Nähe eine Familie Strauss wohnte. Zu der durfte ich dann an dem monatlichen Heimfahrtwochenende gehen. Das war weit, sie wohnte ganz am Ende von Ben Shemen. Ich marschierte hin und da saß auf der Veranda ein alter Mann, der sagte:

»Komm Alisa, ich erzähl dir noch eine Geschichte, bevor es Mittagessen gibt.«

Das war Martin Buber, aber ich wusste gar nicht, wer das ist. Für mich war das der Saba, der Großvater von den beiden Söhnen der Familie. Und der hat mich immer empfangen, mich auf den Schoß genommen und mir eine Geschichte erzählt. Ich habe erst viel später begriffen, dass Buber in Jerusalem dozierte und am Wochenende zu seiner Tochter und dem Schwiegersohn, dem Schriftsteller Ludwig Strauss, fuhr – und was es bedeutete, bei Buber auf dem Schoß gesessen zu haben! Von dem Augenblick, wo ich einmal im Monat da hingehen konnte, wurde alles besser.

Als ich vier Jahre da war, für ein Kind ist das eine lange Zeit, kam mein Vater und sagte, dass er für mich einen Platz in einem Heim in der Nähe von Haifa gefunden hätte. Das wäre, wenn ich von Anfang an dahin hätte gehen können, eine große Erleichterung gewesen. Aber zu diesem Zeitpunkt war es etwas kritisch. Erstens hatte ich mich in Ben Shemen eingelebt und zweitens war dieses andere Heim religiöser. Ahava war fast rein deutsch, die meisten Kinder kamen aus Berlin, weil es dort gegründet worden war.

»Da kann ja vielleicht jetzt die Rinah ins Heim«, hab ich gesagt.

Aber da hat meine Mutter sofort geschrien:

»Nein, nein! Die ist zu klein!«

Die war aber inzwischen so alt wie ich, als ich nach Ben Shemen kam, und das war ja eine ganz andere Entfernung gewesen. Es war natürlich ein Stachel, dass die Ima gesagt hatte, Rinah ist noch zu klein. Sie hat mir später erzählt, sie wäre gern mal irgendwo hingegangen.

Na ja, dann lebte ich noch drei Jahre in der Ahava und ging von da auf eine höhere Schule in Qiryat Bialik. Als ich abgehen sollte, haben die Lehrer meine Eltern geradezu angefleht, dass ich bleiben solle in der Ahava und auf der Schule, sie hätten ihnen sogar das Unterrichtsgeld erlassen, sodass sie nur mein Essen zu bezahlen brauchten. Aber mein Vater hat gesagt:

»Geht nicht, sie muss arbeiten.«

Ich hatte noch ganz lange, da war ich schon erwachsen, das Gefühl, meine Eltern konnten nichts dafür. Schuld waren die Nazis. Wäre ich in Stettin geblieben, hätte ich Abitur gemacht und wäre dann nach Berlin zum Studieren. Da wären diese Brüche alle nicht gewesen. Aber die armen Eltern kamen mit den

Alisa Levin (Mitte) mit ihrer Schwester Rinah (rechts daneben) im Oktober 1943 in Haifa

Verhältnissen nicht zurecht. Sie hatten beide studiert und hatten Berufe. Hätten sie die ausüben dürfen, dann wäre das Geld überhaupt kein Thema gewesen.

Ich war erst 14, als ich von der Schule abgehen musste. Als ich dann zu Hause war, haben meine Eltern doch ein schlechtes Gewissen gekriegt und mich in Haifa in eine Frauenfachschule der WIZO eingeschult. Das war für mich ganz furchtbar. Kochen und Nähen – und ich hätte viel lieber Tanach, also Bibeltexte, und weiter Ivrit gelernt! Nach einem Dreivierteljahr haben sie mich da wieder runtergenommen und mir Arbeit verschafft in einem Ganon. Das ist ein Hort für die ganz Kleinen, noch vor dem richtigen Kindergarten.

Eines Tages kam die Tänzerin Yardena Cohen zu meinen Eltern und fragte, ob ich nachmittags ihren zweijährigen Sohn betreuen könnte. Sie waren sich darüber im Klaren, dass das dann ein voller Achtstunden-Arbeitstag wäre. Damit haben sie sich ein bisschen schwer getan, muss ich zu ihrer Entschuldigung sagen. Aber Papa war so erpicht darauf, dass Mama entlastet wurde, wenigstens eine Putzstelle weniger pro Tag, dass sie zugestimmt haben. Und dann hab ich beides gemacht. Der Kleine hing an mir und ich an ihm und dann musste ich Kind und Tänzerin und Land verlassen. Das war furchtbar. Aber ich war überzeugt, spätestens in zwei Jahren wieder da zu sein. Nie hab ich daran gedacht, dass ich aus Deutschland nicht wieder wegkomme.

Zu der Zeit, als ich auf der WIZO-Schule war, wurde ich rekrutiert von der Haganah. Das war normal mit 14 und es wäre fürchterlich gewesen, nicht genommen zu werden. Ich musste auf den Tanach einen Schwur leisten, alle Abmachungen zu erfüllen. Aber ich habe durchgeboxt, dass ich als Einzige meinen Eltern sagen durfte, wenn ich für die Haganah unterwegs war. Meine Mutter war herzkrank, und ich musste ihr sagen können, warum ich nicht da war. Nicht wo, nicht wie lange, und manchmal war das tagelang, das alles nicht. Man durfte mit niemanden drüber sprechen. Nur in der eigenen Dreiergruppe, aber man kannte auch nur diese drei Mädchen und den Kommandeur. Dem hab ich gesagt:

»Meine Eltern gehen nach London und wollen mich mitnehmen, damit ich da einen Beruf lerne. Dazu brauche ich eine Befreiung.«

Ich hätte nie das Land verlassen ohne diese Genehmigung.

»Du hast eine Befreiung«, sagte er nach ein paar Tagen. »Du kannst zwei Jahre in London einen Beruf erlernen und kommst dann selbstverständlich wieder.«

Ich war froh darüber, das wäre sonst ein furchtbarer Kampf geworden zwischen der Haganah und den Eltern.

Meine Mutter und mein Vater waren ganz verschiedene Typen. Er war ein Intellektueller und sie hat ihm dauernd das Leben gerettet. Sein jüngerer Bruder ist mit seiner Frau erst in die Tschechoslowakei, dann nach Italien. Und als die Deutschen nach Italien kamen, hat er genug gehabt. Hat sich das Leben genommen. Seine Frau war auch keine Jüdin und hat versucht, mit den beiden Töchtern nach Stettin zu gehen. Unterwegs hat sie die jüngere bei einem Pastor abgegeben.

»Es ist gefährlich, wenn ich mit dem Kind nach Stettin komme, da weiß vielleicht der ein oder andere noch, wessen Kind das ist.«

»Ich kann sie adoptieren«, hat er gesagt. »Aber ich muss sie dann auch taufen.«

Da hat meine Tante gesagt, das sei ihr egal. Sie ist noch ein Stück weiter mit der älteren Tochter, die nicht von meinem Onkel war. Irgendwo stieß sie auf Russen und die haben sie, die kommunistische Genossin, auf einem Jeep mitgenommen nach Berlin. Dort war ein Kinderheim, und sie war Kindergärtnerin. Sie hat ihr Leben lang da gearbeitet, es später geleitet und natürlich ihre Tochter nachgeholt.

Die Familie meines Vaters ist umgekommen. Die gesamte Familie. Außer ihm, der ja in Palästina überlebt hat. Und auch das ist nur meiner Mutter zu verdanken, sie hat ihn nicht gelassen. Er hätte sich sicher auch das Leben genommen. Er wusste, vier Schwestern, ein Bruder – alle sind tot. Die beiden ältesten Schwestern wurden vom Magistrat von Stettin zur Zwangsarbeit eingesetzt. Sie waren aber schon alt, wurden krank und starben. Die dritte ist deportiert worden. Mein Vater hat alles in Bewegung gesetzt, um sie nach Palästina zu holen. Sie wollte nicht, hat nicht geglaubt, dass ihr was passiert. Nach Lublin ist sie gekommen, dann nach Auschwitz. Und die vierte hat sich das Leben genommen, als mein Großvater mütterlicherseits starb. Sie hat ihn offensichtlich geliebt. Er war ja geschieden, meine Großmutter hatte sich getrennt von ihm und in Berlin einen Kollegen geheiratet. Das war ein Fiesling, ein Antisemit. Der hat, als wir noch in Deutschland waren, zu meiner Mutter gesagt:

»Du und das Kind« – meine Schwester war noch nicht geboren – »könnt ja mal vorbeikommen. Aber deinen Mann, den musst du zu Hause lassen.«

Diese Großmutter ist dann mit ihrem Mann nach Stralsund gegangen, dort wurde er verhaftet. Sie hat sich auf den Trecks nach Stettin durchgeschlagen und wurde da noch von den Russen vergewaltigt.

Davon hat sie sich nie wieder erholt. Meine Oma, die in der Weimarer Nationalversammlung saß.

Von der ganzen Familie war also nur mein Vater übrig geblieben. Dieses Gefühl, das hab sogar ich schon als Kind empfunden: Wir sitzen hier in Sicherheit und da stirbt der eine nach dem anderen. Ganz furchtbar. Ich weiß noch, als der Brief an meine Tante zurückkam: »Umgezogen, Aufenthalt unbekannt.« Das war ein Spruch, den kriegten alle Leute um uns herum. Und jeder wusste, was das hieß: Umgekommen. Aber man wusste natürlich noch nicht, wie und wo.

Als wir Anfang '48 aus Palästina wegfuhren, war es noch englisches Mandatsgebiet und deshalb durfte man von dort nur nach England reisen. Der erste Weg, den meine Eltern in London machten, führte zum Exil-Parteivorstand der SPD. Es gab eine Gruppe, die nach Deutschland wollte, zurück in die Stadt, woher man kam. Wir aber konnten nicht zurück, Stettin war inzwischen polnisch. Deshalb hieß es:

»Geht am besten nach Hannover, da sammelt sich unsere Partei.«

Aber die Tatsache, dass die Partei sich da sammelte, bedeutete ja noch kein Zuhause für uns. Wir stiegen aus dem tollen Besatzerzug aus – warm, Essen! – und standen im kaputten Hannover. Meine Eltern wollten unbedingt dahin, die haben es nicht so empfunden, aber für uns Kinder war das furchtbar. Wir kriegten eine Parzelle in einem Bunker, dann holten uns Bekannte in ihre Wohnung. Und meine Mutter ging zum Hauptausschuss der Arbeiterwohlfahrt. Da saß hinter dem Schreibtisch eine Frau, die langsam aufstand und sagte:

»Else!«

»Ich bin nicht die Else, ich bin ihre Tochter.«

Sie kannte noch meine Großmutter, die hatte ja die Arbeiterwohlfahrt mitgegründet. Meine Mutter wurde sofort eingestellt als Referentin. Später, nach der Gründung der Bundesrepublik, ging die Arbeiterwohlfahrt nach Bonn. Meine Eltern sind mit umgezogen und dort uralt geworden: meine Mutter 88 und mein Vater 84 – nachdem er noch Psychologie studiert und, bis er 72 war, als Diplompsychologe gearbeitet hatte.

Meine Schwester und ich kamen in die Odenwaldschule. Meine Eltern haben irgendwas bezahlt, das ging, weil meine Mutter sofort Arbeit hatte. Mein Vater sollte als Lehrer arbeiten. Nun hatte er aber nur seine Ausbildung gemacht, nie als Lehrer gearbeitet. In Israel konnte er nicht, weil er die Sprache nicht sprach, vorher in Deutschland durfte er nicht mehr. Da stand er nun vor einer Klasse von 52 Kindern und hat das einfach nicht gepackt. Manche Leute haben später gesagt:

»Weil das deutsche Kinder waren!«

Quatsch, sie sind ja extra wiedergekommen, um hier zu arbeiten. Meine Eltern haben uns die ganze Zeit, in der wir in Palästina waren, immerhin elf Jahre, gesagt:

»Wenn der Spuk da mal vorüber ist, dann müssen wir alle zurück nach Deutschland. Da leben ja nur Nazis oder welche, die in den Nationalsozialismus rein geboren sind und nichts anderes kennen. Man muss dahin, um das Land wieder aufzubauen als ein demokratisches Land.«

Mit der Einstellung waren sie nicht allein. Es kamen viele wieder zurück aus diesem Grund. Das waren alles a) Idealisten und b) Träumer und c) waren sie sehr deutsch. Deutsch bis auf die Knochen. Als meine Eltern in Palästina waren, mussten sie als Sozialdemokraten natürlich in einen Kibbuz. Aber ansonsten haben sie sich nie damit identifiziert, es war für sie nie eine Option, dort zu bleiben. Sie haben sich auch in Palästina immer als Deutsche gefühlt. Es gab ja noch kein Israel, und nur glühende Zionisten glaubten daran, dass es mal kommen würde. Wären wir bis zur Staatsgründung geblieben, hätte es vielleicht anders ausgesehen. Aber so schwärmte meine Mutter von den grünen Bäumen und den Bächen in Deutschland und mein Vater war überzeugt, dass alle Gutwilligen wieder hingehen müssten, denn sonst konnte das nichts werden. Im Ansatz hat er das ja richtig gesehen. Aber ob gerade er das musste und erst recht wir Kinder, das war eine andere Frage.

Ich hab einmal den Versuch gemacht, zurückzugehen nach Palästina. Im Frühjahr 1948. Die Odenwaldschule machte einen Ausflug nach Heidelberg. Wir waren im Hof des Schlosses, und plötzlich sagte ein Mädchen zu mir:

»Guck mal, da sind ja deine Leut.«

Wer sind meine Leut, hab ich mich gefragt.

»Die sehen alle so aus wie auf deinen Fotos.«

Die hat gemerkt, da ist eine Gruppe Jugendliche, alle mit weißen Blusen, alle mit kurzen Hosen, auch die Mädchen. Mir wäre das gar nicht aufgefallen, das war für mich ein so normaler Anblick. Hier allerdings war es Ende der Vierzigerjahre gar nicht normal. Es waren Kinder aus Konzentrationslagern, die ein jüdischer Offizier der amerikanischen Armee eingesammelt und mit Sachen aus Palästina eingekleidet hatte. Sie waren untergebracht in Lindenfels, nicht weit von der Odenwaldschule, in der Absicht, sie nach Italien zu schleusen und von da auf ein Schiff nach Palästina.

Und dann kam mein Versuch, und der ist fehlgeschlagen! Ich habe einen Brief geschrieben an meine Eltern, an die Schulleiterin, an meine Familienmutter, jeder hatte in der Schule eine Familienmutter, an meine Schwester. Dann hab ich meine wenigen Klamotten, wir hatten ja nicht viel, zusammengepackt und bin barfuß durch den Odenwald. Wir mussten immer barfuß laufen, weil man keine Sohlen kriegte für die Schuhe, das war ja alles direkt nach dem Krieg. Ich kam in Lindenfels an – niemand mehr da. Aber die Bauern dort sagten, dass Aharon, der Kommandeur, mir was hinterlassen hätte. Eine Bibel, auf deren erster Seite stand: »Für Alisa, als Pfand«. Jahrzehnte später habe ich ihn in Israel wiedergetroffen und er hat mir erklärt, warum er mir absichtlich ein falsches Datum für die Abreise genannt hatte.

»Diese Kinder«, hat er gesagt, »die wir aus den Konzentrationslagern aufgesammelt hatten, für die interessierte sich kein Mensch, wenn die nach München fuhren und von da nach Italien. Wenn ich aber die Alisa mitgenommen hätte, die Eltern in Deutschland hatte und auf die Odenwaldschule ging, dann konnten die mir die Polizei hinterherschicken. Dann wäre das Ganze aufgeflogen.«

Und dann kam sowieso die Staatsgründung. Damit hatte sich mein

Schwur erledigt, zurückzukehren in die Haganah. Sie wurde aufgelöst. Aber das Land blieb immer mein Land. Ich bin mit fünf dahin gekommen, mit sechs eingeschult. Ich bin da aufgewachsen. Doch dann hatte ein Arzt zu meinem Vater gesagt:

»Wenn Ihre Frau noch ein Jahr in diesem Klima und in diesen Arbeitsverhältnissen bleibt« – sie hat ja nur noch geputzt, manchmal an drei verschiedenen Stellen an einem Tag –, »dann ist sie tot.«

Und das hat meinem Vater den letzten Schubs gegeben, sich zu sagen: Dann muss ich sie hier wegbringen. Er kam zu mir und hat gesagt:

»Wir gehen.«

»Gut, geht ihr ruhig. Ich bleibe hier.«

»Nein, das kommt nicht infrage«, hat dann meine Mutter gesagt. »Wir sind zusammen hierhergekommen, wir gehen auch zusammen hier weg. Und wenn nicht, dann bleib ich auch hier.«

Und da kam ich mir vor wie eine Muttermörderin, wenn ich mich weigere zu gehen. Ich hab gedacht, ich komm zurück nach Palästina. Ich fühlte mich immer als Israelin und ich bin heute noch keine Deutsche. Ich werde auch keine mehr, das ist vorbei. Ich bin Israelin mit einer Aufgabe hier in Deutschland: Allen Leuten, die es hören wollen und nicht hören wollen, klar zu machen, was Israel ist. Ich hab jahrelang in der Gewerkschaft als Dozentin gearbeitet, da war ich zuständig für Israel und Judentum. Aber, das darf man nicht vergessen, ich hab nie einen israelischen Pass gehabt. Das hab ich immer bedauert. Manchmal sagt mein Mann:

»Das ist doch nun so lange her! Kannst du dir das nicht mal aus dem Herzen reißen? Du bist ja so fixiert.«

Aber ich bin fixiert! Das ist einfach drin. Ich war in der Untergrundbewegung, ab meinem 14. Lebensjahr. Man war ja viel zu patriotisch, als Kind und als Jugendlicher, als dass man das irgendwann wieder aus dem Herzen herausreißen könnte. Das kann man nicht. Für mich war Palästina das Schönste, was es auf der Welt gab. Und Haifa war meine Heimatstadt. Als ich Jahre später, da war ich schon 30, die Treppen wieder runterhopste, rief eine Frau mir zu:

»Bist du nicht die kleine Levin? Du hüpfst genauso wie sie. Die ist immer von der Arlozorov runter in die Hechaluz zu ihrem Vater.«

Ich war in Haifa zu Hause, in Palästina zu Hause. Ich musste mir das Land erobern. Aber nachdem ich es mir erobert hatte, war es mein Zuhause. Ich wollte da nicht weg.

Ende 1948 bin ich zur Gymnastiklehrer-Ausbildung nach Essen gegangen. Meine Mutter brachte mich dahin und sagte den beiden Jüdinnen, die die Schule wieder leiteten:

»Alisa kann nicht alleine wohnen, denn die sagt zu jedem ›Du‹. Und wenn sie einen armen Menschen sieht, dann sagt sie, ›Komm mal mit, ich geb dir was zu essen‹.«

»Ich hab eine Tochter, die fängt jetzt auch ihre Ausbildung in der Schule an«, hat die eine Lehrerin geantwortet. »Und wenn ihr wollt, kann Alisa bei uns wohnen.«

Da sind wir dann jeden Tag zu dritt von Wuppertal nach Essen gefahren. Drei Jahre, von 1949 bis 1952. Wir waren ein Dreimädel-Haus, und auf der Schule gab es auch nur Mädchen und nur Lehrerinnen. Und ich war doch immer mit Jungens zusammen gewesen in Palästina. Selbst die Odenwaldschule hatte Koedukation. Nach einem halben Jahr hat mich die Lehrerin mal gefragt, wie es mir bei ihnen so gefällt.

»Na ja, ganz gut. Aber ich vermisse einen Mann.«

Die ist fast in Ohnmacht gefallen. Dann hat sie tief Luft geholt und mich gefragt:

»Wie meinst du das denn?«

»Wir haben keinen Lehrer an der Schule, keinen Mitschüler und hier sind wir auch nur Frauen. Überall, wo ich war, gab es Männer. Und ich vermisse das einfach.«

Da wusste sie schon mal, wie ich das gemeint hatte, und war beruhigt. Und dann hat sie mir den Vorschlag gemacht, an der gemischten Volkshochschule einen Kurs zu belegen. Der Dozent kam rein – und wurde später mein Mann. Er war bei dieser ersten Begegnung wie vom Donner berührt. Heute weiß ich, es war nicht, weil ich so schön oder so klug war, sondern weil ich ein ganz anderer Typ war als die Menschen, die hier lebten. Die waren gedrückt oder gehorsam. Ich war einfach anders. Und als wir 1951 geheiratet haben, hat er gesagt:

»Wenn du nach Israel willst, geh ich mit.«

Das war aber nicht realistisch, weil er Beamter war. Er konnte auch nur Deutsch, kein Hebräisch und Englisch nicht besonders gut. Aber auch sonst: Er war Deutscher, er war kein Jude – es war keine Basis. Ich hab mir trotzdem ein Kind gewünscht. Und dann kriegte ich das Kind, 1953, und war von dem Moment an krank. Eigentlich war ich selig, mein Sohn Wolfgang war gesund, ich war gesund. Aber drei Tage nach der Geburt haben die Schwestern mich unterm Bett gefunden. Das ist natürlich für eine Wöchnerin nicht so ganz das Richtige, eine Nacht auf den Fliesen unter dem Bett. Sie wollten mich da rausholen, aber ich hab gesagt:

»Lassen Sie mich hier liegen! Alisa muss büßen!«

Wie ich auf Büßen gekommen bin, ich weiß es nicht. Das ist absolut nichtjüdisch. Es hat dann Gutachter gegeben, die gesagt haben, das ist die Verfolgung, die jetzt herausgekommen ist durch die Geburt und das Wochenbett.

1966 hab ich Hans verlassen und bin nach Bonn gegangen, wo ich Manfred kennenlernte. Unsere Tochter Shulamit ist 1968 geboren, und drei Jahre später haben wir geheiratet. Wir waren das erste Ehepaar, das nach dem Krieg in der Bonner Synagoge getraut wurde.

Manfred stammt aus Köln, ist 1939 nach Antwerpen geflohen und 1940 aus dem französischen Internierungslager Gurs. Zusammen mit seinem Bruder hat er sich versteckt in Frankreich, in Belgien und sogar in Deutschland. Ab 1943 waren beide interniert in der Schweiz.

Manfred ist Maler. Auch mein Onkel Julo Levin war Maler. Er ist im KZ umgekommen. 2001 wäre er 100 Jahre alt geworden und da hat seine Geburtsstadt Stettin mit seinen Bildern eine große Ausstellung gemacht und versucht, Angehörige zu kontaktieren, die ihn noch kannten. Ich war die Einzige.

Renée Brauner
geboren als Renate Rebecca Nessel am 12. Juli 1939

Berlin

Innsbruck (Österreich)

Zagreb, Ruma, Belgrad, Split (Jugoslawien)

Asti (Italien)

Poschiavo, Davos, Zürich (Schweiz)

Paris (Frankreich)

Frankfurt, Berlin

Als meine Eltern beschlossen haben, dass wir nach Deutschland zurückgehen, hab ich gesagt: »Dann bring ich mich um!« Ich hab ja die Deutschen gehasst. Ich war mit sieben Jahren nach Frankreich gekommen, und wir Franzosen – auch ohne Pass fühlten wir uns als Franzosen – hassten die Deutschen auf den Tod.

Mein Vater wollte nach Palästina auswandern, hatte auch schon Papiere. Aber er wollte mit einer Frau auswandern und so bekam er meine Mutter vorgestellt. In Berlin haben sie sich kennengelernt, und es war bei beiden Liebe auf den ersten Blick. Die Eltern meiner Mutter waren entsetzt: Sie waren deutsche Juden und die Familie meines Vaters stammte aus Krakau! Deshalb ist er auch bei der Polenaktion Ende Oktober 1938 abgeschoben worden nach Zbąszyń.

Meine Mutter blieb zurück – sie war erst seit August verheiratet und ich unterwegs – und versuchte, meinen Vater zu erreichen. Schließlich ist sie ihm nach gefahren. Sie war blond und hatte blaue Augen, und wenn eine Jüdin nach Polen wollte, hat ja niemand Probleme gemacht. Dort hat sie einen sehr netten SS-Mann kennengelernt, der ihr gesagt hat, sie könne sich an ihn wenden, wenn es Schwierigkeiten gäbe. Weil sie meinen Vater nicht finden konnte, kam sie wieder zurück zur Grenze. Und da wollten die Deutschen sie nicht mehr reinlassen. Der SS-Mann hat sie dann in einem Hotel untergebracht. Mit seiner Hilfe reiste sie nach Deutschland ein und fuhr zurück nach Berlin. Irgendwann kam auch mein Vater wieder, weil er seine Angelegenheiten regeln sollte. Genau wie mein Großvater. Auch ihn hatte man verhaftet, er war im KZ Sachsenhausen, und auch ihn hat man rausgelassen, damit er seine Sachen in Ordnung bringt, sein Grundstück und seine Holzmehlmühle in Niedergebra in Thüringen verkauft. Das war aber erst später, 1940, da waren wir schon weg. Ich erzähle das nur, um zu zeigen, es gab manchmal Möglichkeiten ...

Renate Nessel 1943 in Poschiavo in der Schweiz

Schon vor seiner Abschiebung hatte mein Vater nicht mehr arbeiten dürfen. Er war Müller, 1912 geboren und in Leipzig aufgewachsen. Meine Mutter war 1915 geboren und wurde Modezeichnerin, hat aber nicht gearbeitet. Ging nicht mehr, war ja die Zeit, in der Juden schon keine Arbeit mehr hatten.

Mein Vater kam also zurück aus Polen und lebte in Berlin, illegal natürlich. Versuchte, mit meiner Mutter und mir am 1. September '39 – Kriegsbeginn! – über Frankreich nach Palästina auszuwandern. Der Franzose hatte am Tag davor den Stempel gegeben, dass er durchfahren konnte, und der Belgier auch. In Aachen kam die Kontrolle und mein Vater wurde aus dem Zug geholt. Weil er Pole war und seit ein paar Stunden geschossen wurde mit den Polen. Man brachte ihn ins Gefängnis und riet meiner Mutter, mit mir weiterzureisen. Ich war ein Säugling von sechs Wochen. Sie wusste nicht, was sie machen sollte. Weiterfahren zu ihrer Mutter, die schon in Paris war? Sie stieg aus und blieb. Er wurde in Köln eingesperrt und sie ging zurück nach Berlin, weil dort noch ihr Vater lebte. Ihre Schwester war schon mit dem Kindertransport nach England verschickt, der eine Bruder war in Frankreich bei der Fremdenlegion und der andere noch klein und deshalb in Berlin geblieben.

Und weil sie noch in Deutschland war, wurde mein Vater freigelassen, bevor man ihn wahrscheinlich abtransportiert hätte. Er lebte wieder illegal bei Mama und mir – in welchen Wohnungen auch immer Juden leben durften. Aber er ging jeden Tag zum Palästina-Amt in der Meinekestraße, um eine Möglichkeit zur Auswanderung zu finden. Irgendwann hörte er, dass neben dem Palästina-Amt in Wien ein Reisebüro sei, das einem Herrn Schleich gehörte. Der half – die Gestapo wusste offenbar Bescheid – und brachte Leute nach Jugoslawien. Uns auch. Man hat mir Schlafmittel gegeben, damit ich nicht schrie. Wir kamen in Jugoslawien an und ich war krank. Mama erzählte später, ich war ein Jahr alt, sie hatte keine Windeln und ich bekam Durchfall.

Vorher hatten wir noch ein paar Wochen versteckt gelebt in den Bergen bei Innsbruck. Und wenn dieser Josef Schleich genug Leute zusammen hatte, brachte er sie über die Grenze. Er hat eine Menge Leute gerettet, man sagt, mehr als der Oskar Schindler. Aber in Yad Vashem ist er nicht zu finden bei denen, die als Gerechte unter den Völkern ausgezeichnet wurden, weil sie Menschen gerettet haben. Wohl weil er dafür Geld genommen hat.

Im April 1941 fing der Krieg mit Jugoslawien an und die Deutschen kappten diese Verbindung. Mein Großvater mütterlicherseits war in Berlin geblieben, bekam dort im selben Jahr einen Herzschlag und starb. Aber mein Großvater väterlicherseits ist auch noch auf diesem Weg gekommen, nachdem man ihn aus dem KZ Sachsenhausen rausgelassen hatte.

Wir waren in Zagreb, wir waren in Ruma, wir waren in Belgrad und wir waren in Split. Ich war zwei und mein Vater ging manchmal mit mir betteln, freitags zu reichen Juden. Ich hab dann bei denen auf dem Tisch gestanden und vorgesungen »Bel Ami, du hast Glück bei den Frauen, Bel Ami«. Dafür bekamen wir etwas. Für meine Eltern war das entwürdigend.

Meine Mutter ist oft geschickt worden von Zagreb nach Belgrad, um in der jüdischen Gemeinde etwas zu erledigen. Sie hatte inzwischen »arische« Papiere. Die hatte mein Vater selbst gemacht. Eines Tages gingen sie beide auf der Straße und da rief einer aus dem vorbeikommenden Schub, so nannte man das, wenn Leute abtransportiert wurden:

»Grüßt meine Frau!«

Daraufhin wurden mein Vater und mein Großvater verhaftet. Denn wenn ihnen einer in Deutsch etwas zurief, dann war ja klar, dass sie auch Deutsche waren. Sie wurden in ein Lager geschickt, und meine Mutter hat meinen Vater wieder rausgeholt. Sie hatte gehört, dass in ihrem Ort ein Elektriker gesucht wurde, und dem Meister von meinem Vater erzählt. Der ist in das Lager gegangen und hat gesagt, er brauche einen Elektriker und wolle den Nessel haben. Mein Vater und mein Großvater meldeten sich. Und da hat mein Großvater gesagt:

Renée Brauner

»Geh du. Du hast deine Frau und dein Kind.«

Er ist in Jugoslawien im Lager verhungert. In Gospić. Ich glaube, das hat meinen Papa sein ganzes Leben lang belastet. Er hat nicht darüber gesprochen. Nie. Auch nicht über die anderen aus seiner Familie. Aber er hat es nicht erst nach dem Krieg erfahren. Man wusste schon während des Krieges vieles. Das ist eine Lüge, wenn man behauptet, dass man nichts wusste. Sonst wären ja die Juden nicht die ganze Zeit weggerannt. Und wo blieb denn diese Masse Menschen? Die haben ja auch noch einige Zeit an Verwandte geschrieben.

Die Großmutter meiner Mutter, die kam nach Theresienstadt. Mit 80. Dort ist sie zwei Monate später gestorben. Und ihre Tochter ist in Auschwitz umgebracht worden. Aber man hat sie nicht häuserweise abtransportiert, sondern so: Sie holten meine Uroma und drei, vier Monate später die Tochter. Warum hat man sie nicht wenigstens zusammen abgeholt? Sodass sie zusammenbleiben konnten.

Wie viele Menschen aus meiner Familie umgekommen sind? Ich weiß es nicht. Von der Seite meines Vaters haben zwei Schwestern und er überlebt. Sie waren sieben Kinder. Eine Schwester war verheiratet, sie hatte zwei kleine Kinder. Die sind mit umgekommen. Kinder! Es ist mir später schwer gefallen, bei Schulfeiern oder ähnlichen Gelegenheiten viele Kinder zu sehen. Da habe ich immer gedacht: die Millionen Kinder, die nicht einmal diese Möglichkeit hatten ...

Eine Schwester war in Rumänien mit ihrem Kind, die hat es geschafft. Und die andere hat in Palästina überlebt, da war sie schon 1935 hingegangen. Als ich später in Italien in den Kindergarten kam, war die einzige Adresse, die ich genau wusste, Arlozorov 70a – die Adresse dieser Tante in Haifa. Die hatte man mir eingebläut, damit ich sagen konnte, wo ich hingehöre, falls irgendwas passiert.

Als dann die Deutschen einmarschierten in Split und die Italiener abzogen, haben die aus Anständigkeit und Menschlichkeit gesagt:

»Es ist besser, ihr kommt mit. Weil furchtbare Sachen geschehen werden.«

Wir wurden mit anderen auf einem Schiff nach Triest gebracht. Bei unserer Ankunft wurden die Männer gefesselt und die Italiener auf der Straße fingen an zu randalieren: Warum die Männer, wo doch Frauen und Kinder dabei sind, gefesselt sind? Aber die Soldaten mussten ja irgendwie erklären, warum sie uns mitbrachten. Sie taten so, als wären wir Gefangene, und schickten uns als Zivilkriegsinternierte nach Asti in Piemont. Jede Provinz nahm soundso viele Leute auf. Meine Mutter hat später erzählt, die Menschen wären großartig gewesen. Wir haben ein Zimmer zugewiesen bekommen, und jeden Morgen stand Milch und Brot davor. Wir haben nie erfahren, von wem. Meine Eltern haben Radio gehört. Heimlich, nachts. Und am nächsten Morgen hab ich auf der Straße gesagt:

»Bumm, bumm, bumm ...«

Das war das Erkennungszeichen des englischen Senders. Und abends standen die Italiener vor unserem Haus, warfen Steine gegen die Läden meiner Eltern und riefen:

»Machen Sie ein bisschen lauter! Wir wollen auch hören!«

In Asti waren auch Deserteure. Die haben schon erzählt, was sie gesehen hatten. Spätestens 1942 wusste man in Italien Bescheid. Man wusste, dass die Menschen in den Lagern umgebracht werden. Aber das Ausmaß kannte man nicht.

Dadurch, dass mein Vater dabei war, er hat gearbeitet als Elektriker und als Müller, war es bei uns immer einigermaßen intakt. Diese Ängste, die manche Menschen in meinem Alter noch heute haben, hab ich eigentlich kaum. Ich war ja immer behütet, hab in Italien ein ganz normales Leben geführt. Ich sprach Italienisch, spielte mit den Kindern und war schließlich auch im Kindergarten. Es hatte irgendeine Feier gegeben und da stand der Bürgermeister mit seiner Schärpe. Ich bin zu ihm hingegangen und hab gesagt, dass er ein böser Mensch sei. Weil alle in den Kindergarten gehen dürften, nur ich nicht. Es gab ja die Rassengesetze auch dort – und jüdische Kinder durften nicht in den Kindergarten. Daraufhin hat er zu meiner Mutter gesagt:

»Schicken Sie sie bloß auch!«

Wo wir wohnten, war ein großer Innenhof und von einer Galerie gingen die Zimmer ab. Und irgendwo war eine Toilette, das war ein Brett mit einem Loch. Eines Tages kam mein Papa vom Arbeiten, fragte nach mir, und Mama sagte, ich sei auf der Toilette. Mein Vater ist hin gerast, und da hing ich drin und hielt mich gerade noch mit einem Arm fest. Ich wäre gestorben, wenn er nicht gekommen wäre.

Wir sind dann weiter geflüchtet, 1943. Denn als die Deutschen Italien besetzten, deportierten sie die Juden. Die Nonnen im Kindergarten wollten mich dabehalten. Sie hatten mich schon sehr geprägt. Ich konnte beten, auch das Kreuz schlagen. Vor allem der Marienkult hatte es mir angetan.

»Ist doch gefährlich für so ein kleines Kind«, haben die Nonnen gesagt. »Wenn alles vorbei ist, dann können Sie sie ja wieder bei uns abholen.«

Aber mein Vater hat gesagt:

»Nein, mein Schicksal und das meines Kindes ist das gleiche!«

Wir wollten in die Schweiz. Als alles vorbereitet war, ging meine Mutter in die Kirche, wo ein Priester des Vatikans sie abholen sollte. Aber es kamen zwei SS-Männer rein. Meine Mutter flüchtete natürlich und versteckte sich. Die SS-Männer gingen wieder weg, und meine Mutter fragte einen der Priester, was sie sich dabei gedacht hätten, sie zu verraten. Der Priester erklärte ihr, das seien verkleidete Mönche gewesen: Einen SS-Mann hält man ja nicht an, und zwei SS-Männer schon gar nicht. Es klappte dann doch noch, sie haben die Leute nachts über die Grenze gebracht.

Wir kamen an, und die Schweizer haben uns natürlich nicht reinlassen wollen, weil sie keine Flüchtlinge aufnahmen. Da war aber eine Bauersfrau, die hat mich reingeholt zu sich und mir ein Glas Milch gegeben. Ich war vier, hatte hellblaue Augen und war ganz blond, und Mami sagte immer, ich wäre ein außergewöhnlich süßes Kind gewesen. Sodass alle immer das Bedürfnis hatten, mich zu schützen. So wie diese Frau in der Schweiz oder vorher die Nonnen in Italien oder davor die Wirtin, bei der wir in Zagreb gewohnt hatten. Die war mit mir in die Kirche gegangen und hat mich segnen lassen, damit ich das alles überstehe.

Die Grenzer telefonierten schließlich mit Bern, um zu hören, was sie machen sollten, denn Kinder unter sechs Jahren wurden ja nicht zurückgeschickt. Wir durften dann tatsächlich rein und mit uns die ganze Gruppe, 13 Personen. Die Männer kamen in das eine Lager und die Frauen in ein anderes. Mein Vater war in Le Prese, hat da als Schuster gearbeitet, und wir waren in Poschiavo. Jedes Wochenende oder jedes zweite sollte der Lagerkomman-

Renate Nessel mit ihre Mutter Ruth 1944 in Davos

dant die Leute zum Familienbesuch freilassen. Aber das hat er gehandhabt, wie er wollte. Ja, wenn er gut gelaunt war; nein, wenn er schlecht gelaunt war. Aber an sich waren die Schweizer okay. Auch wenn wir 1944 in Davos gesehen haben, dass auf der einen Straßenseite die Juden gingen und auf der anderen die Deutschen, die dort Urlaub machten. Und es gab Cafés, an denen »Juden unerwünscht« stand. Aber wir waren immerhin frei.

Meine Mutter wurde schnell entlassen, weil ich krank wurde, und die nicht wollten, dass ein Kind da stirbt. Dass ich Tbc hatte, wurde erst in Davos festgestellt. Da gingen wir hin, weil meine Großmutter dort war. Sie war erst in Paris gewesen, dann nach Gurs deportiert worden. Mein Onkel auch, sie haben es beide überlebt.

In der Luft von Davos heilte meine Tbc. Und irgendwann kam auch mein Vater. Er arbeitete in dem von der Flüchtlingshilfe unterstützten Hotel »Haus Rose«, in dem wir auch wohnten. Und dann kam mein Bruder zur Welt, im April 1946. Das ging dann ganz schnell, dass die Leute Kinder kriegten. Um zu kompensieren die Verluste. 1946 und '47 und '48 waren die stärksten Geburtsjahrgänge bei europäischen Juden.

Von Davos fuhren wir nach Zürich. Die italienische Regierung hatte den jüdischen Flüchtlingen, die aus Italien gekommen waren, eine Starthilfe angeboten. Meine Eltern haben natürlich überlegt, aber meine Mutter wollte nach Paris, weil ihre Mutter und ihre beiden Brüder wieder hingegangen waren. Sie waren alle dort, denn nach Deutschland zurück wollte keiner. Vor allem mein Vater nicht.

Mein Name war Renate Rebecca Nessel. Aber als wir nach Frankreich kamen, sagten die Franzosen:

»Renate? Gibt's nicht!«

Klar, 1946! Also war ich nicht mehr Renate Rebecca, sondern heiße Renée, seit ich sieben bin.

In Zürich war ich schon zur Schule gegangen. Aber dann zogen wir nach Paris – und das war eine Tragödie: Ich musste zurück in den Kindergarten, um Französisch zu lernen. Ich konnte ja kein Wort. Dann kam ich in eine Privatschule mit Nonnen. Das hat mir überhaupt nicht gefallen, da musste man ständig beten. Schließlich wurde ich in eine normale Grundschule geschickt und da hab ich in einem Jahr den Stoff von drei Klassen nachgeholt. Ich war ja nicht blöd, ich war nur sprachlos. Aber diese drei Klassen haben mir mein Leben lang gefehlt, mit irgendwas hinkte ich immer hinterher. Französisch sprechen kann ich fehlerfrei, aber schreiben? Oder Deutsch schreiben? Von Englisch will ich gar nicht reden. Italienisch hingegen schreibe ich sogar ganz gut, weil es so verdreht ist.

Von dort ging ich ins Lyzeum. Ich musste eine Prüfung ablegen und Mama hatte mir dafür ein schönes blaues Blumenkleid mit Trägern genäht. Ich blieb nur ein Jahr, weil ich nicht zurechtkam. Wegen der Gegend, in der wir wohnten, durften mich andere Mädchen nicht besuchen. Wir waren fast so wie Paria. Erst hatten wir in einem Hotel im 17. Bezirk gewohnt, das ging noch. Aber dann wurde meinem Vater diese Wohnung im 20. Bezirk angeboten. Ein Arbeiterbezirk, eine Gegend, in die meine Mutter nicht wollte. Die Wohnung war winzig und wenn man raus guckte, konnte man den Leuten gegenüber die Hand schütteln. Aber sie hatte eine Toilette, eine eigene Toilette! Wir hatten eine große Schüssel, es wurde Wasser gekocht, und dann wurden wir darin gewaschen. Einmal in der Woche ging man ins Familienbad in der öffentlichen Badeanstalt. Das war eben Flüchtlingsleben oder Arme-Leute-Leben.

Es war schwer für meine Eltern. Mein Vater hat als Handlungsreisender für die Amerikaner gearbeitet. Dann hat er eine Knopflochfabrik aufgemacht mit meinem Onkel als Eigentümer. Der war ja Franzose, weil er bei der Fremdenlegion gewesen war, und der Inhaber musste ein Franzose sein. Es gab noch einen Teilhaber, mit dem lief es gar nicht. Und meine Mutter wollte unbedingt zu ihrer Mutter, die wieder in Deutschland lebte. Dazu kam, dass ich kein einfaches Kind war, ziemlich nervös. Na ja, Jugoslawien, Italien, Schweiz, Frankreich, und Freunde waren nicht da. Es fehlte die Beständigkeit. Aber als meine Eltern beschlossen haben, dass wir nach Deutschland zurückgehen, hab ich gesagt:

»Dann bring ich mich um!«

Ich hab ja die Deutschen gehasst. Ich war mit sieben Jahren nach Frankreich gekommen, und wir Franzosen – auch ohne Pass fühlten wir uns als Franzosen – hassten die Deutschen auf den Tod. Deswegen hieß ich ja auch Renée und nicht Renate. Doch dann hab ich mir überlegt: Was hab ich mit den Nazis zu tun? Und die jüngeren Deutschen haben damit auch nichts zu tun.

Meine Mutter hat immer gesagt, dass ihr 1939/40, in dem Jahr, in dem mein Vater illegal in Berlin lebte, geholfen wurde. In meinem Kinderwagen war manchmal ein Stück Butter, manchmal ein Liter Milch. Die Leute ahnten oder wussten, dass da jemand illegal mitlebte, also ohne Lebensmittelmarken. Wenn das erste Stück Butter oder die erste Milch im Kinderwagen lag, dann sind sie umgezogen. Sie haben Angst gehabt, dass einer dabei ist, der sie verrät.

In Jugoslawien, als sie meinen Vater aus dem Lager holen wollte, war meine Mutter bei der Gestapo, und da wurde sie, weil sie doch so blond war, scharf angegriffen: Wieso sie in Jugoslawien mit einem Juden sei, sie solle mal zurückgehen zu ihrem Vater nach Deutschland.

Aber passiert ist ihr nichts. Auch dieser SS-Mann in Polen, der ihr bei der Wiedereinreise geholfen hatte: Ein paar Wochen später bekam sie einen Anruf von ihm, er wollte sich mit ihr treffen. Er war in Berlin auf der Durchreise, war auf dem Weg unterzutauchen. Er wollte das nicht mehr mitmachen, was er in Polen gesehen hatte.

Mama hat keine Negativ-Erfahrung gemacht, trotz allem nicht. Sie hat Glück gehabt. Wie das ganze Überleben Glückssache war. Jetzt erst, nachdem sie gestorben ist, hab ich in ihren Papieren entdeckt, dass sie auch den Namen Sara tragen musste. Da hab ich einen Heulkrampf bekommen.

Mein Vater war nach dem Krieg schon immer mal nach Deutschland gefahren, um von dort Nähmaschinen nach Frankreich zu schmuggeln. Wir mussten ja von irgendetwas leben. Manchmal bin ich mitgefahren. Im Sommer 1954 sind wir alle zusammen verreist. Erst nach Bad Homburg, dann haben wir drei Monate in Frankfurt gewohnt und sind schließlich nach Berlin gezogen. Wir waren in Deutschland und sind nicht mehr zurückgefahren. Anfangs haben wir zur Untermiete gewohnt, Meinekestraße, zwei Zimmer im Hinterhaus. Dann bekamen wir eine Zuzugsgenehmigung nach Tempelhof. Man durfte ja nicht da wohnen, wo man wollte. Meine Großeltern und meine Mutter hatten vor dem Krieg in Mariendorf gewohnt, und daraufhin bekamen wir eine Genehmigung für diese Gegend. In dem Stadtteil hatte mein Vater dann auch ein PVC-Geschäft, die Firma Nessel, in der mein Bruder und ich später noch gearbeitet haben.

Wir waren immer noch staatenlos. Wurden dann aber eingebürgert, mussten sogar eine Einbürgerungsgebühr bezahlen. Es war keine Wiedereinbürgerung, was natürlich gewesen wäre, ich bin ja hier geboren.

Ich war nur Mädchenschulen gewöhnt und auf dem Französischen Gymnasium in Berlin kam ich plötzlich mit Jungs zusammen. Ständig wurde meine Mutter zum Direktor gerufen, er war ziemlich unglücklich über mich: Ich sollte keine enganliegenden Pullover tragen und ich sollte keine Hosen tragen – er müsste ja auf seine Jungs aufpassen. Ich fand das sehr schön, so viele Jungs. War auch ständig verknallt. Hatte dann einen Freund und irgendwann Streit mit einem Mädchen.

»Schade, dass sie dich nicht vergast haben wie alle anderen«, sagt die plötzlich zu mir.

Ich hab sie nur angeguckt, hab gar nicht reagiert. Mein Freund aber hat getobt. Die Sache wurde natürlich dem Direktor gemeldet. Das Mädchen wurde erst mal vom Unterricht suspendiert, musste sich bei mir entschuldigen und sollte dann ganz von der Schule abgehen. Ihre Eltern riefen bei meinen an, sie wüssten gar nicht, woher ihre Tochter das hat. Daraufhin hat mein Vater zu meiner Mutter gesagt:

»Was bringt es, wenn man sie von der Schule verweist? Sie soll ruhig bleiben.«

Mein Vater war sehr pragmatisch. Später hab ich im Lette-Haus, in dem ich eine Ausbildung machte, auch so eine Geschichte erlebt. Irgendein Mädchen fing an, sich mit mir zu unterhalten, und sagte:

»In diesem Café ›Old-Vienna‹ sitzen so ekelhafte alte Juden rum und die machen mich immer an.«

»Warum gehst du dann da hin?«, war meine Antwort.

Ich bin überhaupt nicht weiter darauf eingegangen. Aber meine Freundin Bela [Cukierman, siehe Seite 12] hatte den Satz gehört und bekam einen Tobsuchtsanfall. Ich reagiere nie so. Warum auch? Es bringt nichts. Man kann die Gedanken, die man diesen Menschen jahrelang eingebläut hat, nicht rauskriegen aus ihren Köpfen. Die haben ja nicht alles furchtbar gefunden damals, im Gegenteil. Natürlich gab es keine Arbeitslosigkeit, die Leute haben doch Autobahnen gebaut. Natürlich gab es keine Armut, die Leute sind ja in die Wohnungen der Juden gegangen, die man abgeholt hatte, und haben geklaut oder sind gleich eingezogen. Meine Mutter hatte einen Lift. Man hat ihn zurückgeholt und den Inhalt in Hamburg versteigert. Da war ein Bernstein-Flügel dabei. Auch die Sachen von meinem Vater haben wir nicht zurückbekommen. Das Haus in Leipzig existiert nicht mehr. Ich hab es noch gesehen, als ich Anfang der Sechzigerjahre mit meinem Vater dort war.

»Guck mal«, hat er gesagt, »das ist der Herd, auf dem meine Mutter gekocht hat.«

In der Etage drüber hat seine Schwester gewohnt. Die Frau, die seitdem in der Wohnung lebte, wusste, dass meine Tante mit ihren beiden kleinen Kindern abgeholt worden war. Das war in der Reclamstraße, und als die Mauer fiel, wurde das Haus abgerissen. Auf dem Grundstück in Niedergebra stehen eine Schule und eine Siedlung. Dafür kam eine Entschädigung, es ist auch nicht zurückgegeben worden.

In Berlin trafen sich die jüdischen Jugendlichen in einer Jugendgruppe, Donnerstagabend in der Joachimsthalerstraße 13. Man war unter sich, man hat die Feiertage zusammen verbracht, man hat Purim gefeiert. Mit Religiosität hatte das nichts zu tun, man brachte auch manchmal christliche Freunde mit. Aber ich hätte nie in meinem Leben einen Nichtjuden geheiratet. Ich hätte nie in meinem Leben einen Deutschen geheiratet. Ich hätte das meinem Vater nicht angetan, dessen Familie umgebracht worden ist. Hätte ich nicht gekonnt. Ich hätte auch nie mit einem Deutschen intimer sein können, die Idee kam mir nicht.

Meinen Mann Wolf, er war aus Polen nach Russland geflohen und nach dem Krieg nach Deutschland gegangen, hab ich kennengelernt auf dem Chanukka-Ball 1955. Ich war sechzehneinhalb und fand ihn toll. Er sah richtig gut aus, war 16 Jahre älter und hat mich zum Tanzen eingeladen. Ich war begeistert. Aber als ich hörte, dass er noch verheiratet war, hat er mich so viel interessiert wie

Renée und Wolf Brauner 1960 auf ihrer Hochzeitsreise in Venedig

ein Möbelstück. Als ich ihn das nächste Mal sah, war er geschieden. Dann hab ich ihn noch ein drittes Mal auf einer Party am 16. März 1959 getroffen. Wir haben telefoniert, wir haben uns verabredet. Er hat mir ein französisches Drehbuch gegeben, das sollte ich in zehn Tagen ins Deutsche übersetzen. Nach ein paar Tagen war es fertig, das hat natürlich imponiert. Ein Jahr später, am 17. März 1960, haben wir geheiratet, weil meine Oma gesagt hat:

»Entweder man heiratet innerhalb von einem Jahr oder man heiratet nicht.«

Es war die erste Hochzeit im wiederaufgebauten jüdischen Gemeindehaus in der Fasanenstraße in Berlin. Dann kamen die drei Töchter – Gigi 1961, Jessica 1964 und Sharon 1969 – und 1976 hab ich meinen Mann rausgeschmissen. Hab seine Koffer gepackt und sie auf die Straße getragen.

Meine Töchter haben alle drei nichtjüdische Männer geheiratet. Der Mann der zweiten, die als Erste heiratete, der ist zum Judentum zurückgekehrt, seine Großmutter war Jüdin. Die anderen beiden sind aus der Kirche ausgetreten, der eine war Protestant, der andere Katholik. Für uns Juden zählen die nicht. Für uns Juden haben meine Töchter uneheliche Kinder. Aber meine Töchter wissen ganz genau, dass sie Jüdinnen sind und dass ihre Kinder Juden sind. Und wenn meine Enkel Christinnen heiraten, werden die Jüdinnen. Ganz einfach. Gibt's keine Diskussion. Und wenn die Frauen es nicht wollen, heiraten meine Enkel sie nicht.

Ich hab eigentlich nur jüdische Freunde, war auch eine Zeit lang im Vorstand der WIZO. Früher war man in einem Kreis, ging zusammen aus, die Kinder waren in einem Kindergarten, dem jüdischen. Es hat sich nicht ergeben, dass man andere Freunde hatte. Und heute schließt man keine Freundschaften mehr. Weil ich mir dann immer denke, muss ja nicht sein, diese sinnlosen Diskussionen: Jeder der damals 65 Millionen Deutsche hat mindestens einem Juden geholfen, also 65 Millionen Gerettete. Es gab aber 1933 nur 500.000 Juden in Deutschland.

Steffi Wittenberg
geboren als Steffi Hammerschlag am 15. Februar 1926

Hamburg

Montevideo (Uruguay)

Houston (USA)

Hamburg

Heute nennt man Straßen nach Verfolgten, legt man Stolpersteine, erinnert man. Man weiß, was für Verbrechen begangen worden sind. Warum also soll ich hier nicht leben? Es gibt keinen Grund. Ich kann alles sagen und brauche keine Angst zu haben, dass mich einer anzeigt und ich ins Gefängnis gehe.

»Wir müssen raus aus Deutschland. Wir Juden werden alle umgebracht.«

Das hat meine Mutter schon am 30. Januar 1933 gesagt, als Hindenburg Hitler zum Reichskanzler ernannte. Sie war nicht unbedingt eine sehr weitsichtige Frau, sondern eine sehr ängstliche. Aber letztendlich haben auch die »Stürmer«-Aushänge davon gezeugt, Hitler hat ja kein Geheimnis daraus gemacht, dass man die Juden umbringen muss. »Unwertes Leben« – so hieß es. Dann haben uns die Nachbargeschäfte, der Krämer und der Friseur, nicht mehr gegrüßt. Eine Frau hat zu meiner Mutter gesagt:

»Ach, Frau Hammerschlag, wenn alle Juden so wären wie Sie! Tja, so müssen eben die Unschuldigen mit den Schuldigen leiden.«

Das ist für mich ein typisches Zeichen für Gehirnwäsche. So haben sicherlich viele gedacht. Die Mehrheit der Bevölkerung. Aber es gab auch Menschen, die anständig waren und das unmöglich fanden. Und dann gab es Menschen, die haben das akzeptiert, »na ja, es ist eben so«. Dann gab es die Mitläufer und es gab auch sehr viele, die denunziert haben. Die zur Polizei gelaufen sind und angezeigt haben. So viele Menschen sind verhaftet worden, weil man sie angezeigt hat.

Ich hatte Angst, wenn ich die Hitlerjugend und vor allem wenn ich die SA marschieren sah in ihren braunen Uniformen. Das fand ich immer furchtbar. Und die sangen ja auch Lieder wie »Wenn das Judenblut vom Messer spritzt«. Wir zu Hause – mein Vater war Lederwarenvertreter und merkte natürlich, dass die Geschäfte schlechter gingen, dass Kunden bei ihm nicht mehr kauften – haben übrigens nie von Juden gesprochen, sondern von Ennos. Aus Angst vielleicht, damit man nicht merkte, worüber wir sprachen.

Ich bin in Hamburg am Mittelweg 30 aufgewachsen und zuerst im Grindelviertel in die Jahnschule gegangen, heute ist das die Ida Ehre Schule. Das war eine Nazischule, benannt nach »Turnvater Jahn«, aus dessen Ideen auch das Turnerkreuz, eine Art Hakenkreuz mit runden Ecken, entstanden war. Das kriegten alle Schüler aufgenäht, nur die Juden nicht. Die Geschäftsstelle der NSDAP in dem Stadtteil war zuständig für diese Schule und mit der Schulleitung hat sie '35 beschlossen:

»Das geht nicht mehr, dass Juden bei uns in die Schule gehen. Diese artfremden Kinder, die wollen wir hier nicht haben.«

Deshalb bin ich in dem Jahr in die jüdische Schule gekommen. Ostern war Versetzung, und nach den Herbstferien bin ich in die vierte Klasse in der Johnsallee gegangen. Da fühlte man sich natürlich wohl mit jüdischen Kindern, jüdischen Lehrerinnen. Ich hatte nur jüdische Freundinnen, also fand ich das ganz normal, dass ich nun in die jüdische Schule ging. Nach einem halben Jahr kam ich in die Israelitische Töchterschule in der Karolinenstraße und fühlte mich auch da wohl.

Meine Eltern waren liberal, nicht politisch liberal, aber in der Religion. Sie gingen nur Rosh Hashana und Yom Kippur in den Tempel in der Oberstraße. Heute ist in dem Gebäude das Rolf-Liebermann-Studio des NDR, aber von außen sieht es noch aus wie früher. Es gab eine Orgel, was ja in der orthodoxen Synagoge nicht erlaubt ist, und es wurde deutsch gebetet,

Steffi Hammerschlag (zweite von links) und ihr Bruder Gerd (rechts) mit Freunden im Juni 1930 nicht hebräisch. Bis 1933 hatten wir immer Weihnachten gefeiert, nun feierten wir Chanukka. Nazizeit – da wollte man sich differenzieren. Weihnachten war nicht mehr unser Fest, Jesus Geburt interessierte uns nicht mehr.

Zu dieser Zeit wurde ich religiös und ging in die Synagoge am Joseph-Carlebach-Platz, damals noch Bornplatz. Wunderschöne Synagoge. Dort hab ich auch Oberrabbiner Joseph Carlebach gehört. Seine Predigten, die haben mich schon mit elf, zwölf Jahren sehr beeindruckt. Natürlich hat er auch immer gesagt, man muss an Gott glauben, der wird helfen, diese Zeit ist vielleicht eine Prüfung, die muss man bestehen. Er war sehr Trost spendend. Inzwischen habe ich ein Buch über ihn, da sind seine Predigten abgedruckt. Da steht auch, wie er vor seiner Deportation 1941 noch zu Familien gegangen ist und ihnen Mut zugesprochen hat. Familien, die schon ihre Befehle hatten, sich zum Transport zu melden. Und dass er auch im KZ Jungfernhof noch immer gepredigt hat. Bis er dann von da abgeholt und erschossen wurde.

Mein Glaube, wie lange hielt er? Genauso lange bis der Erdkundeunterricht kam und die Entwicklung der Erde geschildert wurde. Das ist ja überhaupt nicht vereinbar mit der Religionsgeschichte, dachte ich und hörte auf zu glauben und war nicht mehr religiös. Ich weiß nicht mehr, ob ich auch aufgehört habe, in die Synagoge zu gehen. Mit dem 9. November '38 war ja damit sowieso Schluss. Es gab noch ein Gotteshaus, die Neue Dammtorsynagoge, da waren bis etwa '42 Gottesdienste. 1943 ist sie dann durch Bomben zerstört worden.

Erst kam die Polenaktion, Ende Oktober '38. Wir waren ganz still an dem Morgen, und unsere Klassenlehrerin hat gefragt, was los ist mit uns.

»Miriam Friedfertigs Vater ist heute abgeholt worden, der soll nach Polen abgeschoben werden.«

Auch am nächsten Tag war Miriam Friedfertig nicht da. Die ganze Familie war abgeschoben worden. Der Vater hatte einen polnischen Pass, und meistens hatte ja die Familie die Nationalität des Vaters. Miriam hat überlebt. Es gibt die Broschüre »Aus Kindern werden Briefe«, in der die Briefe von uns Mitschülerinnen, die wir mit ihr ausgetauscht haben, veröffentlicht sind. Wir haben darin, wenn auch sehr vorsichtig und verklausuliert, über die Ereignisse des 9. Novembers 1938 erzählt. Eine Schülerin hat ihr geschrieben: »Freu dich, dass du nicht hier bist, es ist furchtbar hier. Wir hatten in unsere Familie vier Todesfälle. Und so was kann Gott eigentlich nicht zulassen, wir sind doch das auserwählte Volk!« Und Miriam hat ihr zurückgeschrieben: »Hab Mut!«

Meine Mutter war schon vorher beim uruguayischen Konsulat gewesen. Es hatte sich herumgesprochen, dass es Visa ausstellt gegen Bestechungsgeld. Das war nicht so hoch, und wir konnten es aufbringen. Sie kam mit vier Visa zurück und sagte:

»Zuerst die Männer!«

Bei den Juden stimmte das damals, zuerst wurden die Männer eingesperrt. Mein Vater und mein zweieinhalb Jahre älterer Bruder Gerd fuhren deshalb am 12. Oktober '38 von Hamburg mit dem Schiff nach Montevideo. Meine Mutter und ich sollten die Wohnung auflösen und zwei Monate später nachkommen. Denn man hatte zunehmend das Gefühl, man wird verfolgt. Wenn es klingelte, hatte man Angst, es ist die Gestapo. Man hörte auch schon vor dem 9. November von Verhaftungen. Dazu kam diese Angst, wenn die SA rumlief. Das war immer ein Schock, wenn ich auch sonst noch ein fröhliches Mädchen war. Wir alle waren noch fröhlich. Das kann man auch an den Briefen der Kinder von Rabbiner Carlebach sehen. Die schrieben noch '39 so lebenslustige Briefe, erwähnten vielleicht Tatsachen, die das Leben schwieriger machten, aber sie waren total optimistisch. Was ahnten die, dass sie zwei Jahre später ermordet werden sollten.

Und dann war die Nacht des 9. Novembers. Am Morgen darauf kamen mir auf dem Schulweg Kinder entgegen, die sagten:

»Heute ist keine Schule. Die Synagoge brennt.«

Ich bin zurückgekehrt nach Hause. Da war meine Mutter – und große Aufregung: Zwei jüdische Familien fragten, ob die Männer in unserer Wohnung übernachten dürften, weil nach der Ausreise von meinem Vater und meinem Bruder bei uns keine Männer polizeilich gemeldet waren. Und wenn sie bei uns blieben, dann wären sie sicher. Das haben sie auch gemacht, und es ist nichts passiert. Die eine Familie konnte noch in die USA auswandern, die andere nicht. Sie hatten einen neunjährigen Sohn und 1941 sind sie alle nach Lodz deportiert und ermordet worden.

Ich war also am 10. November zu Hause und hab die zerstörten Geschäfte, die brennende Synagoge nicht gesehen. Später hörte ich, dass in der Talmud Tora, das war die Jungenschule, die Lehrer und Oberprimaner verhaftet und in die KZ Fuhlsbüttel und Sachsenhausen deportiert worden waren. Wie auch die Väter vieler Mitschülerinnen.

Dann begannen die Kindertransporte nach England. Das war sehr schwer, denn es war oft ein Abschied für immer. Manche Eltern sind den Kindern hinterhergefahren oder woanders hingegangen und haben sich dann nach dem Krieg wieder getroffen. Andere Eltern aber sind nicht mehr rausgekommen und sind umgebracht worden.

Die Restriktionen wurden sehr viel größer. Wir durften nicht mehr ins Kino oder ins Theater. Auf den Bänken stand »Nur für Arier«. Wir konnten auch nicht in die Seebäder fahren, nach Timmendorf etwa. Da stand »Juden unerwünscht«. Es gab überhaupt überall »Unerwünscht«-Schilder. Dann wurden die Geschäfte »arisiert«, die Angestellten entlassen. Kinder, deren Vater oder Mutter jüdisch waren, »halbjüdische« Kinder, wie das hieß, die durften noch ein bisschen länger in die allgemeinbildenden Schulen gehen. Und dann auch nur noch in die jüdischen.

Im Dezember '38 sollten meine Mutter und ich nach Uruguay fahren. Aber dann kam ein Telegramm von meinem Vater: Unser Visum war ungültig. Es war rausgekommen, dass der Konsul sich hatte bestechen lassen. Wir konnten nicht mehr fahren. Ich hatte mich schon verabschiedet von der Klasse und musste dann weiter in die Schule gehen. Machte deshalb auch noch den Umzug in die Talmud Tora Schule mit, Ostern 1939. Mit den Kindertransporten waren die Klassen ausgedünnt, und deshalb hatten die Hamburger Behörden entschieden, dass auch wir Mädchen in die Talmud Tora gehen sollten. Das Hauptgebäude war geräumt worden, und wir wurden im Nebengebäude zusammen mit den Jungen unterrichtet. Die Lehrer waren zehn Tage nach ihrer Verhaftung wieder entlassen worden. Kahl rasiert, hinkend, mit Blessuren im Gesicht und Entsetzen in den Augen.

Dann kam der 1. September 1939.

»Jetzt ist Krieg! Jetzt kommen wir nicht mehr raus!«, hat meine Mutter gesagt. »Jetzt werden wir Juden alle ermordet!«

Ich hab sie getröstet. Aber in mein Tagebuch hab ich eingetragen: »Heute hat der Führer die Wehrmacht zu den Waffen gerufen. Ausgerechnet an Tante Gretes Geburtstag.« So hab ich gedacht – ich wollte auch noch feiern. Daran sieht man meine gespaltene Welt.

Inzwischen wohnten wir an der Rothenbaumchaussee. Dorthin kam ein weiteres Telegramm von meinem Vater: »Ihr könnt fahren, ich habe neue Visa für euch.« Am 20. Dezember '39 sind wir mit dem Zug von Hamburg nach Antwerpen gereist. An der Grenze ist uns nichts passiert.

Ich hatte dunkelbraune Haare mit einem rötlichen Schimmer und ich weiß nicht, ob ich jüdisch aussah. Es gibt Menschen, da erkennt man sofort, dass sie Juden sind. Sie sehen, wie oft auch Araber, leicht semitisch aus. Aber es gibt heute auch viele Menschen, die sehen jüdisch aus, sind aber gar keine Juden. Oder ich erlebe es, dass ich Menschen kennenlerne, und die überraschen mich dann plötzlich damit, dass sie sagen, sie seien jüdischer Herkunft. Damals jedoch gab es deutsche Juden wie es sie heute nicht mehr gibt. Menschen, die dieselbe deutsche Kultur hatten, sich genauso für deutsche Literatur und Theater interessierten, aber auch noch einen jüdischen Hintergrund hatten. Das ist weg. Das ist wirklich ausgerottet. In Berlin ist es vielleicht noch ein bisschen besser als in Hamburg. Da gab es 22.000 Juden, Berlin hatte eine Gemeinde von 145.000 Mitgliedern. Deshalb spielte sich dort viel mehr ab. Aber auch hier gab es ein reichhaltiges jüdisches Kulturleben. Nach dem Novemberpogrom konnte man noch bis 1940 oder 1941 in die Kammerspiele gehen, die waren reserviert für jüdisches Theater oder Wohltätigkeitsveranstaltungen. Nachher war das eine der Deportationsstellen. Kammerspiele – das ging nach Auschwitz.

Ich hab das alles erst erfahren, als ich wieder zurückkam nach Deutschland. In Montevideo wussten wir von den Überfällen auf Frankreich, auf Belgien. Und dass Menschen in Konzentrationslagern gefoltert und getötet wurden, erfuhr man auch.

Am 28. Januar 1940 kamen wir in Montevideo an. Ich wurde erst 14, ging deshalb noch kurz in die Schule und hab da recht und schlecht Spanisch gelernt. Später hab ich noch Privatunterricht genommen und eine Handelsschule besucht, wo ich Stenografie und Schreibmaschine lernte und Englisch und Spanisch. Mit dieser Ausbildung hab ich bis zur Pensionierung als Fremdsprachensekretärin gearbeitet.

Meinen Mann Kurt, er war Jahrgang '20, lernte ich kennen im Antifaschistischen Komitee, wo er sehr aktiv war. Seine Familie hatte in Osterode, Ostpreußen, gewohnt. Auch dort haben die Deutschen die Juden verfolgt. Seinen Vater haben sie durch die Stadt geführt mit einem Schild »Ich Jude darf keine deutschen Jungen schlagen«, nachdem die Jungen in seinem Lederwarengeschäft Plakate mit »Judenknecht« geklebt hatten. Dann hat man ihn eingesperrt. Er kam wieder frei,

Steffi Hammerschlag (sitzend ganz rechts) mit Freundinnen im jüdischen Sportverein Maccabi ca. 1943 in Montevideo

musste sich aber drei Mal am Tag bei der Polizei melden. Daraufhin beschloss die Familie auszuwandern. Kurt musste das Gymnasium abbrechen und in Breslau eine Maurerlehre machen, weil man dachte, mauern kann man überall.

In Breslau hat er auch das Pogrom noch mitbekommen. Er hat dort bei einer Witwe gewohnt, und am 9. November ist die Gestapo gekommen und hat deren älteren Sohn verhaftet. Kurt hätten sie auch mitnehmen können, der war ja schon 18. Er schlief aber im sogenannten Mädchenzimmer und da haben sie nicht geguckt. Der Sohn ist wieder freigekommen und mit seinem Bruder nach Uruguay gegangen, die Mutter haben sie nicht mehr rausgekriegt. Sie ist ermordet worden.

Ende 1938 ist mein Mann mit seinen Eltern in Montevideo angekommen. Seine Schwester war schon '37 mit einem Kindertransport nach Atlanta, Georgia, geschickt worden. Nach dem Krieg wollten die Eltern ihre Tochter wiedersehen. Alle drei gingen nach Houston, Texas, weil da ein Verwandter eine Fleischfabrik hatte. Dort hat mein Mann dann gearbeitet und auch sein Vater, als Nachtwächter.

Die ersten Tage war Kurt ganz begeistert von dieser Modernität. Aber sehr bald hat er mitbekommen, dass es eine enorme Diskriminierung der schwarzen Bevölkerung gab. Dass alles getrennt war, die Wohnviertel, die Schulen, die Kinos. Für einen Menschen, der aus Nazi-Deutschland kam und sich erinnerte, wie die Juden ausgegrenzt worden waren, für den war das natürlich ein großer Schock. In Uruguay war Kurt in der Gemeinschaft der emigrierten Jugendlichen eingebettet gewesen, in Amerika fühlte er sich einsam und war unglücklich. Er schrieb, ob ich nicht kommen wollte. Nach Beratung mit Eltern und Freunden bin ich im Januar 1948 nach Houston gegangen. Einen Monat später haben wir geheiratet.

Ich bekam eine Stelle und unterstützte meinen Mann, der sich politisch engagierte bei dem Civil Rights Congress und dem NAACP, das ist die National Association for Advancement of Coloured People, und auch in der Kommunistischen Partei. Die war winzig, aber es gab sie.

Da hat er sich besonders engagiert gegen den Rassismus. Und ich hab mich in diesen Kampf mit eingeklinkt, hab das genauso verfochten wie er. Natürlich haben wir auch von unserer deutschen Vergangenheit erzählt.

Als die Arbeiter in der Fleischfabrik, in der mein Mann beschäftigt war, eine Gewerkschaft gründen wollten, der Chef aber dagegen war, haben sie gestreikt. Mein Mann hatte die Wahl: Hält er zu seinem Vetter, dem Chef, oder zu seinen Kollegen. Er hat mitgestreikt. Daraufhin hat der Vetter uns bei der Einwanderungsbehörde als Kommunisten angezeigt. Die Kommunistische Partei war zwar nicht verboten, aber man warf ihr vor, dass sie dafür warb, die Regierung zu stürzen. Wir wurden in die Behörde bestellt und sollten aussagen über uns und wie unsere politischen Betätigungen aussehen. Wir haben die Aussage verweigert. Die Vernehmung wurde abgebrochen, aber ab dann gab es die Akte »Kurt und Steffi Wittenberg«. Und in der Presse wurde publiziert, dass es ein Verfahren gebe gegen uns, in dem man uns vorwarf, dass wir uns beteiligten am Sturz der Regierung.

Wir bekamen zunehmend Schwierigkeiten. Kurt hatte ja seine Beschäftigung verloren und arbeitete in einem Abrissunternehmen. Ich war inzwischen auch entlassen worden und arbeitete im Büro eines Schuhgeschäftes. 1950 begann der Koreakrieg, und eines Tages ohrfeigte mich eine Kollegin und schrie:

»You damned communist! Our boys are fighting aganist the communist – and you are a communist!«

Es war die McCarthy-Ära, in der eine antikommunistische Hysterie ausbrach. Es gab das House Committee on Un-American Activities, das Komitee für unamerikanische Umtriebe, in dem es bei den schrecklichen Verhören immer um die eine Frage ging:

»Are you, have you ever been a member of the communist party?«

Weil wir weniger verdienten, ich hatte meine Stelle wieder verloren, mussten wir in Untermiete leben. Unter Nachbarn oder Freunden hatten wir keine Belästigungen, doch der größte Teil der deutschen Juden, der Rassendiskriminierung selbst erleben musste, hatte kein Verständnis für unseren Kampf. Osteuropäische Juden der zweiten Generation jedoch haben uns unterstützt und Geld gesammelt, damit wir nach Europa gehen konnten. Denn wir waren allmählich bereit, das Land zu verlassen. Bemühten uns, in die DDR einreisen zu dürfen. 1950/51 schrieben wir der dortigen Regierung: »Wir möchten uns gerne am Aufbau eines sozialistischen Deutschlands beteiligen.« Die Antwort lautete: Sehr schön, aber wenn wir uns am Aufbau eines friedlichen Deutschlands beteiligen wollten, dann sollten wir nach Westdeutschland gehen. Seinerzeit haben die in der DDR Angst gehabt, dass man ein Spion aus dem Westen war – erst recht, wenn man aus Amerika kam. Wir aber wollten wirklich ein anderes Deutschland aufbauen.

Nachdem wir unterschrieben hatten, dass wir nicht das Recht haben, zurückzukehren in die USA, fuhren wir in Begleitung eines Immigration Officers im Mai 1951 von Houston nach New Orleans. Dort begleitete er uns auf das Schiff und gab dem Kapitän unsere Pässe. Die zu bekommen, war nicht einfach gewesen. Alle Emigranten, ob politische Verfolgte oder jüdische Flüchtlinge, waren ausgebürgert worden von Nazi-Deutschland. Jetzt gab es die Bundesrepublik Deutschland. Da wurden wir aber nicht automatisch wieder eingebürgert, sondern mussten einen Antrag stellen für eine Einbürgerungsurkunde. Die schickten wir an die deutsche Botschaft in New York und bekamen so unsere Pässe.

In Hamburg empfing uns ein Mann von der deutschen Immigrationsbehörde mit den Worten:

»Guten Tag, Herr und Frau Wittenberg. Herzlich willkommen in Deutschland!«

So war unsere Begrüßung, sehr ordentlich. Wir wurden abgeholt von Tante Gertrud, eine Schwester meiner Mutter. Meine Mutter hatte neun Geschwister, davon sind zwei Schwestern und ein Schwager nach Lodz deportiert und dort oder in Chelmno umgekommen. Wir hatten es schon gehört, mit Tante Gertrud gab es Korrespondenz. Das ging noch ziemlich lange, weil Uruguay – obwohl es aufseiten der Alliierten war – Deutschland erst sehr spät den Krieg erklärt hatte. Dann hatte man natürlich keinen Kontakt mehr. Aber da meine Tanten schon am 25. Oktober 1941 mit dem ersten Transport von Hamburg nach Lodz deportiert worden waren, wussten wir es.

Der zweite und dritte Transport ging am 8. und 18. November 1941 nach Minsk, da ist eine Schulfreundin von mir mittransportiert worden. Der vierte fand am 6. Dezember 1941 statt, und da ist der Oberrabbiner Joseph Carlebach mit seiner Frau Lotte, seinen drei kleinsten Töchtern und einem Sohn in das KZ Jungfernhof deportiert worden. Der Sohn hat überlebt, weil er gerade an dem Tag im März 1942, als sie alle abgeholt wurden, um im Wald bei Riga erschossen zu werden, zur Zwangsarbeit beauftragt worden war. Von einem Schreckensort zum anderen ist er dann gekommen, aber er hat überlebt und wurde später Rabbiner.

Auf dem Jungfernhof war auch meine Schulfreundin Rita Kaplan mit ihrer Mutter. Und auch sie wurde an diesem Tag im März '42 abgeholt. Was passieren würde, wussten sie alle. Aber da war ein neuer Fahrer, der keine genauen Anweisungen hatte und sie statt in den Wald zum Ghetto in Riga brachte. Dadurch waren sie dieser Todesaktion entkommen. Als die Deutschen sich Riga näherten, wurden sie in das KZ Stutthof deportiert. Rita wurde aussortiert als Arbeitskraft, die Mutter war in der Reihe derer, die für den Tod bestimmt waren. Irgendwie aber hat sie geschafft, noch auf die Seite ihrer Tochter zu kommen. Auch weiterhin haben sie sich immer beide retten können. Sie bekamen Typhus, erst die Mutter, dann Rita. Dann kamen die Russen und haben sie befreit.

Sie hab ich wiedergefunden. Auch Esther Bauer, die Tochter von meinem Schulleiter in der Israelitischen Mädchenschule, Dr. Alberto Jonas. Am 9. November '38 ist er gewarnt worden und hat sich versteckt. »Leider«, sagt seine Tochter in ihrem Zeitzeugenbericht. Denn wäre er im Konzentrationslager gewesen – die meisten haben ja überlebt, wenn auch einige in diesen sechs, acht Wochen im KZ umgekommen sind –, dann hätte er gewusst, wie schlimm alles ist, und hätte sich vielleicht nicht geweigert auszuwandern.

Sie, Esther Bauer, war mit ihren Eltern in Theresienstadt, wo ihr Vater nach sechs Wochen starb. Sie hat einen Tschechen geheiratet, der dann abtransportiert wurde nach Dresden. So dachte sie jedenfalls, als man den Frauen sagte:

»Wenn ihr euren Männern folgen wollt, dann ist das möglich.«

Hat sie sich gemeldet, und da ging es aber nicht nach Dresden, sondern nach Auschwitz. Sie hat ihn dort nicht mehr getroffen. Er war schon umgebracht worden. Später ist auch ihre Mutter, Dr. Marie Anna Jonas, nach Auschwitz deportiert worden und dort umgekommen. Esther ist weitertransportiert worden nach Freiberg bei Dresden, dann nach Mauthausen, wo sie von den Amerikanern befreit wurde.

Meine Tante Gertrud hat überlebt, weil ihr Mann kein Jude war. Aber die anderen Tanten, die auch nichtjüdische Männer hatten, die sind trotzdem deportiert und ermordet worden. Und auch Gertrud hat noch für den 14. Februar 1945 den Deportationsbefehl bekommen, aber sie hat sich versteckt. Das war dann schon eher möglich, weil es so viele Ausgebombte gab. Ihre ganzen Papiere seien weg, hat sie gesagt und dadurch überlebt.

Sie holte uns also ab in Hamburg und brachte uns im Jüdischen Altersheim unter, wo wir einen Monat wohnten. Wir nahmen Kontakt auf zu der Vereinigung der Verfolgten des Naziregimes und bekamen zwei Zimmer bei einer Familie. Die VVN war eine Organisation, die uns sympathisch war, weil das die Menschen waren, die auf der anderen Seite des Faschismus gestanden hatten. Mein Mann wurde dort aktiv, und wir beteiligten uns an dem Kampf gegen die Wiederbewaffnung.

Ich hab wieder in Büros gearbeitet, die längste Zeit in einer internationalen Spedition, und Kurt in einem Lederwarengeschäft am Jungfernstieg. Später ist er in den Exporthandel gegangen, die letzten 17 Jahre vor seiner Pensionierung in Berlin. Als er aufhörte, bin ich auch in Rente gegangen. Unsere beiden Söhne sind 1955 und 1960 geboren. Der ältere ist in Hamburg Richter am Sozialgericht, hat ein Mädchen und einen Jungen, der jüngere ist Theaterregisseur in Berlin.

Meine Eltern blieben in Uruguay, kamen aber immer nach Deutschland, um uns zu besuchen. Das wurde möglich, als die sogenannte Wiedergutmachung bezahlt wurde. Sie waren immer sehr traurig, wenn sie wieder wegfuhren und haben jahrelang überlegt, ob sie hier bleiben oder dort. Vernünftigerweise sind sie dort geblieben, im Kreis ihrer Freunde. Hier wären sie einsam gewesen.

Mein Bruder war anfangs in Montevideo im Exporthandel und es ging ihm ökonomisch sehr gut. Aber nachdem er sich einer zionistischen Bewegung angeschlossen hatte, wollte er nach Israel. Seit 1961 ist er in einem Kibbuz. Hat da geheiratet und eine Tochter bekommen.

Ich habe nie überlegt, nach Israel zu gehen. Hatte keine Beziehung dorthin. Konnte die hebräische Sprache nicht mehr und war nicht in der hebräischen Kultur verankert. Was sollte ich da? Jüdin zu sein war ein Teil meiner Geschichte, hab ich auch nicht verleugnet, fand ich auch ganz wichtig. Aber deshalb muss ich nicht in Israel leben.

Ich hatte mehr Bindungen zur deutschen Kultur, zur deutschen Sprache. Ja, ich bin ausgewiesen worden aus diesem Land, es war ja wie eine Ausweisung. Viele Verwandte von mir sind umgebracht worden. Aber ich hab mit vielen Menschen zu tun, die dagegen gekämpft haben. Und die achte ich sehr. Heute nennt man Straßen nach Verfolgten, legt man Stolpersteine, erinnert man. Man weiß, was für Verbrechen begangen worden sind. Warum also soll ich hier nicht leben? Es gibt keinen Grund. Ich kann alles sagen und brauche keine Angst zu haben, dass mich einer anzeigt und ich ins Gefängnis gehe. Ich will nicht sagen, dass dieser Staat der Idealstaat ist. Sowieso nicht, weil wir wieder in neuen Kriegen sind. Ich wünsche mir Frieden. Und dass es keine Neonazis mehr gibt. Die gibt es nicht nur in Deutschland, aber hier finde ich es besonders schlimm, dass man sie gewähren lässt.

Ruth Schlesinger
geboren als Ruth Caro am 6. Juli 1928

Berlin

Qiryat Haim, Haifa (Israel)

Berlin

Meine Kindheit und Jugend war hier, als junges Mädchen war ich dort, hab dort meine schönsten Jahre gehabt, und dann war ich wieder hier. Also, was ist meine Heimat? Ich habe keine Heimat. Na gut, jetzt bin ich in einem Alter, da sage ich natürlich, hier. Aber ich sehne mich nach Israel und würde sagen, ich bin Israelin.

Meine Mutter Frida war schon bei meiner Geburt übergetreten zum Judentum. Man hat ihr trotzdem später gesagt, entweder sie lässt sich von meinem Vater Kurt scheiden oder ich muss raus aus der Schule. Aber wir haben gesagt, das kommt nicht infrage, dass sie sich vom Papa scheiden lässt, und sie sind zusammengeblieben.

Ich war 1935 in die Schule gekommen. Eine staatliche Grundschule in der Elbestraße, weil es in unserer Gegend in Neukölln keine jüdische gab. Da blieb ich nur drei Jahre, kam dann doch in eine jüdische Schule in der Auguststraße. Das war, nachdem wir zu meiner Oma in die Schönhauser Allee 62 gezogen sind, weil wir 1938 aus unserer Wohnung raus mussten. Ich kann mich erinnern, wie ich am Fenster stand und meine Mama gesagt hat:

»Geh vom Fenster, geh vom Fenster! Die Synagogen brennen!«

Und da fing es ja an. Hab ich alles nicht so verstanden, für mich als Kind war das wie ein Abenteuer. Aber dann durften wir nichts mehr. Nicht mehr bestimmte Plätze oder Parks betreten, nicht mehr fahren. Mein Vater musste sein Auto verkaufen, weil Juden die Führerscheine abgenommen wurden. Ende '38 hat er auch seine Arbeit verloren. Er war Konfektionär, Vertreter für Kleidung. Dann war er Zwangsarbeiter.

Ab September 1941 musste ich den Stern tragen. Ich hatte einen Pepita-Mantel und hab den Stern in einer Falte versteckt. Aber das war unter Lebensgefahr.

Wir wohnten, bis die Abholung kam, weiter bei meiner Großmutter Else. Sie war von meinem Vater die Mutter, und bei ihr lebten auch anfangs noch die beiden jüngeren Brüder vom Papa, Walter und Werner. Im Frühjahr 1939 war Werner in die Trautenaustraße gezogen zu einer Christin, die früher verheiratet gewesen war mit einem Juden. Ihre Tochter Charlotte hat auch dort gewohnt und mit der verlobte sich Walter. Im Januar '40 waren die beiden Onkel auch entlassen worden und mussten Zwangsarbeit machen. Aber vor der Fabrikaktion Ende Februar '43 waren sie gewarnt worden und deshalb schon vorher untergetaucht. Von da an haben sie illegal gelebt. Walter auch für einige Zeit bei Charlotte, aber dann ist er denunziert und im September 1943 verhaftet worden. Mit ihm auch Charlotte, weil sie ihn versteckt hatte. Sie kam in das KZ Ravensbrück und hat überlebt.

Walter war im Sammellager im ehemaligen Jüdischen Krankenhaus eingesperrt. Der Eingang war in der Schulstraße und nur durch einen Stacheldrahtzaun getrennt vom Waisenhaus in der Iranischen Straße. Da lebte meine Freundin, weil ihre Mutter schon abgeholt worden war. Ich hab sie dort besucht, und dann haben wir immer Brotpakete rübergeworfen über den Zaun zur Schulstraße. Wenn ich heute daran denke! Ich hätte ja meine Eltern unglücklich gemacht, die wären sofort weggekommen. Aber ich bin nicht erwischt worden, Gott sei Dank. Meine Freundin wusste natürlich, dass man ihre Mutter und auch ihre ältere Schwester ins KZ gebracht hatte. Ja, das hat man schon gewusst. Es hat ja auch jeder gesehen, dass wir abgeholt wurden. Da sind die Autos vorgefahren und man ist aufgeladen worden. Das ist alles Blödsinn, dass man nichts wusste!

Mein Onkel ist bei einem Bombenangriff aus der Schulstraße geflüchtet und in einer Telefonzelle von Herrn Isaaksohn geschnappt und verraten worden. Rolf Isaaksohn war ein Jude, der gegen Geld den Leuten erst Ausweise verkauft und sie nachher angezeigt hat, hier in Berlin. So kenne ich die Geschichte. Aber es gibt auch eine andere Version: Dass er im April '44 direkt aus dem Sammellager nach Auschwitz deportiert worden ist. Viel später ist vor dem Haus, in dem er zuletzt gelebt hat, ein Stolperstein für ihn verlegt worden.

Seit seiner Entlassung musste mein Vater Zwangsarbeit machen, meine Mutter musste Zwangsarbeit machen, ich musste Zwangsarbeit machen. Papa war am Anhalter Bahnhof im Gleisbau, Mutti in einer Schraubenfabrik und ich in einer Fabrik für Militäruniformen. Ich war 13 Jahre alt, als mich das jüdische Arbeitsamt dorthin vermittelt hatte. Da kamen die blutigen Uniformen an, schon gewaschen, aber man wusste, dass sie blutig gewesen waren. Man musste sie ausbessern und in die vierte Etage schleppen. Die Sachen, Hosen über Hosen, wurden uns aufgeladen, und dann hieß es:

»Und geh und lauf und bring das rauf!«

Das war ein Mann mit goldenem Parteiabzeichen, aber ich muss sagen, er war nicht schlecht zu uns. Gut, wir haben fast nichts verdient. Dadurch hab ich heute auch keine Rente, da ja nichts für uns eingezahlt wurde. Dafür aber ist meine Wirbelsäule total kaputt. Vom 18. Lebensjahr an leide ich darunter, natürlich ist es jetzt im Alter schlimmer geworden.

Es gab eine Kartenstelle, wo man als Jude die Lebensmittelkarten abholen musste. Meine Mutter und ihre Schwester waren mit mir dort. Niemals hätte meine Mama mich alleine irgendwo hingehen lassen. In der Angst, dass ich nicht wiederkomme. Aber genau von dort wurde ich abgeholt. Ich wollte mich von meiner Mama verabschieden, da ist man mit dem Gewehrkolben dazwischen gegangen und hat gesagt:

»Hier gibt's keine Umarmungen mehr! Weg jetzt! Raus!«

Ich wurde gebracht in das frühere Jüdische Altersheim in der Großen Hamburger Straße. Jetzt war es ein Sammellager. Es war uns verboten worden, irgendetwas zu sagen, wenn wir nicht gefragt wurden. Man hatte Angst, also hab ich nichts gesagt. Und eines Tages hörte ich unten eine Stimme:

»Ich will meine Tochter wiederhaben!« Es war meine Mutter, sie hat so geschrien: »Ich will meine Tochter wiederhaben!«

Da stand ich schon auf der Transportliste nach Theresienstadt. Aber sie hat mich überall gesucht und tatsächlich da rausgekriegt. Und der von der Gestapo hat gesagt:

»Warum haben Sie nicht erzählt, dass Ihre Mutter ›Arierin‹ ist?«
»Sie haben mich nicht danach gefragt. Wir durften doch nichts sagen.«

Habe ich komischerweise noch den Mut dazu gehabt. Aber ich hab meine Tasche dort gelassen, bin nicht mehr raufgegangen. Ich konnte mich nicht verabschieden. Ich hab das nicht fertiggekriegt, zu sagen: »Ich bin frei und ihr bleibt dort.«

Mein Papa war schon vorher, bei der Fabrikaktion Ende Februar 1943, abgeholt und in das Sammellager Große Hamburger Straße gebracht worden. Und später dann in das in der Rosenstraße, wo Männer und Kinder aus »Mischehen« eingesperrt waren. Meine Mutter gehörte zu den Frauen, die tagelang vor dem Gebäude gestanden haben, um ihre Angehörigen zu retten. Es ist auf sie geschossen worden, aber sie hat ihn rausgekriegt. Eine tapfere Frau. Damals hab ich das alles nicht so mitgekriegt. Ich war nur froh, wieder zu Hause zu sein.

Mein Vater wurde, weil er in einer »Mischehe« lebte, bis Kriegsende nicht abgeholt. Bis eben auf dieses eine Mal, das war vom Gleisbau weg. Da, beim Gleisbau, haben manchmal Leute vom Militär Lebensmittelkarten rausgeworfen für die Zwangsarbeiter. Die hat Papa mitgebracht, und ich bin gelaufen zu meiner Tante in der Lilienthalstraße in Kreuzberg und hab eingekauft, weil man mich da nicht kannte. Mein Vater und ich haben ja keine Karten gekriegt für Milch oder so was. Nur meine Mama hatte Lebensmittelkarten. Wir hatten Hilfe durch Verwandte, wenn die nicht gewesen wären, hätten wir nur Brot und Kartoffeln gekriegt. Fleisch war ganz wenig, wenn überhaupt.

Nach 1945 hab ich erst mal gar nichts gemacht. Meine Eltern wollten, ich sollte Modezeichnen lernen. Aber ich war so jung, so »ha, ist doch nicht wichtig, ich möchte jetzt erst mal ein bisschen leben«. Also, es ist nichts daraus geworden. Dann ging ich in die jüdische Jugendgruppe, wo man mich erst nicht aufnehmen wollte. Weil ich für zwei, drei Jahre aus der Gemeinde ausgetreten war. Meine Mutter hatte geglaubt, wenn ich dort nicht geführt werde, dann kann ich weiter in die Schule gehen.

So hatte der Rektor ihr das eingeredet. War aber nicht so. Und deshalb musste ich nachher wieder eintreten in die Gemeinde. Weil wir auch nach dem Krieg noch in der Schönhauser Allee wohnten, war das die Gemeinde in der Oranienburger Straße. Ich wollte dorthin, ich wollte jüdisch sein. Meine Eltern haben mir die Entscheidung überlassen.

Mit dieser jüdischen Jugendgruppe wollte ich auswandern nach Palästina. Es war klar, dass wir da gleich zum Militär gehen. Deshalb wurden wir hier noch militärisch ausgebildet, an den Wochenenden in Schloss Brüningslinden.

Ende Juli 1948 fuhren wir von Berlin nach Heidenheim. Von da ging es nach Italien und dann aufs Schiff, klein wie ein Fischkutter. Aber wir waren jung. Einer hat Akkordeon gespielt, wir fühlten uns wohl, man hat sich verliebt. Ich war zwanzig. Als wir ankamen in Haifa, war es nicht mehr Palästina, sondern schon Israel.

Wir waren erst mal in einem Kibbuz und sind dann aufgeteilt worden in Gruppen. Wir Freundinnen haben natürlich versucht zusammenzubleiben, meine beste lebt heute noch in Israel. Wir kamen in Zelte irgendwo, aber ich wurde noch vier Wochen zurückgestellt. Weil ich so schwach war. Ich war so dünn! Bis ich dann auch nach Qiryat Haim ging, von Tel Aviv aus liegt das vor Haifa.

Eines Tages bekam ich einen Brief von meinen Eltern, in dem stand, dass sie zum Jahresende auch kommen möchten. Mein Vater konnte ohne mich ja gar nicht sein. Ich war ein totales Vaterkind, obwohl ich meiner Mutter mein Leben zu verdanken habe. Meine Eltern hatten nach Kriegsende wieder Konfektion gemacht. Die Großmutter lebte nicht mehr, aber meine Eltern wohnten in ihrer riesengroßen Altbauwohnung in der Schönhauser Allee, und in dem Durchgangszimmer – wie man früher sagte, Berliner Zimmer – wurde eine Schneiderei aufgemacht. Aber dann stand mein Vater so unter Druck, weil er Angst hatte, er schafft es nicht, was die Russen verlangen. Die Aufträge kamen ja von den Russen. Und da hat er beschlossen, auch nach Israel zu gehen. Er war kein Zionist, überhaupt nicht. In Haifa, oben auf dem Carmel, hab ich eine Wohnung gefunden für meine Eltern. Zur Untermiete, das war so üblich.

Ich war zu der Zeit noch im Militärlager und wurde eingesetzt in einem Magazin für Autoteile, hab da die Akten geführt. Man trug auch Uniform. Und darauf war man stolz: in Uniform und für das Land! Ich liebe das Land. Bis heute. Wenn ich in Israel Familie hätte oder wenn ich Geld hätte oder noch gesund wäre, dann würde ich da sein. Aber das kann man drüben gar nicht bezahlen, solche Sachen wie das Jüdische Altersheim, in dem ich hier lebe. Aber wenn Sie mich damals oder auch heute gefragt hätten, was ist deine Heimat, ich hätte es nicht sagen können. Meine Kindheit und Jugend war hier, als junges Mädchen war ich dort, hab dort meine schönsten Jahre gehabt, und dann war ich wieder hier. Also, was ist meine Heimat? Ich habe keine Heimat. Na gut, jetzt bin ich in einem Alter, da sage ich natürlich, hier. Aber ich sehne mich nach Israel und würde sagen, ich bin Israelin.

Noch beim Militär hab ich meinen Mann kennengelernt. Wir haben bald geheiratet, 1950, und in Haifa gewohnt. Zwei Jahre später, da war ich 24, hab ich meinen ersten Sohn gekriegt. Ich war tätig in der Schneiderei. Dadurch, dass mein Vater und die beiden Onkel aus der Konfektion kamen, hatte ich das auch noch in Deutschland gelernt. Und nach dem Krieg, wo Papa die eigene Anfertigung hatte, musste ich ja mit an die Nähmaschine. In Haifa war ich dann in einem sehr großen Geschäft, Herren- und Damenbekleidung, und da hab ich die Röcke alle gemacht.

Mein Mann war fünf Jahre älter als ich und aus Wien. Mit 16 ist er mit einem Freund aufs Schiff gegangen, auf die »Patria«. Als die Engländer sie nicht reingelassen haben nach Palästina, sind sie ins Wasser gesprungen. Er konnte nicht schwimmen, aber hat sich an Land gerettet. Meine Schwiegereltern hab ich nie kennengelernt. Die waren abgeholt worden. Mein Mann hat es gewusst, aber ich weiß nicht, wie er es erfahren hat. Er hat ja nie was erzählt von sich. Er hat geschwiegen.

Er wollte auch nicht nach Deutschland. Aber dann hat er so viel Ärger gehabt mit den Leuten, bei denen er gearbeitet hat. Er war tätig bei der Fischerei am Hafen, aber er hat keinen Lohn gekriegt, ist betrogen worden. Im Land was anderes zu suchen, das war nicht möglich. Es gab keine Arbeit. Und wenn er nach Hause kam, war ich ewig verweint, weil ich wieder einen Brief gekriegt hatte, in dem mir meine Mutter die Ohren voll gejammert hat mit ihrer Sehnsucht nach mir.

Meine Eltern waren schon in der ersten Hälfte der Fünfzigerjahre zurück nach Berlin. Als sie hörten, dass man einen Antrag auf Wiedergutmachung einreichen soll. Das hat mein Papa gemacht, auch für mich. Er hatte sogar schon für uns eine Wohnung gefunden, als wir kamen. Man hätte auch einfach die Wiedergutmachung holen und wieder nach Israel gehen können. Aber meine Eltern haben sich hier wohler gefühlt. Mama ist in Israel saubermachen gegangen und Papa hat gearbeitet in den Orangen. Dann hat er in einer Wäscherei gearbeitet, daher haben wir nachher hier auch eine Wäscherei aufgemacht.

Mein Mann und ich, wir waren drei Mal zu Besuch bei ihnen gewesen und haben immer überlegt, auch hinzugehen. Leicht fiel uns die Entscheidung nicht. Aber dann kam ein Brief von meiner Mutter, in dem stand: »Stell dir vor, wenn uns etwas passiert, dann kannst du nicht kommen.« Wenn heute jemand verstirbt, kann man am nächsten Tag fliegen. Gab es damals nicht, man musste erst ein Visum beantragen.

Ich bin mit einem lachenden und einem weinenden Auge zurückgegangen. Zurück in das Land der Täter. Und verschiedene von meinen Freunden haben mich auch darauf angesprochen:

»Warum hast du das gemacht?«

Das war später, als ich schon zu Besuch in Israel war.

»Vielleicht hab ich meinem Sohn das Leben damit gerettet«, hab ich geantwortet.

Denn damals fing das an mit dem Militär und da hätte er hingehen müssen. Das hat man mir so übel genommen, dass ich das gesagt hab. Die anderen hatten ja auch ihre Kinder im Militär, es war ein bisschen unüberlegt von mir. Aber es hat keiner den Kontakt zu mir abgebrochen. Der eine Freund war sogar schon ein paar Mal hier, möchte jedes

Jahr nach Berlin kommen. Der fühlt sich hier sauwohl. Aber er würde das Land nie verlassen, außerdem hat er Kinder dort und Enkelkinder. Da verlässt man das Land nicht so schnell. Ich hab den Absprung geschafft, weil mein Sohn noch klein war. Der war sechs Jahre, als wir 1958 hier rübergingen. Wir waren schon am Autobus und wollten losfahren, da sagte er:

»Nur eine Runde lass mich noch mit meinem Fahrrad fahren.«

Das war so süß, werde ich nie vergessen. Es war ganz komisch, in Israel hatte er immer zu mir gesagt:

»Wenn wir unterwegs sind, sprich nicht mit mir Deutsch.«

Na gut, hab ich gemacht. Und wie wir dann an der deutschen Grenze waren, hat er nicht mehr »Ima« gesagt, so wie wir drüben sagen, sondern »Mama«. Und ich hätte mich so gefreut, wenn er weiter »Ima« gesagt hätte. Nein, es war ja Deutschland, jetzt sprach er Deutsch. Zu Hause hatten wir drei Deutsch gesprochen, auch mit Oma und Opa. In Berlin haben wir dann gewohnt in der Fasanenstraße und ihn dort in die Schule geschickt, keine jüdische, sondern eine deutsche. In der Fasanenstraße wurden die ersten Gottesdienste gehalten, nachher waren sie in der Pestalozzistraße. Dort ist er dann Bar Mizwa geworden und der zweite Sohn auch.

Der kam 1962 hier zur Welt. Ein Jahr vorher hatten wir eine Wäscherei aufgemacht, und dann war ich schwanger geworden. Na ja, passiert. Wenn es nach meinem Mann gegangen wäre, hätte es weiter passieren können. Der war sehr kinderlieb. Aber es ging nicht, ich war ja berufstätig. Die Wäscherei war am Olivaer Platz, gute Gegend. Und schwere Arbeit, weil wir alles alleine gemacht haben. Da wir diesen Laden ohne eigenes Geld übernommen hatten, war es doppelt schwer.

Als es uns endlich ein bisschen besser ging, ist mein Mann gestorben. 1987. Ich bin 38 Jahre verheiratet gewesen und hatte nie einen kranken Mann. Und mit einem Mal hat er sich nicht gut gefühlt. Es war ein Herzinfarkt. Ich war jeden Tag bei ihm und dann kriegte ich eines Abends vom Krankenhaus einen Anruf:

»Wir mussten Ihren Mann leider nochmal auf die Intensivstation legen. Kommen Sie bitte her? Aber kommen Sie nicht alleine.«

Und da wusste ich, was los war. Das war schlimm. Das war sehr schlimm. Am 5. März hatten wir Hochzeitstag und am 8. März ist er gestorben. Der ganze Olivaer Platz hat getrauert, weil mein Mann dort bekannt war als sehr fleißiger Mensch. Wenn es heiß war, hat der schon um fünf, halb sechs im Laden gestanden, damit während der Hitze die meisten Maschinen gewaschen sind.

Bis Mai hab ich noch weiter gearbeitet, dann konnte ich nicht mehr und wir haben den Laden verkauft. Meine Söhne wollten nicht, dass ich in das Jüdische Altersheim gehe. Aber ich wollte.

Nach Israel bin ich noch zwei Mal mit meinem Mann und ein Mal allein gefahren. Es war schön. So schön. Und ich bin ganz schwer wieder weggefahren von dort. Das Komische war, dass mein Mann sich in Deutschland besser eingelebt hatte als ich. Es war nie ein Thema, dass wir wieder zurückgehen nach Israel. Andreas, der jüngere Sohn, hat Israel ja nur als Tourist kennengelernt, ist begeistert vom Land und fährt fast jedes Jahr hin. Er spricht nur ein paar Brocken Hebräisch. Tuvia, der ältere, spricht es. Er ist bei der Polizei und muss auch manchmal zum Übersetzen geholt werden. Auch er ist sehr für Israel. Aber beide leben in Berlin, haben Kinder und Enkel.

Eine meiner Enkelinnen studiert Judaistik und hat für mich herausgefunden, wo meine Schwiegereltern umgekommen sind. Und mein Vetter mit seiner Frau und seinen Kindern. In Auschwitz. Den hab ich verloren und Freunde sowieso. Wie man das erfuhr? Die kamen nicht mehr.

Ich bin sehr glücklich darüber, dass sie Judaistik studiert. Und dass sie alles weiß. Auch meine Schwiegertochter weiß viel mehr als meine Kinder. Darüber regen sie sich heute auf. Sag ich ihnen:

»Sie hat mich gefragt. Und was ich wusste, hab ich beantwortet.«

Meine Kinder haben nie danach gefragt. In vielen Familien ist es so gewesen. Man sprach nicht drüber. Es ist geschehen und fertig aus.

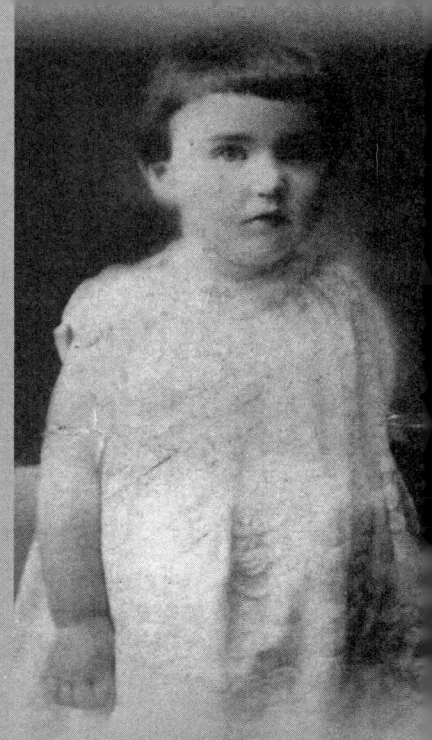

Ruth Hacohen

Geboren als Irmgard Ruth Scheuer am 10. Oktober 1923

    Framersheim

    Heiden (Schweiz)

    Usha, Bat Galim (Palästina)

    Isma'ilia (Ägypten)

    Qiryat Haim, Qiryat Anavim, Zfat,
    Be'er Sheva (Palästina/Israel)

    Framersheim, Mainz, Frankfurt

    Zürich (Schweiz)

    Frankfurt

Ich hab vieles verdrängt. Sonst könnte ich hier nicht leben. Damals, als ich die Nachricht bekommen hab, die endgültige, dass meine Eltern tot sind, das war 1947 und ich war mit meiner ersten Tochter Irith schwanger, da hab ich versucht, Selbstmord zu machen.

Ich bin eine Landpomeranze. Geboren in einem Dorf, das bei Alzey liegt. Unsere Familie hat Generationen da gelebt. Woher wir stammen, wissen wir nicht. Kann sein, dass die Vorfahren meines Vaters aus Spanien kamen, also Sephardim waren. Aber meine Mutter war hellblond mit grünen Augen, da muss irgendjemand mal rein gepfuscht haben. Sie ist geboren in Nordenstadt und aufgewachsen in Wiesbaden.

Wir hatten ein Weingut mit vielen Weinbergen. Im Herbst war es wunderbar. Zur Lese kamen Freundinnen, wir haben zusammen gegessen und gespielt, und auch Verwandte und Freunde aus der Stadt kamen. Das sind meine besten Erinnerungen.

Ich war ein fröhliches Kind und dorfbekannt in Framersheim. Dort bin ich noch fast vier Jahre in die Schule gegangen. Meine Geschwister waren schon in Alzey im Gymnasium. Meine Schwester Gertrud war neun Jahre älter wie ich und mein Bruder Friedrich acht. Ich war das Nesthäkchen – und so wurde ich auch verwöhnt. Von der ganzen Familie. Ich hatte nicht nur einen sehr lieben Vater, er war auch ein sehr kluger Mann. Sein Vater starb früh, und so konnte er nicht studieren, weil er seine Schwestern und die Mutter ernähren musste. Er hat auch die ärmeren Juden in der Gegend unterstützt, anonym. Außerdem war er Abgeordneter in Rheinhessen für die Volkspartei, das ist jetzt die FDP. Ich bin noch heute sehr politisch, weil mein Vater mich überall mitgenommen hat, auch auf Versammlungen.

Eines Tages hatte ich meiner Mutter in der Früh gesagt, ich geh nach der Schule zu meiner Freundin. Plötzlich holte unser Nachbar mich dort ab und sagte nur, ich solle nicht erschrecken. Ich kam nach

Ruth Scheuer ca.1925 in Framersheim

Hause, mein Vater war nicht da. Er war oft nicht da, weil er tausend Geschäfte hatte. Es war überhaupt niemand da, bis meine Mutter und mein Bruder zurückkamen vom Rathaus. Man hatte sie verhört, weil man meinen Vater wegen seiner politischen Tätigkeit verhaftet und ins Braune Haus gebracht hatte. Das Braune Haus, dort haben die Hitlerjugend und die SA ihre Versammlungen gehabt. Das war '33, direkt wie der Hitler an die Regierung kam.

Erst haben sie meinen Vater und einen Freund, der auch verhaftet worden war, in einen Schweinestall gesperrt. Von da haben die beiden sehen können, dass man einen Stuhl an den Misthaufen stellt – man wollte sie töten. Da hat mein Vater sein Taschenmesser genommen, um sich umzubringen. Er wollte nicht, dass man ihn am Misthaufen erschießt. Aber sein Freund hat gesagt:

»Nicht du. Das lass die machen.«

Sie haben es dann nicht gemacht und die beiden nach einiger Zeit in einen Saal ins Braune Haus gebracht und über Nacht dort gelassen. Am nächsten Tag begleiteten die SA-Leute, dabei war auch ein Nachbar, meinen Vater nach Hause. Ich sah, man hatte ihn ganz blau geschlagen. Sie nahmen ihn wieder mit und brachten ihn ins Gefängnis in Alzey. Schutzhaft. Vor wem wollte man ihn schützen? Meine Mutter und mein Bruder durften ihn nicht besuchen, aber ich bin mit dem Fahrrad hingefahren. Ins Gefängnis. Ich kann mich heute noch erinnern, wie das aussah.

Und dann kam er in das Konzentrationslager Osthofen, das war eine alte Fabrik. Nach einem Monat hat man ihn freigelassen. Aber er kehrte nicht mehr nach Framersheim zurück, weil er gewusst hat, dann werden sie ihn abschlachten. Ich sage bewusst abschlachten, weil sie das so gemacht haben. Er ist untergetaucht, ist von einem Ort zum anderen gefahren, mal da, mal dort. Meine Mutter hatte sicher Nachricht von ihm, ein Telefon hatten wir ja schon, Nummer 37.

Einmal ist er zurückgekommen, im Dunkeln. Und in dieser Nacht hat man uns beschossen und in die Fenster Steine geworfen. Es war furchtbar. Aber wir hatten einen Tipp bekommen und deshalb schon eine Leiter an ein Scheunenfenster gestellt und sind raus und rüber zu Nachbarn, die auch Juden waren und weitläufige Verwandte. Von dieser Nacht an haben wir nicht mehr zu Hause geschlafen.

Danach haben meine Eltern beschlossen, sie gehen weg. Nach Mainz. Geld war noch da. Aber wir durften nicht verkaufen, wir mussten verkaufen. Verschleudern. Die Weinberge als Erstes. Da hat sich jeder ein bisschen bereichert. Später haben wir eine Wiedergutmachung bekommen, nur für das Haus. Das hatte zwei Stockwerke und zwölf Zimmer. Dafür haben sie uns 4.000 Mark gegeben!

Meine Schwester ist nach Köln, dort hatte sie sich verlobt. Mein Bruder kam mit uns. Ich war neun Jahre alt, ging aber in Mainz erstmal ein Jahr nicht in die Schule. Konnte nicht wegen meinem Vater, weil der ja untergetaucht war. Dann bin ich in die vierte Grundschulklasse gekommen. Mein Lehrer war ein richtiger Nazi. Und ich hab da wie verloren gesessen. Für mich war das alles fremd. Ein halbes Jahr war ich dann noch in der Höheren Töchter Schule. Heute steht in der Schule eine Büste von Anne Frank, und dafür hat meine jüngere Tochter Dorith Modell gestanden. Weil die Künstlerin meinte, dass sie ihr sehr ähnelte. Auch dort hat man mich damals spüren lassen, dass ich Jüdin bin. Bis mein Vater gesagt hat:

»Jetzt ist Schluss. Jetzt gehst du in die jüdische Schule.«

Und da war es schön. Wir hatten sehr viel Freiheit, Jungen und Mädchen zusammen und die besten Lehrer, die es gab. Unser Direktor war Professor Mannheimer. Er und seine Frau haben sich vor der Deportation umgebracht.

Dann war November 1938. Ich hab gesehen, wie die Synagoge brannte. Ich wollte zur Schule gehen, war inzwischen im neunten Schuljahr, und überall waren Flammen. Aber eins muss ich sagen: Es war so ruhig. Da standen Hunderte von Menschen und sie haben nicht gerufen »Hallelujah«. Kein Wort. Man hat nichts gehört außer den Flammen. Ich denke, das war Betroffenheit. Wer hätte an so etwas gedacht? Alles hat man geglaubt, auch dass wir auswandern müssen, aber nicht das. Ich bin stehen geblieben, mir hat man ja nicht angesehen, dass ich eine Jüdin bin. Ich hab auch gar nicht an die Gefahr gedacht. Von meiner Klasse war niemand da, obwohl wir alle in dieser Gegend gewohnt haben. Hindenburgstraße, das war eine jüdische Gegend so wie in Frankfurt das Westend jüdisch war.

Meinen Vater haben sie nicht verhaftet, aber Freunde von mir, die zwei Jahre älter waren, haben sie nach Buchenwald gebracht. Sie sind nach einiger Zeit zurückgekommen. Aber einen Freund aus Alzey, den haben sie umgebracht, indem sie ihn in die Latrine geworfen haben.

Es wurde Zeit zu gehen. Aber wer hätte uns aufgenommen?

Eines Tages fragte mich der Sohn vom Direktor des jüdischen Krankenhauses:

»Ruth, bei uns sind so viele Flüchtlinge. Kannst du helfen?«

»Natürlich helfe ich.«

Die Mama hat mir gekauft so einen Kittel, und ich hab täglich acht, neun Stunden gearbeitet in dem Krankenhaus. Frauen, Männer, Kind, Kegel, alles saß da. Es war voll, die Dörfer hatte man leer gemacht und die Menschen konzentriert in den Großstädten. Vielleicht haben sie schon vorgehabt, uns zu deportieren.

Dann hat man Kindertransporte organisiert. Die Engländer haben 10.000 Kinder aufgenommen, die Schweizer 80. Mein Vater hat sich um einen Platz für mich in dem Transport in die Schweiz gekümmert, aber es ging nicht, ich war schon 15. Das Nachbarmädchen hatte man angenommen, aber dann bekam ihre Mutter das Affidavit für Amerika, für sich und ihre Tochter. Und da war ein Platz frei! Mein Vater hat es dem Rabbiner erklärt, und der hat gesagt:

»Die Ruth ist zu alt. Aber wir nehmen sie, weil sie im Krankenhaus geholfen hat.«

So bin ich mitgekommen nach Heiden in Appenzell in der Schweiz. Mit einem Rucksack und einem Köfferchen und zehn Mark. Mehr durfte man nicht mitnehmen. Später hat mir mein Bruder manchmal Geld geschickt. Davon hab ich mir den ersten Büstenhalter gekauft und Schokolade für alle. Wir sind 40 Kinder gewesen und die anderen 40 waren schon in Basel. Wir kamen alle in ein jüdisches Kinderheim, und da waren sie so schlecht zu uns drei oder vier Mädchen, die etwas älter waren wie die Kleinen. Wir mussten ganz früh morgens aufstehen, das Feuer machen in der Küche und abspülen und putzen. Das war unsere »nette« Familie. Kein Unterricht, keine Schule, nichts. Es war nicht als Durchgangsstation für Palästina gedacht. Man hat geglaubt, die Eltern können irgendwann die Kinder zurückholen nach Deutschland.

Ich war befreundet mit einem Jungen, der war schon in der Uni. Er hat mir einen Heiratsantrag gemacht, und ich hab nach Hause geschrieben: »Ich werde heiraten.« Ich hab geglaubt, dass ich, indem ich einen Schweizer Christen heirate, meine Eltern retten kann. Mein Vater hat zurückgeschrieben: »Ein Mädchen, das mit 16 heiraten will, kann auch später noch heiraten.« Ich hab auf ihn gehört.

Anfang '40 kam ein Gesandter der Jugend-Aliyah und hat uns vorgeschwärmt von Palästina und vom Kibbuz. Zum Schluss hat er gefragt:

»Wer will nach Palästina?«

Alle, von klein bis groß, haben sich gemeldet. Ich auch. Nach etwa zwei Monaten hat man mich ins Büro gerufen und gesagt:

»Du kannst nach Palästina fahren.«

Sonst niemand. Warum nur ich? Hat mich gar nicht interessiert. Im April '40, kurz vor dem Kriegseintritt Italiens aufseiten der Deutschen, danach hätte ich nicht mehr fahren können, bin ich auf das Schiff gegangen. An Bord haben wir gesungen und getanzt, es war sehr schön. Ich war glücklich, dass ich weg kam.

Mein Bruder war schon in Südafrika und ist da sofort zum Militär gegangen. Der Verlobte von meiner Schwester war schon in Amerika, aber sie hatte noch kein Affidavit. Dann gaben die Kubaner Affidavits, sie ist mit dem Schiff hingefahren und dort hat man sie nicht von Bord gelassen, weil diese Affidavits gar nicht gültig waren. Der Konsul, der sie ausgestellt hatte, hatte nur das Geld dafür eingesteckt. Sie haben tagelang mit dem Schiff da gestanden, durften auch nicht rein in den Hafen. Dann haben sie es in Amerika versucht, sind bis New York, aber da haben sie auch tagelang gestanden. Roosevelt hat »Nein« gesagt. Niemand hat sie aufgenommen. Niemand. Sie mussten zurück. Einige hatten Glück und sind in England gelandet oder in Holland. Und die anderen im KZ.

Meine Schwester ist nach Holland gekommen. Und als die Deutschen einmarschiert sind, hat sie im Untergrund gelebt. Sie hat Schweres mitgemacht. Die letzten 14 Tage, bevor die Nazis raus sind aus Holland, hat die Gestapo sie geschnappt. Sie ist eingesperrt worden, wurde gefragt nach anderen und gefoltert. Sie hat geglaubt, man wird sie umbringen. Eines Tages war die Tür von ihrer Zelle einen Spalt offen. Aber sie wollte nicht raus, weil sie dachte, dann wird sie sofort erschossen. Sie hat gewartet. Irgendwann hat sie doch raus geguckt, und in den anderen Zellen war kein Wort zu hören. Da hat sie die Kraft bekommen und die Nerven und ist raus. Und unten standen schon die Kanadier! Die haben dann ihrem Verlobten, der war gerade als amerikanischer Soldat in Österreich stationiert, ein Telegramm geschickt. Bevor er kam, hat sein Bruder, der beim britischen Militär und in Holland stationiert war, ihr das erste richtige Essen gebracht. Sie war so dünn! Sie hat dann noch in Holland geheiratet, ist nach Amerika mit den anderen Soldatenbräuten und hat da auf ihren Mann gewartet. Später blieben sie in Amerika.

Mit meinen Eltern hatte ich noch in Verbindung gestanden, solange ich in der Schweiz war. In Palästina dann nicht mehr. Ich hörte einfach nichts mehr, ich hab auch keinen Rot-Kreuz-Brief bekommen. Ich hab immer noch gedacht, ich sehe meine Eltern wieder. Bis zum Schluss. Meine Schwester hat mir dann gesagt:

»Die Eltern sind deportiert worden.«

Aber was und wo, das haben wir doch gar nicht gewusst damals. Hat ja Jahre gedauert, bis alles raus kam. Mein Vater Edmund war Jahrgang 1876, meine Mutter Hedwig 1887. Er war noch Zwangsarbeiter gewesen bei Erdal in Mainz, dann kurz in einer Ziegelei. Das Letzte, was ich von ihnen gehört hab, war, dass sie mit einer anderen Familie in einer Wohnung lebten. Sie sind nach Theresienstadt deportiert worden, und man hat sie mit dem allerletzten Transport nach Auschwitz gebracht. Man sagt, dass damals schon die Öfen zerschlagen waren. Und man sie in den Zügen umgebracht hat, mit Gas.

Ich hab vieles verdrängt. Sonst könnte ich hier nicht leben. Damals, als ich die Nachricht bekommen hab, die endgültige, dass meine Eltern tot sind, das war 1947 und ich war mit meiner ersten Tochter schwanger, da hab ich versucht, Selbstmord zu machen.

Wie viel Familie ich verloren habe, ich will es gar nicht wissen. Manchmal fällt mir der ein oder die. Zum Beispiel Tante Jenny, die hat im Untergrund gelebt in Wiesbaden. Am letzten Tag, wie man bombardiert hat, ist sie raus aus dem Versteck, wollte in den Kellerunterstand. Und die Milchfrau hat sie erkannt und ist zur Gestapo. Da hat man sie auf der Straße erschossen. Und eine Cousine, die war so bildschön, große blaue Augen und blondes Haar, die hat man deportiert nach Berlin. Sie war noch jünger wie ich, und in Berlin mussten sie Gleise legen und in der Nacht als Dirne arbeiten. Sie hat sich umgebracht, auf das Gleis gelegt, dass der Zug über sie fährt. Ich kann das verstehen.

Kein Mensch, wenn er normal ist, kann sich das vorstellen, was damals passiert ist. Und die Deutschen drücken sich davor, weil sie dann Gewissensbisse haben. Die fragen sich: Wie konnte so was bei uns passieren? Wir haben so etwas getan? Hitler, ich hab ihn ja gehört, auf der Brücke in Mainz, und alle haben die Hand gehoben. Ich hab sie nicht gehoben, bin ganz nach hinten gegangen. Aber die Menschen haben doch gehört, was er gesagt hat. Und dass sie nichts gewusst haben, das stimmt nicht. Aber man wollte vergessen, so wie wir auch zum Teil vergessen wollten. Sonst könnten wir alle nicht weiterleben. Ganz besonders nicht die, die in den KZs waren.

Wir kamen an in Haifa, haben im Beth Olim übernachtet und wurden eingeteilt in Kibbuzim oder in Schulen. Ich kam in den Kibbuz Usha, das war damals noch ein ganz junger, polnischer Kibbuz. Ich hab meinem Bruder in einem Brief nach Südafrika geschrieben: »Es gibt hier sehr intelligente Leute, alle sprechen Deutsch, zwar gebrochen, aber sie sprechen Deutsch.« Es war Jiddisch, aber ich wusste nicht, was das ist. Woher auch? Wo sollte ich Jiddisch gehört haben? Aber es gab sehr gute Lehrer. Unser Madrich, der hat perfekt Deutsch gesprochen. Das war unser Mentor. Alles, was wir hatten, Heimweh oder so, dafür war er da. Er war wirklich toll.

Ich blieb zweieinhalb Jahre in Usha. In der Zeit kam eine Gruppe aus einem anderen Kibbuz, der sich auflöste. Dabei war auch mein späterer Mann. Als er zum ersten Mal in den Speisesaal kam, ich hab am Radio gesessen, da hat er seinem Freund gesagt:

»Siehst du das Mädel? Das wird meine Frau.«

Ich wusste nicht gleich, dass ich ihn heirate. Ich hab ihn ja gar nicht gekannt. Außerdem war ich schon mit einem anderen zusammen. Aber er hat mir den Hof gemacht, bis ich »Ja« gesagt hab. Wir haben geheiratet, als ich 18 war. Sehr früh. Aber viele haben sehr früh geheiratet. Jeder hat ein Zuhause gesucht. Der Kibbuz hat ein Pfund für die Ringe gegeben, und wir haben mit dem letzten Geld, das wir noch hatten, beim Rabbinat bezahlt.

In Wien hatte mein Mann Erich Kürt geheißen, in Palästina und später Israel hieß er Uri Hacohen. Sein Großvater stammte aus Böhmen und hieß Cohen, aber als er nach Wien gekommen ist, hat er sich assimiliert und den Namen umgetauscht in Kürt. Und mein Mann hat ihn dann, als er '40 nach Palästina ging, wieder getauscht in Hacohen. In Österreich war er noch auf Hachschara gewesen, bei einem Bauern, und ist auf Ferien für ein paar Tage nach Hause gefahren. Das war gerade 1938, wie die Pogromnacht war. Er hat sich versteckt im Wiener Wald und ist dann zurückgefahren.

»Gott, was für ein Glück, dass du nicht da warst«, hat der Bauer gesagt. »Alle Jungens hat man deportiert.«

Ein Teil ist wieder rausgekommen. Und dann konnten sie nach Palästina gehen, aber erst waren sie bis 1940 in einem Lager in Bratislava und haben da auf ein Schiff gewartet. Sie sind mit vier Booten losgefahren, auf der Donau und durch das Schwarze Meer. Unterwegs sind Leute gestorben, es gab kein Platz für die Toten, und mein

Mann hat schlafen müssen neben ihnen. Sie hatten nur Kohle bis Kreta und sind dann stehen geblieben. Da sind Menschen von der Insel gekommen und haben ihnen gebracht Essen und auch Kohle. In Haifa haben die Engländer sie auf einem Schiff interniert – das war die »Patria« – und man wollte sie nach Mauritius verfrachten. Aber die Haganah hat gelegt eine Bombe, um das Schiff zu stoppen. Es ist untergegangen und 270 Menschen sind umgekommen. Aber 30 Leute sind noch vorher ins Meer gesprungen, darunter auch mein Mann. Er musste alles auf dem Schiff lassen, hatte nur Badehosen an. Das britische Militär hat sie rausgeholt.

Ruth Hacohen und ihr Mann Uri während ihrer Militärzeit 1943 in Palästina

»So wie man Fische fängt«, hat mein Mann immer erzählt.

Sie sind gefangen genommen worden, haben auch Schläge bekommen, und dann hat man sie nach Atlit gebracht. Dort war er 13 Monate. Das Erste, was ihm die Mädchen da genäht haben – er hat immer mit Mädchen zu tun gehabt, er war ja ein sehr schöner Mann und charmant, ein Wiener, nu? –, waren Hosen. Weil er nicht mal Hosen gehabt hat. Dort hat er auch Hebräisch gelernt von einem Rabbiner. Wie er raus kam aus Atlit und auf der Straße gefragt hat nach dem Weg, hat man ihn nicht verstanden. Es war ein literarisches Hebräisch.

Ich hatte Hebräisch gelernt im Kibbuz. Mein Mann und ich, wir haben nie Deutsch miteinander gesprochen. Wir haben Bücher gehabt, hebräische, englische. Deutsche nicht.

Wir gingen beide zum Militär. Dass wir davor noch in der Haganah waren, das kann man sich ja vorstellen. Man sprach nicht darüber, aber der Kibbuz wusste es natürlich. Wir haben alles Mögliche gelernt, schießen und Granaten werfen zum Beispiel. Dafür kamen Leute in den Kibbuz, die uns schulten. Wir hatten nicht viele Waffen, wie viele kann man schon verstecken? Wir hatten einen Sriv, einen Container aus Wellblech, in dem waren Werkzeuge. Und da hat man drunter die Waffen versteckt. Wenn die Engländer uns erwischt hätten, wären wir alle nach Atlit ins Lager gekommen. Aber dass man zur Haganah ging, das war selbstverständlich. Warum, das musste nicht erst erklärt werden: ausgebildet sein, falls die Araber angreifen. Haganah heißt übersetzt »die Verteidigung«.

Wir hatten auch arabische Freunde. Aber friedlich war es meistens nicht, die haben oft angegriffen. Meine beste Freundin in Deutschland hatte einen Bruder im Kibbuz Yagur, und dem sollte ich Grüße von ihr ausrichten. Bin ich, das war noch zu Anfang, zu Fuß von Usha nach Yagur gegangen und im Dunkeln auch zu Fuß zurück. Und da waren Araber unterwegs und die haben geschossen. Ich hatte nicht Bescheid gesagt im Kibbuz, weil ich dachte: Hier hab ich die Freiheit. Hab doch keine Ahnung gehabt von den Arabern. Man hat mich gesucht überall. Die haben schon die Reiter losgeschickt, auch die vom Nachbarkibbuz Ramat Yochanan. Sie haben mich alle so ausgeschimpft – und nachher gratuliert, dass ich es geschafft hatte!

Ich war vier Jahre beim Militär, bis '46. Wir Mädchen waren erst untergebracht im Kloster in Bat Galim bei Haifa, dann in einem Zeltlager. Wenn mein Mann kam, dann mussten alle raus aus meinem Zelt, sodass er dort schlafen konnte. Wir haben uns immer irgendwie gesehen. Eine lustige Beziehung. Meine Mutter wäre entsetzt gewesen, mein Vater hätte gelacht. Als ich ihnen gesagt hab, ich gehe nach Palästina, da hat meine

Mutter geschrieben: »Liebes Kind, bleib doch in der Schweiz! Was willst du in Palästina? Das ist eine Wüste. Und du musst auf dem Feld in der Sonne arbeiten!« Ich wünschte, meine Eltern wären auch nach Palästina gegangen. Nach Rishon LeTsiyon, Weinbau, mein Vater konnte das ...

Dann war ich in Ägypten, mitten in der Wüste bei Isma'ilia. In einem Camp mit 2.000 Mädchen aus Zypern und England und Palästina. Frauen durften ja damals noch nicht an die Front, und ich habe in einem großen Magazin gearbeitet für Tanks. Und habe jeden Tag Kugellager geklaut. Nicht nur ich, alle Leute, die in der Haganah waren. Mein Mann war zur gleichen Zeit in Ägypten. Und auch mein Bruder war in Kairo, als Chef des Militärs, und wenn wir alle frei hatten, haben wir uns bei ihm getroffen.

Mein Mann wurde nach Italien versetzt und da verwundet. Er hat ein Ohr verloren, wurde operiert in Ägypten und konnte nicht mehr zurück nach Italien. Er wurde Ausbilder und Zahlmeister in Rechovot, das war ein Militär- und Entlassungslager. Eines Tages haben Mitglieder der Untergrundorganisation Etzel sie überfallen, haben alle an die Wand gestellt, auch Offiziere wie meinen Mann, und die Waffen genommen. Und wie die raus waren, hat der englische Major gesagt: »A good sport!«

Solche Aktionen haben die Engländer immer geachtet. Aber sonst haben sie die Leute kontrolliert wie verrückt. Weil fast alle im Untergrund waren.

Während der Militärzeit hatte ich gespart, sodass wir was haben, wenn wir rauskommen. 200 Pfund, die hab ich immer bei mir gehabt. Eines Tages hat mein Mann mich begleitet, hat das Geld innen in seine Jacke gesteckt, und ein Araber hat ihm alles gestoh-

Ruth Hacohen während ihrer Militärzeit 1945 in Ägypten

len. Ich hatte nicht mal mehr Geld, um unterwegs etwas zu trinken. Um dann einen Schrank und einen Tisch zu kaufen, musste ich eine Anleihe nehmen. Das war das erste und das letzte Mal in meinem ganzen Leben, dass ich Geld geliehen habe. Dann hab ich mit 100 Pfund mich eingerichtet. Mit 100 Pfund! Wir wohnten nördlich von Haifa in Qiryat Haim, man hatte da extra Unterkünfte gebaut für die früheren Soldaten. Immer zwei Familien zusammen, jede in einem Zimmer.

Ende '47 ist mein Mann vom Militär nach Hause gekommen und hat von der Haganah die Anweisung bekommen, bei den Engländern zu arbeiten und die Eintragungen in den Grundbüchern zu machen. Nachdem er 1948/49 im Unabhängigkeitskrieg gekämpft hat, war er einige Jahre Sekretär bei der Histadrut. Damals waren fast alle Fabriken in den Händen der Gewerkschaft.

Als wir in Qiryat Anavim, westlich von Jerusalem, eine Wohnung für Einwanderer bekamen, ein großes Zimmer und eine gute Küche, sind wir umgezogen. Inzwischen waren '47 Irith geboren und '49 Dorith. Dann hat man meinem Mann angeboten, bei der größten Sozialbaugesellschaft zu arbeiten, und wir haben in Zfat gewohnt. Und dann sollte er für die nach Be'er Sheva gehen. Da hat der ganze Negev dazugehört, von Ashkelon bis runter nach Elat. So sind wir Ende '53 nach Be'er Sheva gekommen und sind bis zuletzt, bis 1960, da geblieben. Wir haben das geliebt.

1956 ist mein Mann schwer krank geworden. Gehirntumor. Er war bei einer Sitzung, ging auf die Toilette und ist nicht zurückgekommen. Seine Sekretärin hat ihn gefunden, da lag er auf dem Boden. Hat einen Anfall gehabt. Er wurde Epileptiker, wurde operiert in Yerushalayim. Ich bin immer hin- und hergefahren, die Kinder waren in Be'er Sheva. Dann hab ich für drei Monate eine Wohnung in Yerushalayim genommen, und die Kinder gingen dort zur Schule.

»Höchstens sieben Monate wird er noch leben«, hat der Arzt gesagt.
Ich hab geglaubt, ich kriege einen Herzinfarkt. Ich hab meinen Mann sehr geliebt. Es war schrecklich für mich. Aber was will Gott? Er

hat weiter gelebt als die sieben Monate, aber im Büro hat man ihm sehr große Schwierigkeiten gemacht.

»Dann gehen wir nach Deutschland«, hab ich gesagt. »Aber nur für ein Jahr.«

Gekommen sind wir im November '60. Wir waren bei Ärzten, auch in der Schweiz. Aber sie haben alle gesagt, dass nichts mehr zu machen ist. Wenn man ihn weiter operiert hätte, wäre er gelähmt gewesen. Mir wäre das egal gewesen, aber er hätte das nicht ausgehalten. Er hat versucht, sich das Leben zu nehmen. Da gab es eine Moschee mit Turm, da ist er rauf und wollte springen.

Wir sind auch nach Deutschland gegangen, weil wir als Rückkehrer eine bessere Krankenkasse hatten als in Israel. Erst waren wir zwei, drei Monate in Framersheim. Dann sind wir nach Mainz gezogen, die Gemeinde hatte uns ein Zimmer gegeben. Dort hat mein Mann noch kurz gearbeitet, hat Fachbücher vom Englischen ins Deutsche übersetzt. Da war er noch ganz beisammen. Aber es gab keine Heilung. Es wurde immer schlimmer. Er hat Geschirr geschmissen, ist mit dem Messer auf mich los. Er konnte nichts dafür, der Tumor drückte auf die Zellen und er halluzinierte. Ich hab Angst gehabt, mit ihm unterwegs zu sein. In Be'er Sheva wäre das kein Problem gewesen, da hatten wir überall Freunde. Aber in Deutschland nicht.

Ich hab dann angefangen zu arbeiten. Das Arbeitsamt hat mir eine Stelle besorgt beim Kaufhof. So langweilig wie es dort war, bin ich einfach weggeblieben. Obwohl ich das Geld brauchte. In Israel hatte ich einige Kurse für Berufsberatung gemacht, und das hat jemand dem Referent in der Sozialarbeit in der ZWST, der Zentralen Wohlfahrtsstelle, erzählt. Die brauchten jemand in Frankfurt, und da war ich ab 1962 neun Jahre Leiterin der Sozialabteilung der Jüdischen Gemeinde. Ich war Jüdin, hab Hochdeutsch gesprochen und außerdem Jiddisch. Das hatte ich in Israel gelernt.

Jeden Tag fuhr ich nach Frankfurt und abends zurück und musste meinen Mann alleine lassen in der Wohnung. Aber ich hatte Menschen, die haben immer nach ihm geguckt. Eines Tages war er in der

Badewanne im kalten Wasser und ist nicht rausgekommen. Da ist der Vater vom Peter Feldmann, dem jetzigen Frankfurter Bürgermeister, mit noch jemandem nach Mainz gefahren und hat ihn aus dem Wasser geholt. Es war alles furchtbar. Die Kinder haben auch darunter gelitten. Wir sind dann noch alle nach Frankfurt gezogen, und dort ist er, drei Monate später, im Juli '63 gestorben. Zum Schluss und unter Morphium hat geglaubt, er ist in Israel.

Die Kinder waren 16 und 14, ich war keine 40 Jahre alt. Aber ich hab auf beiden Füßen gestanden, war immer ein positiver Mensch. Ich hab weiter gearbeitet in der Gemeinde. Dann kam das Angebot, in der Jüdischen Gemeinde in Zürich die Sozialabteilung zu übernehmen. 1970 bin ich dort hingegangen, habe elf Jahre da gearbeitet. Irith kam nach und auch Dorith mit ihrer Tochter.

Als Dorith 29 Jahre war, erkrankte sie an Multiple Sklerose. Sie konnte nicht mehr sprechen, sie konnte nicht mehr sehen, sie konnte sich nicht mehr bewegen. Im Dezember '93 ist sie gestorben. Mein Mann ist mit 44 gestorben und sie auch.

Danach, 1994, kehrte ich zurück nach Deutschland. Nach Frankfurt.

Damals, als wir das erste Mal nach Deutschland gingen, wollte ich nicht bleiben. Wollte zurück nach Israel, doch das war nicht möglich wegen meinem Mann. Aber ich hänge sehr an Israel, bis zum heutigen Tag. Vom Gefühl bin ich Israelin. Aber ich habe meine Wurzeln hier. Ich bin Deutsche und Israelin.

»Meine Mutter«, erzählt Irith, »liebt Israel. Sie hat Israel mit aufgebaut, sie hat für Israel ihr Blut gegeben. Weil Israel sie gerettet hat. Sie hat auch in der Schweiz und in Deutschland für Israel gelebt. Hat dort Spenden für Soldaten gesammelt, war in Kommissionen für Israel, hat mit Holocaust-Überlebenden gearbeitet und deren Wiedergutmachung erkämpft. Sie hat viel für die Frankfurter Gemeinde getan und sie war politisch engagiert. Und sie hat sich hier wieder ein deutsches Leben aufgebaut, das sie innerlich nie verlassen hatte. Dann die Koffer zu packen und wieder zurückzugehen nach Israel, das ist schwer. Aber ich glaube, sie hat es nie wirklich verarbeitet, was damals in Deutschland geschehen ist. Sonst wäre sie hier nicht geblieben. Freunde in Israel haben sie immer gefragt, jahrelang: ›Wie kann man dort wieder leben?‹

Aber auch mein Vater war durch und durch Europäer. Weihnachten ging er zur Mitternachtsmesse. Er war Musikfanatiker, hat dirigiert, mit dem Notenbuch ist er in die Oper, ins Konzert gegangen. Es gab kein Instrument, das es bei uns nicht gab, Geige, Mandoline, Klavier. Das Erste, was meine Schwester und ich kriegten, als wir nach Be'er Sheva zogen, das war Klavierunterricht. Überall hörte man dort klassische Musik aus den Häusern – mitten in der Wüste.

Unsere Erziehung war sehr jeckisch. Von einer Mark legt man zehn Pfennig zurück. Und nie Schulden haben. Niemals. Meine Mutter hat die Wohnung deutsch eingerichtet und hat gekocht, wie man in Rheinland-Pfalz kocht. Bei uns gab es keine Falafel, keine Pita. Aber auch keine deutsche Literatur. Wir haben auch nie Deutsch gesprochen. Israel war alles für uns Kinder und für meine Eltern. Das war unsere Welt.

Meine Schwester und ich, wir wussten nichts vom Holocaust. Im Unterricht haben wir nichts darüber gelernt, zu Hause war es kein Thema. Wir haben auch nie gefragt. Wir hatten keine Großeltern, aber fast alle meine Freunde hatten keine Großeltern. Die Israelis rundherum, die meist europäischer Abstammung waren, die waren unsere Familie.«

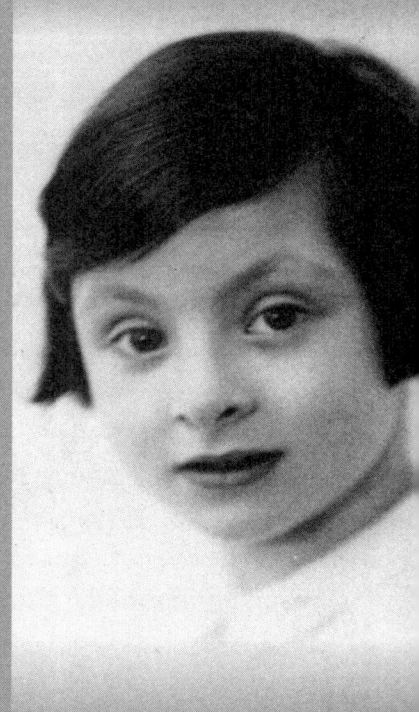

Dr. Alice Ilian-Botan
geboren als Alice Braunstein am 20. Juni 1924

Berlin

Bukarest (Rumänien)

Nazareth, Qiryat Haim (Israel)

Bad Oeynhausen, München

Ich glaube, dass es das Schicksal gewollt hat, dass ich im Alter zurückgekommen bin in das Land, in dem ich geboren bin. Ich hätte es nie gedacht, nach allem, was passiert ist während des Krieges. Ich konnte zurückkommen und hier arbeiten als Ärztin – und das war natürlich ein großer Schritt in meinem Leben. Ein Triumph.

Ich war acht Jahre alt, als wir nach Rumänien gingen. Mein Vater hatte vorausgesehen, was in Deutschland passieren würde, denn die Nazis machten schon Aufmärsche. Ja, mein Vater hat dieses Gespür gehabt: Wir müssen weg, uns erwartet nichts Gutes. Deshalb sind wir von Berlin nach Bukarest gezogen. Das waren zwei verschiedene Welten. Und für mich ein Trauma. Eine Entwurzelung.

Meine Berliner Kindheit? Die war wunderschön. Wir hatten eine Wohnung auf der Düsseldorfer Straße in Wilmersdorf. Gespielt hab ich im Preußenpark, da war eine Rasenfläche und abends konnte man eine Decke mitnehmen und Abendbrot auf der grünen Wiese essen. Mit sechs Jahren wurde ich eingeschult in eine private Schule, in der auch mein Bruder Egon gewesen war. Wir waren nur wenige Schüler in einer Klasse. Meine Eltern wollten, dass sich die Lehrer mit uns mehr beschäftigen als in einer Volksschule, wo 30 Kinder in einer Klasse saßen. Ich fühlte mich behütet von meinen Eltern, uns hat nichts gefehlt, meine Kinderjahre in Berlin waren glücklich. Und ich hab mir nicht vorgestellt, dass es einmal anders sein würde.

Als wir Deutschland verließen, hab ich überhaupt nicht gewusst, aus welchem Grund. Ich war zu klein, um das zu verstehen. Und weil beide Eltern mitkamen, war das für mich irgendwie ein Trost: Ich bin ja nicht alleine. Aber mein Bruder, der zurückblieb, um den hab ich die ganze Zeit geweint. Denn ich, als acht Jahre jüngeres Mädchen, ich hing an meinen Bruder. Ich vergötterte ihn. Weil er schon so groß war, so gescheit war und so vieles wusste.

Alice Braunstein 1928 in Berlin

Alice Braunstein (rechts) mit Freundin 1931 in Berlin

Im Oktober 1932 sind wir weg, also bevor Hitler kam. Mein Bruder hatte nur noch ein Jahr bis zum Abitur und deshalb haben meine Eltern ihn bei dem Bruder meiner Mutter gelassen. Aber nach Hitlers Machtergreifung und dem Reichstagsbrand haben sie ihn sofort nach Bukarest geholt. Er hat wie ich ein Schuljahr verloren, aber das Glück gehabt, dass das Gymnasium dort sieben Jahre war und nicht acht. Er musste nur noch ein Jahr zu Schule, dann hat er das Baccalauréat gemacht und studiert.

Wir hatten Privatunterricht bei einem Lehrer, mein Bruder und ich separat, denn wir hatten ja nicht dasselbe Niveau. Ich hab mich so gesträubt, diese Sprache zu erlernen, weil ich fest davon überzeugt war, dass wir zurückgehen nach Berlin. Ich konnte auch nichts anfangen mit ihr, sie hat nichts Gemeinsames mit der deutschen. Die Aussprache fiel mir furchtbar schwer und jeder erkannte sofort, dass ich deutschsprachig bin. Das hat Jahre gedauert, bis ich diesen Akzent verloren und Rumänisch so gesprochen habe, dass niemand mehr gemerkt hat, dass es nicht meine Muttersprache ist. Schließlich hab ich ja dann die ganze Schulzeit dort verbracht, das Baccalauréat gemacht, sechs Jahre Medizin studiert und zwanzig Jahre gearbeitet – alles in rumänischer Sprache. Sie wurde meine zweite Muttersprache.

Aber nicht nur die Sprache war anfangs eine Hürde. Ich konnte mich überhaupt nicht einleben. Es ist ein so großer Kontrast gewesen zwischen Deutschland und Rumänien, das hab ich schon empfunden als kleines Kind. Bukarest war damals noch ein großes Dorf. Erst ab 1933 fing man an, Blockhäuser zu bauen. Bis dahin hatte jeder ein Familienhäuschen, davor einen Garten und hinten einen Hof. Es war ländlich und es wimmelte von Katzen und Hunden auf den Straßen und Hühnern auf den Höfen. Wenn man in Berlin nach draußen ging, dann waren da asphaltierte, saubere Straßen und die Häuser standen in einer Reihe.

Meine Mutter hat davon geträumt, dass sie auch ein Häuschen mit Garten hat. Aber mein Vater hat das anders gesehen, und so haben wir immer in Blockhauswohnungen gelebt. Mit der Zeit verschwanden auch die kleinen Häuschen und es wurden große Blocks gebaut, weil sich die Bevölkerung vermehrte. Schon vor dem Krieg kamen viele Menschen aus den rückständigen Provinzen in die Hauptstadt.

Mein Vater war geboren in Rumänien und hatte in Deutschland studiert, konnte also perfekt Deutsch, ging aber nach dem Studium zurück. Meine Mutter stammte auch aus Rumänien, aber aus dem österreichischen Teil. Die Familien kannten sich, haben die beiden zusammengebracht und gesagt: »Jetzt wird geheiratet.«

Denn mein Vater hatte bis dahin keine Lust gehabt zu hei-

Alice Braunstein mit Vater Salomon und Bruder Egon ca. 1928 in Bayern

Dr. Alice Ilian-Botan

raten, er war ein lebenslustiger Mann. Aber als er meine Mutter kennenlernte, wurde er ein sehr braver Ehemann. Die Hochzeit war in Berlin, weil meine Mutter dort lebte. Sie war als zweijähriges Kind gekommen und fühlte sich als Berlinerin.

Meine Mutter konnte also kein Wort Rumänisch, aber mein Vater so gut Deutsch, dass sie miteinander Deutsch gesprochen haben, bis wir nach Rumänien gingen. Wie schon in Berlin war mein Vater auch in Bukarest Bauingenieur. Das war kein Problem, weil er mit seinem eigenen Kapital arbeitete. Er bekam die Aufträge vom Staat, engagierte die Arbeiter und organisierte das Material. Und wenn der Bau fertig war, dann legte er eine Rechnung vor und bekam das Geld zurück, was er reingesteckt hatte plus seinem Verdienst. Das ging anfangs gut. Später dann nicht mehr.

In meiner Klasse war ich erst »die Deutsche«. Dann war ich »die Jüdin«. Rumänien ist ja mit den Deutschen in den Krieg gegangen, also kamen auch dort die antisemitischen Gesetze. Ab 1939 konnte mein Vater nicht mehr arbeiten, mein Bruder musste sein Studium unterbrechen, ich durfte nicht mehr in die Schule gehen. Als mein Vater mich einschreiben wollte für das neue Schuljahr, wurde er abgewiesen.

»Wir können Ihre Tochter nicht mehr behalten, weil sie Jüdin ist«, hat ihm die Direktorin gesagt und dabei geweint.

Sie hat es so bedauert, weil die jüdischen Kinder die besten Schülerinnen in den Klassen waren. Dass wir abgelehnt wurden, das hat den Lehrern keine Genugtuung verschafft. Im Gegenteil, es hat ihnen sehr leidgetan. Die meisten Lehrer waren nicht antisemitisch eingestellt. Nur eine Lehrerin hat die Schülerin protegiert, die Mitglied einer Nazipartei war. Offiziell war es Schülern verboten, sich in einer politischen Partei einzuschreiben. Aber dieses Mädchen trug trotzdem das Hakenkreuz um den Hals. Das war die Einzige, die anderen billigten auch deren Äußerungen uns gegenüber nicht. Zuletzt waren wir nur noch zwei Jüdinnen in der Klasse gewesen.

Den gelben Stern mussten wir nicht tragen, aber natürlich fühlte man sich ausgegrenzt dadurch, dass man nicht mehr in die rumänische Schule ging. Die Gemeinde in Bukarest hatte Schulen eingerichtet für uns und für die jüdischen Lehrer, die ja auch rausgeworfen worden waren. Und so blieben wir nur noch unter uns, unter jüdischen Kindern in der jüdischen Schule. Meine letzten drei Jahre und das Abitur habe ich dort gemacht.

Alice Braunstein als Abiturientin 1944 in Bukarest

Abgesehen davon, dass Juden ab 1939 nicht mehr zur Schule oder Hochschule gehen durften und nicht mehr angestellt wurden, hat man sie auch enteignet. Mein Großvater hatte 1913 ein sehr schönes großes Haus gebaut in Iași, im Norden der Moldau. Es hieß »Palais Braunstein« und der Platz, an dem es stand, war sehr begehrt, denn er lag genau im Zentrum der Stadt. Einen Teil dieses Familienbesitzes hätte mein Vater geerbt, er war der jüngste von sieben Kindern. Aber es wurde uns weggenommen, ohne Entschädigung bis zum heutigen Tag. Die Wohnungen haben die Rumänen nach dem Krieg zurückgegeben, die Häuser nicht. Ich habe unseres das erste und letzte Mal gesehen in den Fünfzigerjahren.

Als mein Vater nicht mehr arbeiten durfte, hatte er auch kein Kapital mehr. Und so wurde alles verkauft, was einen Wert hatte. Alles, was wir mal gehabt hatten, wurde während der Kriegszeit aufgegessen. Wir mussten sehr, sehr sparsam sein mit unseren Mitteln. Zu denen nichts hinzukam, sondern alles nur weg. Es waren Hungerjahre während des Krieges in Rumänien.

Mein Vater war keineswegs politisch eingestellt, meine Mutter noch weniger und ich auch nicht. Mein Bruder hatte Architektur studiert und durfte dann sein Diplom nicht mehr machen. Ihn hat jemand untergebracht bei der Eisenbahn. Durch diese Anstellung bekam er Kontakt zu der illegalen Kommunistischen Partei und ist eingetreten. Wir hatten keine Ahnung, denn das war ja total verschwiegen. Gott sei Dank hat man ihn nicht gefasst. Sonst wäre er ins Gefängnis gekommen. Wer weiß, was man mit ihm gemacht hätte. Später ist ihm die Parteizugehörigkeit zugutegekommen und er wurde Sekretär der kommunistischen Regierung. Ich habe mich gewundert, dass man ihn als Jude in so eine Position setzte.

Nach dem Krieg war ich auch eine Zeit lang in der Kommunistischen Partei. Man konnte gar nicht anders, man kam nur weiter, wenn man mittanzte. Wir waren ja auch überzeugt, dass der Kommunismus was Gutes ist. Er bringt uns Gleichheit, es gibt keinen Antisemitismus mehr, jeder wird bezahlt nach seinem Können. Dass das alles leere Worte waren, das hat man erst später gemerkt. Mein Bruder war natürlich aufs Tiefste enttäuscht, obwohl er Karriere machen konnte im Kommunismus. Aber dann hat er gesehen, dass das alles Lug und Trug ist. Dass man die Menschen betrogen hat.

Am 23. August 1944 war für Rumänien der Krieg zu Ende. Aber es war nicht lustig für uns, dieses Kriegsende. Die Deutschen waren noch in Rumänien, sie hatten es ja besetzt. Jetzt kamen die Amerikaner und haben uns bombardiert, um die Deutschen zu verscheuchen. Andererseits haben uns die Deutschen bombardiert, um so die Amerikaner wegzuhalten. Dann haben sich die Rumänen mit den Russen verbündet. Damit war die Besatzung der Deutschen vorbei. Dafür haben wir die Russen gehabt.

Die antisemitischen Gesetze wurden abgeschafft, und wir konnten wieder ein normales Leben führen. Wenn man das Leben nach dem Krieg normal nennen kann. Mein erstes Jahr Medizin hatte ich an der jüdischen Hochschule absolviert. Es wurde anerkannt, weil ich nachweisen konnte, dass wir in demselben Stoff unterrichtet worden waren und dieselben Prüfungen gemacht hatten wie die Kollegen auf der rumänischen Fakultät. Somit kamen wir zwar direkt in das nächste Jahr Medizin, waren allerdings weniger vorbereitet. Die Grundfächer der ersten zwei Jahre sind Anatomie, Physiologie, Chemie – dazu brauchte man Labors und Seziersäle. Wir hatten aber keine gehabt, konnten deshalb nicht an Leichen arbeiten. Somit waren uns die Rumänen voraus. Aber wir jüdischen Kinder hatten einen kolossalen Ehrgeiz. Wir haben uns in der Gerichtsmedizin Leichenteile gekauft und sie zu einer Kollegin gebracht. Ihre Familie hatte ein großes Haus mit ungeheizten Räumen. Es war Winter und wir fünf, sechs Studenten haben dann in der Kälte in unseren Mänteln gearbeitet. Einer hatte das Anatomiebuch und las und einer sezierte. Die anderen guckten zu.

Unsere neuen Kommilitonen haben unterschiedlich reagiert auf uns. Eines der Mädchen war deutscher Abstammung, das hat mit mir nicht gesprochen. Kein Wort. Das war schmerzlich. Aber die anderen waren nett. Einer meiner Kollegen war ein sehr feiner Junge, der aus einer Bojaren-Familie stammte. Bojaren waren die Großgrundbesitzer. Der hat sich fabelhaft verhalten. Wir haben die ganzen Jahre zusammen die Prüfungen abgelegt, das hat uns sehr verbunden.

Nach Kriegsende drang durch, was in den Lagern geschehen war. Man hat uns Filme gezeigt, russische Filme, denn wir waren ja noch von den Russen besetzt. Da hat man gesehen, was in Deutschland passiert war. Wir haben keine Verwandten verloren. Außer meinem Vater war niemand von seiner Familie noch in Rumänien. Viele haben es geschafft, schon vor dem Krieg auszuwandern. Somit hab ich Verwandte in Italien und Frankreich und in der Schweiz und in Brasilien. Wir aber blieben in Bukarest, weil wir nicht mehr raus durften. Wir hatten auch nichts, wohin wir gehen konnten. Meine Eltern waren keine Zionisten. Diejenigen, die damals versucht haben, nach Palästina zu gehen, die fing man ab an der Grenze. Es wurde ihnen alles abgenommen und dann steckte man sie ins Gefängnis.

Als ich die Staatsprüfung gemacht hatte, heiratete ich 1949 meinen ersten Mann. Wir waren Kollegen, haben uns beide für das klinische Labor vorbereitet, einen Spezialisierungskursus gemacht für Mikrobiologie und Chemie und dann wissenschaftlich gearbeitet. Und da man auf diese Weise eine Qualifikation hatte, konnte man beanspruchen, dass man in Bukarest in einem Labor arbeitete. Das war gezwungenermaßen, eigentlich wollten wir Internisten werden. Aber dann hätte man uns glatt in die Provinz verschickt. Und wenn man da saß, war es aus. 1952 machte ich mein Doktorat, aber davor konnte ich schon arbeiten. Im Kommunismus gab es natürlich keine selbstständigen Praxen, sondern Polikliniken, und man war immer nur angestellter Arzt. Ich wurde Assistentin für Epidemiologie, das war schön. Aber nach drei Jahren haben sie mich entlassen, und ich hab dann im klinischen Labor gearbeitet.

1969 wurden 200 Ärzten in Bukarest ihre Stellen gestrichen. Die Regierung stellte Jobs in der Provinz zur Verfügung, weil sie wollte, dass man dahin ging. Das Schlimme an der Sache war, dass manche davon nur auf dem Papier existierten. Aber wer sich nicht dorthin begab, der blieb ohne Arbeit und ohne Einkommen. Das war nicht speziell gegen die Juden, es war auch gegen die eigenen Leute, aber es hat natürlich auch jüdische Ärzte betroffen. Darunter auch mich. Ich ging nach Hause und mir liefen die Tränen: Ich war 44 und sollte jetzt die Daumen drehen. Zufällig traf ich einen jüdischen Kollegen, der auch betroffen war.

»Du weinst? Ja, weißt du denn nicht? Wir können ausreisen nach Israel!«, sagte er.

Das war wie ein Licht, das sich mir zeigte. Ein Weg, den ich einschlagen konnte, damit ich endlich weg kam aus Rumänien. Wir hatten die Erlaubnis für Israel, weil die Rumänen von den Amerikanern gutes Geld für uns bekommen hatten. Da haben sie uns plötzlich sehr gerne wegfahren sehen. Das war 1971.

Ich war 32 und mein Mann 34, als wir uns nach sieben Jahren Ehe trennten. Er hat lange vor mir wieder geheiratet und ist etwas früher als ich nach Israel ausgewandert.

Mit meinem zweiten Mann war ich 20 Jahre zusammen, davon waren wir zehn Jahre verheiratet. Er hatte angefangen, Jura zu studieren, aber dann kam der Antisemitismus in die Universitäten. Beim Recht war es besonders schlimm, da haben sie sogar die Juden verprügelt. Gezwungenermaßen hat er sich zurückgezogen. Er war sehr intelligent, sprach fünf Sprachen und hat später als Übersetzer Geld verdient. Als dann Israel ins Gespräch kam, hat er gesagt:

»Was soll ich denn machen in Israel? Ich bin doch ein alter Mann.«

Er war damals 64 und ich war 44.

Dr. Alice Ilian-Botan und ihr Mann Felix Botan 1963 in Bukarest

»Israel ist kein kommunistisches Land«, hab ich ihm gesagt. »Und du mit deinen Sprachkenntnissen, du kommst überall in der Welt durch. Du wirst sehen.«

Und dann hat er tatsächlich vor mir einen Job gehabt! Er hat in der Zeitung – es gab Zeitungen in rumänischer Sprache, es gab ja viele Rumänen in Israel – eine Stelle gefunden in einer Lederfabrik. Buchhaltung. Sein Chef war Rumäne, und so musste er nicht mehr die hebräische Sprache erlernen. Und ich hab wahnsinnig gearbeitet daran, bis ich sie konnte. Mit einem intensiven Sprachkurs im Ulpan, der stand Leuten zur Verfügung, die einen akademischen Titel hatten und die dafür auch nicht bezahlen mussten. Denn Israel brauchte uns, hatte damals zu wenige Ärzte und die Bevölkerung wuchs. Ich musste nicht nur die Sprache lernen, sondern mich auch umstellen auf die israelischen Medikamente. Dafür habe ich drei Monate in einem Krankenhaus in Afula gearbeitet. Es hat eine Weile gedauert, bis ich einen Job bekam als Allgemeinärztin in einer Poliklinik. Das war endlich das, was ich machen wollte! Allerdings unter Bedingungen, von denen ich nie geträumt hätte: Jeder Patient sprach eine andere Sprache. Aber es war kein Problem, in Israel zu arbeiten. Die rumänischen Ärzte wurden geschätzt. Im Gegensatz zu denen aus Russland, die waren oft einfache Feldscher, Pfleger, haben sich Diplome gekauft und sind als Ärzte nach Israel gegangen.

Wir lebten in der ersten Zeit in Nazareth. Für uns kam nur Israels Norden infrage, und dann wurde in Qiryat Haim, wo wir schon eine Wohnung hatten, eine Stelle frei in dieser Poliklinik. Mein Mann musste zu seiner Arbeit mit zwei Bussen fahren. Aber er hat es geschafft und er war sehr stolz, dass er noch vor mir einen Job hatte. Das erste Konto auf der Bank eröffnete er mit seinem Gehalt. Für einen Mann ist das wichtig. Anfangs hatten wir eine Unterstützung vom Staat und diese Wohnung in einem

Dr. Alice Ilian-Botan 1981 in Tel Aviv

neuen Block. Vor uns waren der Strand und das Meer! Nachdem wir ein Jahr zur Miete gewohnt hatten, konnten wir die Wohnung kaufen. Den Preis haben wir in Raten abbezahlt, und die waren kleiner als die Miete. Außerdem hatte man 20 Jahre Zeit dafür. Als mein Mann 1980 starb, er hatte Parkinson, und ich ein Jahr später nach Deutschland ging, habe ich die Wohnung noch zehn Jahre gehalten. Jedes Jahr bin ich rüber gefahren. Dann hat es sich doch ergeben, dass ich für immer hier bleibe, und ich hab sie verkauft. Es fiel mir sehr schwer. Ich habe geweint, ich habe richtig geweint.

Meine erste Heimat war Deutschland. Dort bin ich geboren, aufgewachsen. Deutsch ist meine Muttersprache. Aber Israel ist meine zweite Heimat, weil ich durch dieses Land herausgekommen bin aus der Misere, die ich in Rumänien erlebt habe. Außerdem hab ich mich sehr wohl gefühlt – endlich ein Land, wo es keinen Antisemitismus gibt. In Rumänien wusste man nicht, was der Rumäne denkt, der neben dir sitzt. Während des Kommunismus war es noch schlimmer als vor dem Krieg. Das Leben mit dem Kommunismus, das war ein Gefängnis. Viel schlimmer als in der DDR. Ich habe Deutsche aus der DDR kennengelernt, die nach Rumänien gekommen sind, um Urlaub zu machen. Für mich waren diese Begegnungen mit deutschen Menschen etwas Überwältigendes. Die besten Freunde meiner Eltern, damals vor dem Krieg, das war ein deutsches Ehepaar, das in Berlin im selben Haus wohnte wie wir. Die Frau konnte keine Kinder bekommen, und als ich zur Welt kam, da war sie so verrückt nach mir, dass sie meiner Mutter gesagt hat:

»Gib mir doch die Kleine! Du hast ja schon ein Kind. Und ich hab kein Kind!«

Natürlich hat sie mich nicht hergegeben. Aber so eng war diese Freundschaft. Das ist an mir hängengeblieben, die Freundschaft mit deutschen Menschen. Damals gab es nicht »du bist Jude, ich bin Christ«. Natürlich hat man heute total negative Gefühle für die Menschen, die den Judenmord begangen haben. Aber meine Kindheit ist an ein Deutschland gebunden, das anders war als das Hitler-Deutschland.

Ich bin aufgewachsen, ohne zu wissen, was Juden sind und was Christen sind. Wir haben die christlichen Feiertage gefeiert, Ostern und Weihnachten. Von den jüdischen Feiertagen hab ich fast nichts gewusst. Welche Bedeutung sie haben, das hab ich erst in Israel gelernt. Mein Vater ist nur einmal im Jahr in die Synagoge gegangen, und zwar zu Neujahr. Meine Mutter nicht und wir Kinder sind auch nicht dazu angehalten worden. Als ich die jüdischen Bräuche in Israel kennengelernt habe, hat es mir leid getan, dass ich nicht schon im Elternhaus etwas erfahren habe darüber.

Deutschland, Rumänien, Israel, Deutschland – der Kreis hat sich geschlossen. Aber auf Rumänien hätte ich verzichten können. Rumänien war nie meine Heimat, obwohl ich mein halbes Leben dort verbracht und die Sprache wie eine zweite Muttersprache gesprochen habe. Auch heute noch gibt es keinen Grund für mich, dorthin zu fahren. Weil ich niemanden mehr da habe. Außerdem werde ich den Rumänen nie die Gemeinheit verzeihen, dass sie mir, als wir ausgewandert sind, die Rente gestrichen haben. Wie können sie einem Menschen so etwas antun? Ihn bestrafen dafür, dass er das Land verlässt. 20 Arbeitsjahre – und kein Pfennig Geld als Rente.

Aber auch mit der israelischen Rente konnte ich in Israel nicht leben. Zehn Jahre hatte ich dort gearbeitet und bekam eine minimale Rente. Also war die Alternative, dass ich nach Deutschland gehe, um dort für ein paar Jahre zu arbeiten. Als ich dann tatsächlich 1981 kam, dachte ich gar nicht daran, dass ich mal bleiben würde. Damals suchte man Ärzte hier. Der Zufall wollte es, dass eine Stelle frei wurde gerade in dem Ort, wo auch Freunde aus Israel ansässig waren, Bad Oeynhausen in Nordrhein-Westfalen. Dort habe ich dann internistisch in einer Kurklinik gearbeitet. Ich wurde sehr viel besser bezahlt als in Israel und das tat meinem Budget gut. Aber nach drei Jahren bekam ich eine Innenohrschwerhörigkeit, verlor 50 Prozent meiner Hörfähigkeit und musste den Job aufgeben. Ein Rechtsanwalt sagte mir, dass ich auch in Deutschland Rente bekommen würde, aber:

»Dafür müssen Sie die deutsche Staatsbürgerschaft erlangen. Und dann müssen Sie auf die israelische verzichten.«

Der israelischen Pass abzugeben, das war schrecklich. In Israel hatte ich meine Wohnung und meine Freunde. Aber was sollte ich machen? Ich habe also »Ja« gesagt, und es gab überhaupt keine Schwierigkeiten, weil ich ja vorweisen konnte, dass ich in Deutschland geboren war. Ich ging dann nach München. Ich wollte nicht nach Berlin, weil es eine so große Stadt ist, ich hätte mich verloren gefühlt. Wahrscheinlich hätte es mich auch bedrückt, dass ich dort niemand mehr habe.

Ich glaube, dass es das Schicksal gewollt hat, dass ich im Alter zurückgekommen bin in das Land, in dem ich geboren bin. Ich hätte es nie gedacht, nach allem, was passiert ist während des Krieges. Ich konnte zurückkommen und hier arbeiten als Ärztin – und das war natürlich ein großer Schritt in meinem Leben. Ein Triumph.

Mein Leben war schon eine Odyssee. Ich habe so oft am Rande des Abgrunds gestanden. Aber ich habe aus meinem Lebenslauf gelernt, irgendwo gibt es jemanden, der mich beschützt. Erstens, dass wir nicht in Deutschland geblieben sind und nicht umgekommen sind. Das hab ich meinem Vater zu verdanken, damit hat er uns vor dem sicheren Tod gerettet. Zweitens, dass wir in Rumänien diese Zeit überstanden haben, ohne dass jemand zu Schaden gekommen ist. Außer, dass wir während der Kriegszeit verarmt sind bis zum letzten Pfennig. Dass ich dann aber trotzdem studieren und meinen Beruf ergreifen durfte. Drittens, dass ich aus Rumänien raus konnte nach Israel in die Freiheit. Und dass ich dann nach Deutschland gehen durfte – wiederum ein Schritt vorwärts. Ich kann eigentlich froh sein, dass mich das Schicksal schon so oft gerettet hat. Deshalb bin ich nicht verbittert. Ich bin meinem Schicksal dankbar. Auch wenn mir viel Unrecht widerfahren ist im Leben.

Dr. Alice Ilian-Botan

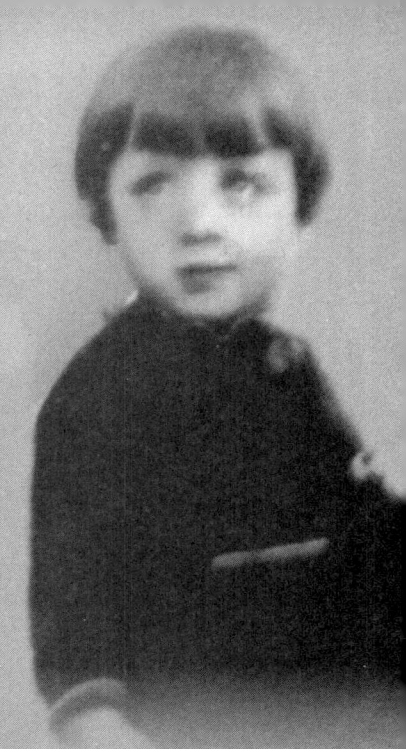

Ruth Stadnik Goldstein
geboren als Ruth Kochmann am 9. Januar 1936

Berlin

Buenos Aires (Argentinien)

Berlin

»Seien Sie doch froh, dass es Adolf Hitler gab«, sagte eine Frau zu mir. »Der hat doch was Gutes für Sie getan. Dadurch können Sie so viele Sprachen, weil Sie überall hingekommen sind.« Ich war geschockt. Aber so etwas gab's. Das ist vielleicht 30 Jahre her. Hätte mir das bei meiner Ankunft 1959 jemand gesagt, ich wäre gleich zurückgegangen.

Mitte '38 war ein großes Fest mit vielen Kindern und alle liefen mit den schönen Hakenkreuzfahnen. Ich wollte auch eine Fahne haben, aber das haben meine Eltern mir nicht erlaubt. Ich hab bittere Tränen geweint und konnte das nicht verstehen. Auch nicht, dass ich Ende '38 nicht mehr den Kindergarten in der Schillerstraße besuchen durfte. Die Leiterin hat meine Mutter zu sich bestellt und ihr gesagt, da ich jüdisch sei, dürfe ich nicht mehr kommen.

»Du bleibst jetzt zu Hause«, hat Mutti gesagt, »und spielst mit Marianne.«

Marianne war mein deutsches Kinderfräulein, das sehr nett war. Ich kann mich erinnern: groß, blond, blaue Augen. Und mein Vater hatte sogar – das ist wichtig, dass ich das erwähne, denn es hat ihm später bei der Arbeit in Südamerika geholfen – einen Diener, der das Essen servierte mit weißen Handschuhen. Ich durfte sehr selten mit meinen Eltern essen, ich aß immer mit Marianne in der Küche. Mein Vater war Bankier, meine Mutter Physiotherapeutin im Neuköllner Krankenhaus. Anfang '35 hatten sie in der Synagoge in der Oranienburger Straße geheiratet.

Mein Vater liebte Skat spielen sehr und ging immer in eine Kneipe und hatte da seine Runde. Eines Abends sagte plötzlich der Wirt:

»Herr Kochmann, Razzia! Ich kann für Sie nicht geradestehen.«

Die SS kam, suchte Juden – und er versteckte sich in der Mülltonne. Man hat ihn Gott sei Dank nicht gefunden. Aber er kam nicht mehr

Ruth Kochmann Ende 1938 in Berlin

nach Hause. Ich hab ihn nicht mehr gesehen, hab auch keine Erinnerung mehr an die Erklärung, die ich bekam.

Meine Mutter und ich haben dann gewohnt in der Mommsenstraße, in der Uhlandstraße und in der Giesebrechtstraße. Da wurde es dann sehr gefährlich, weil viele Juden dort gewohnt haben und es des Öfteren Razzien gab. Die letzten drei Wochen vor dem Untertauchen haben wir noch in Zehlendorf in der Villa meiner Tante Friedel gelebt. Sie war Christin und die Wirtschafterin des Bruders meines Vaters gewesen. Sie hatten geheiratet, zwei Kinder bekommen und in dieser herrlichen Schinkel-Villa am Schlachtensee gewohnt. Das Haus steht heute noch unter Denkmalschutz. Er war Direktor bei Tietz gewesen und hatte natürlich seine Arbeit verloren. Eines Morgens ist er zum Schlachtensee. Er war kein Schwimmer. Er ist ins Wasser gegangen und hat sich das Leben genommen, um seine Frau und seine Kinder nicht zu gefährden. Das war Ende '36. Später kamen Gesetze, dass auch Kinder aus »Mischehen« verfolgt werden. Seine Witwe hat den Sohn nach London geschickt. Dort hat er gleich seinen Namen verändert und ist später nach Amerika gegangen. Aber die Tochter, die Barbara, die ist abgeholt worden und in Theresienstadt umgekommen.

Tante Friedel hat immer noch versucht, meinen Großeltern zu helfen mit Lebensmitteln. Eines Tages wollte sie wieder hingehen und da sah sie, dass in der Rosenheimer Straße, sie mussten schon in einem Judenhaus wohnen, eine Razzia war. Man hat sie alle abgeholt. Meine Großmutter hat noch so eine unauffällige Handbewegung gemacht, dass Tante Friedel nicht näherkommen soll, um sich nicht in Schwierigkeiten zu bringen. Sie hat mir das alles erzählt, als ich '59 nach Berlin kam. Sie hat auch alles gehortet, sonst hätte ich gar nichts mehr, auch keine Fotos.

Anfang '39, ich war drei, wurde ich von der Villa zu Marianne gebracht. Sie hat mir nur gesagt, dass ich jetzt bei ihr lebe. Meine Mutter wurde versteckt von einem Arzt des Neuköllner Krankenhauses. Lange konnte sie aber nicht bei ihm bleiben, das wäre ein zu großes Risiko für ihn gewesen. Durch einen anderen Bankier, der kein Jude war, erhielt sie die Nachricht, dass mein Vater nach Marseille fliehen konnte. Wahrscheinlich hatte er immer Geld bei sich und – das hab ich erst später erfahren – auch in einem Marmeladentopf versteckte Brillanten. Wir sollten nachkommen. Da hat uns wieder dieser Arzt geholfen und mir Betäubungstropfen gegeben, damit ich mich nicht muckse. Ich hatte helle Haare und blaue Augen, aber meine Mutter war dunkel und trug deshalb eine blonde Perücke. Es gab eine Kontrolle, aber wir hatten Glück. Ich weiß nicht, ob sie falsche Papiere hatte, sie hat nicht mehr darüber gesprochen. Diese Menschen haben alles verdrängt. Meinen Vater hat das verfolgt, solange er lebte. Aber keiner hat gesprochen. Sie haben uns alle nicht erzählt, was hier los war und was sie durchgemacht haben. Und wie viel Familie sie verloren haben.

Wir sind in Marseille angekommen und in eine Pension gegangen. Jeder hatte eine Matratze und mich haben meine Eltern in die Mitte gelegt, damit ich nicht erfriere. Auf einmal sagte meine Mutter:
»Es juckt! Es juckt!«
Wanzen. Da haben wir uns angezogen und sind die ganze Nacht spazieren gegangen am Arc de Triomphe von einem Café in das andere. Und ich hab nur geheult. Dann sind wir zur Jewish Agency, die hat damals die ganzen Transporte organisiert. Irgendwann gab es zwei Schiffe, eins ging nach Palästina und eins ging nach Argentinien. Mein Vater war kein Zionist, ein sehr guter Jude, aber kein Zionist. Tut mir heute noch leid, dass wir nicht nach Palästina gegangen sind. Aber er hat alles gegeben, was er noch hatte, um zu kaufen eine Passage und die Visa für Argentinien. Den Leuten am Hafen hab ich erzählt:
»Ruthchen, Schiffchen, Argentinien.«
Vierzig Tage waren wir auf dem Schiff. Ich saß immer am Tisch meiner Eltern und hab tipptopp gegessen. Der Kapitän war ganz begeistert von mir und meinem Benehmen, sodass wir dann nicht mehr mit zehn Leuten in einer Kabine schlafen mussten, sondern eine für uns bekommen haben. Trotzdem war meine Mutter ziemlich verzweifelt und wollte gar nicht aussteigen. Sie hat immer gesagt:
»In Argentinien gibt es Affen.«

Was wusste man schon von Argentinien? Es war eine eisige, nasse Kälte in Buenos Aires, und wir hatten nur die Sachen, die wir auf dem Körper trugen. Ich hab ein Matrosenmäntelchen angehabt. Und das Kleid darunter, das hab ich dann drei oder vier Jahre getragen. Wir hatten nichts, gar nichts.

Der jüdische Hilfsverein brachte meine Eltern unter in einem furchtbaren Zimmer und mich im Heim für jüdische Emigrantenkinder, die mit den Kindertransporten gekommen waren. Ich erinnere mich, dass wir da immer in der Schlange standen: Mund auf, Löffel rein, Lebertran, Mund auf, Löffel rein, Lebertran. Das Essen war chaotisch, und ich kam ja nun aus einer kultivierten Familie. Das war für mich nicht einfach. Am Wochenende haben meine Eltern mich besucht, und da bekam ich dann eine Schokolade! Wir hatten ein Emigranten-Café in Buenos Aires, und jeden Samstag sind wir dahin gegangen. Meine Eltern haben sich eine Tasse Kaffee bestellt, aber keinen Kuchen, damit Ruth ein Stückchen Kuchen bekommen konnte. Später gab es noch ein Café und im Sommer einen Club, da waren wir als Kinder. Alles Emigranten, alles Juden.

Aus sämtlichen Arbeiten ist mein Vater rausgeschmissen worden. Er war ja Bankier und konnte nicht mit den Händen arbeiten, aber er hat es versucht. Er hat gearbeitet bei einem Glaser, da hat meine Mutter ihm abends die Scherben und Splitter aus den Fingern gezogen. Er war verzweifelt. Dann hat er sich beworben bei den Banken – ohne Spanisch. Also hat er angefangen Spanisch zu lernen.

Meine Mutter, die hat mehr Glück gehabt. Sie ist in die Hotels gegangen, wo die reichen Amerikaner waren, hat gesagt, sie kann massieren, ob man ihr nicht mal eine Chance geben könnte. Dann hat sie bei der Hitze manchmal sechs, sieben Vollmassagen gemacht. Und außerdem konnte sie intramuskulär Spritzen geben – in Argentinien spritzte man mehr, als dass man Tabletten gab. Sie hat sich ein Fahrrad gekauft, so ein uraltes Ding, und ist damit überall hingefahren und hat Spritzen gegeben. Sie hat uns quasi über Wasser gehalten.

Als mein Vater Schnürsenkel und Bonbons verkauft hat in einem Kiosk, verdiente er auch ein bisschen Geld. Und dann haben sie mich aus dem Kinderheim rausgeholt. Da war ich fünfeinhalb – und sehr glücklich. Wir haben gewohnt in einem Zimmer und hatten nicht mal eine Küche, nur einen Primus, einen Bunsenbrenner. Mein Vater hat einen Koffer gekauft, so einen alten vom Trödelmarkt, hat ein Taschentuch genommen und als Tischtuch darauf gelegt, und da wir keinen Schrank hatten, haben wir unsere Sachen immer in diesen Koffer getan. Das ist Emigration. Er hat auch eine Zeit als Kellner gearbeitet bei einer reichen Familie, weil er wusste, wie man mit weißem Handschuh bedient. Und da durfte er Essen mitnehmen nach Hause, eine Portion. Wenig Geld gab es, aber Essen. Später haben wir in den Sommern zusammen ein bisschen Geld verdient: Er hat sich einen Hut aufgesetzt und mit einem Lama dahin gestellt und ich hab getrommelt.

Als ich noch jünger war, haben mich die Argentinier immer genannt »Alemanita«, das heißt »kleine Deutsche«.

»Alemanita baila – tanze!«

Ruth Kochmann mit ihrem Vater Hans 1956 in Buenos Aires

Und da hab ich getanzt: Hänschen klein, Häschen in der Grube, bin gesprungen, hab gemacht. Dann haben sie mir geschenkt dulce de lecce, das ist wie Nutella. Und die Innereien von Tieren, die sie den Katzen gaben. Argentinien ist das Land des Fleisches, die mussten nicht die Innereien essen. Die haben sie immer weggeworfen, aber dann haben sie sie mir in Zeitungspapier gewickelt, und ich hab sie meinen Eltern gebracht. War ich immer ganz stolz. Und so haben wir ab und zu diese Innereien gegessen. Das vergisst man nicht. Die hätte ich in Berlin niemals gegessen. Hätte ich auch nicht nötig gehabt. Meine Eltern hätten auch nicht auf einem Koffer zu essen brauchen, mein Vater nicht Schnürsenkel und Bonbons verkaufen müssen.

Ich hab alles gemacht. Mit sechs, sieben Jahren hab ich schon Schuhe geputzt. In Südamerika gibt es ja Schuhputzer mit einer Kiste, und so eine hatte ich auch. Hatte meinen Lappen, meine Bürste und hab Schuhe geputzt. Die Leute kamen immer zu mir – ich war aufgeweckt und blond. Manchmal haben sie mir ein bisschen Trinkgeld gegeben und das hab ich abgeliefert zu Hause. Wie ich das fand? Es musste sein, das war das Leben.

Es gab etwas anderes, das mir nicht leichtgefallen ist. Für den Primus brauchten wir Kerosin, das war so eine rote Flüssigkeit. Die verteilte ein großer Wagen und der kam um acht Uhr morgens. Da standen dann vielleicht 60 Leute, um sich eine Flasche zu füllen. Manchmal hat man Pech gehabt, da war schon alles weg, wenn man dran kam. Ich stand oft zwei, drei Stunden, hab gefroren, es war nasskalt, und ich war noch ganz klein. Aber dann war ich stolz, kam mit meiner Flasche nach Hause und gab sie meinen Eltern, und die haben das Öfchen angemacht. Dann haben wir darauf einen Topf mit Wasser gestellt und Eukalyptus rein getan, damit es gut riecht. Heizkörper gab es noch nicht für arme Leute. Auch nicht Air Condition im Sommer. Meine Eltern haben dagelegen und waren pitschnass. Bei 40, 42 Grad. Meine Mutter hat ein Laken in Alkohol getränkt und sich darin eingewickelt, und der Ventilator lief.

Das alles war schwer. Sehr schwer. Wir waren wirklich arm und haben manchmal unter Ratten gelebt.

Ich kam in die Pestalozzischule, eine Schule für Emigranten. Erinnern kann ich mich nur an jüdische Kinder, man mischte sich nicht mit argentinischen. Wir gingen alle in diese Schule, sie war kostenlos, und mein Vater hat immer gesagt:

»Geld haben wir nicht, aber du kriegst eine gute Ausbildung.«

Im Sommer wurden wir verschickt in Ferienkolonien, auch das kostete nichts. Es war die Zeit von Perón, der gesagt hat:

»Die einzigen Privilegierten sind die Kinder.«

Wir trugen weiße Kittel und weiße Hütchen und waren traurig. Denn es war weit weg und die Schulferien dauerten drei Monate. So lange blieben wir da. Als ich 14 wurde, hab ich als Erzieherin gearbeitet und auf Kinder aufgepasst. Ich hab auch Nachhilfeunterricht gegeben in Deutsch und in Mathematik, schon in der Grundschule, die ist da sechs Jahre. War ich in der fünften Klasse, hab ich Kinder aus der zweiten unterrichtet. Außerdem hab ich geputzt, Kinder gehütet, Blumen verteilt. Man hat jede Arbeit genommen. Bis es nicht mehr nötig war, aber das hat lange gedauert.

Bis dahin haben wir gewohnt als Untermieter bei einem Herrn, dessen Frau, eine Christin, in Deutschland geblieben war. Er ist mit seiner Tochter ausgewandert, und Marion ist noch heute meine beste Freundin in Argentinien. In seine kleine Wohnung waren wir gezogen, und er hat nur eine Bedingung gestellt: dass meine Mutter sich um Marion genauso kümmert wie um mich. Mit ihr bin ich zusammen aufgewachsen. Es gab viel Krach, wir haben uns oft gezankt. Aber nachher waren wir wie Schwestern. Mindestens drei Jahre haben wir da gelebt, meine Eltern und ich in einem Zimmer.

Aber als die Nazis nach Holland kamen, hat die holländische Bank in Buenos Aires meinem Vater geschrieben, dass er dort anfangen soll. Er hatte in Berlin seine Lehre bei einer holländischen Bank gemacht. Und als in Argentinien alle Deutschen, die keine Juden waren, aus der

Bank rausgeschmissen wurden, hat er sich hochgearbeitet bis zum Prokuristen. Das war 1944 und mein Vater war 34. Meine Mutter war 37 und hat weiter ihren Job gemacht, Spritzen und Massagen. Es ging ein bisschen bergauf. Endlich konnten wir uns eine kleine Zweizimmerwohnung nehmen.

Mit zwölf Jahren bin ich auf die englische Belgrano Girl School gekommen. Da habe ich Englisch perfekt gelernt und Spanisch, habe auch in Spanisch mein Abitur gemacht. Zu Hause hab ich mit meinen Eltern immer Deutsch gesprochen. Aber nicht auf der Straße, mein Vater wollte das nicht. Er hatte keinen Kontakt mehr zu Deutschland, aber er hat immer gesagt:

»Wenn ein Brief aus Deutschland kommt, ruf mich an in der Bank.«

Und einmal kam so ein Brief. Vom Roten Kreuz. Hab ich ihn angerufen. Mein Vater war sofort da, hat gesagt, ich solle rausgehen aus dem Zimmer. Nach einer Stunde bin ich wieder reingegangen. Er saß da und hat schrecklich geweint. Seine Eltern. Sind nicht mehr rausgekommen, in Auschwitz umgekommen. Meine Oma, sie war Opern-

Ruth Kochmann 1955 am Strand in Buenos Aires

sängerin, hatte acht Geschwister, alle in Auschwitz umgekommen. Und erst haben sie noch gelacht, dass mein Vater weggeht. Im Jüdischen Museum in Berlin, da stehen heute ihre Namen.

Der Vater meiner Mutter war Logenbruder der Humanitas. Durch die sind er und meine Großmutter versteckt worden und noch 1943 rausgekommen aus Deutschland und zu uns nach Buenos Aires. Sie waren da in einem jüdischen Altersheim, haben aber nicht mehr lange gelebt. Es war alles zu viel gewesen für sie.

Ich wollte Kinderärztin werden, das war meine Liebe. Aber in Argentinien ist es nicht so wie in Deutschland, dass man Hilfe bekommt. Also war kein Geld da. So viel hatten ja meine Eltern auch nicht, ich wollte es auch nicht von ihnen verlangen. Dann hab ich überlegt, Krankenschwester zu lernen im deutschen Krankenhaus, weil das die beste Ausbildung war. Ich hatte mich schon angemeldet und da lernte ich auf einer Party einen Mann kennen. Er war Geschäftsmann und jüdisch, seine Familie stammte aus Bamberg. 1957 haben wir in Buenos Aires geheiratet. Ich war 21 und hatte inzwischen eine Ausbildung als Erzieherin gemacht. Meine Tochter ist im Januar 1959 geboren. Ein halbes Jahr später sind wir mit dem Schiff, einem Frachter, weil das billiger war, nach Deutschland gefahren.

Ich wollte nur zu Besuch hier sein. Auf keinen Fall wollte ich ganz herkommen. Ich wollte zurück, unbedingt. Wir hatten ja unsere Wohnung in Argentinien behalten. Aber mein Mann ist aus allen Wolken gefallen, als er dieses Wirtschaftswunder sah. Er war ganz begeistert, hier war alles prima, alles herrlich. Auf einmal hat er ein schönes Leben gehabt, hat sich gleich ein Auto gekauft und ein Paddelboot. Er war charmant, sah sehr gut aus und nach einem halben Jahr hat er mich verlassen. Die Ehe ging noch 1960 auseinander. Als Rückwanderer hatten wir jeder bekommen 3.000 DM. Aber ich war naiv, ich war blöd. Er hat unsere 6.000 DM auf ein Konto bei der Deutschen Bank in Hamburg gelegt. Als ich dorthin kam, hieß es:

»Ihr Mann war hier, hat alles abgehoben.«

Ich hatte nichts. Gar nichts. War ziemlich verbittert. Stand alleine da mit Kind und war erst mal von Männern bedient. Er ging zurück nach Argentinien.

Ich hab dann in Berlin in der Fuggerstraße gewohnt, in einem Pensionszimmer bei einer Frau, die eklig war zu mir. Schließlich bin ich zur jüdischen Gemeinde gegangen, und da war der Herr Galinski.

»Sie sind Erzieherin? Einmalig! Können Sie bleiben?«

Wir waren wenig Juden in Berlin. Aber Heinz Galinski liebte Kinder, er wollte einen jüdischen Kindergarten gründen. Angefangen haben wir mit 16 Kindern. Die meisten waren aus Bolivien, Kolumbien, Brasilien – das waren die Kinder von Ausgewanderten, die zurückkehrten. Und ich konnte meine Tochter immer mitnehmen, dadurch kennt sie die Familien von den Kindern, die sie jetzt im Kindergarten hat. Sie ist seit mehr als 30 Jahren auch Erzieherin dort.

Schon damals waren wir alle im vierten Stock in der Joachimsthaler Straße 13, der Kindergarten, die Sekretärin, und Heinz Galinski hatte sein Büro da. Er war sehr anständig zu mir. Hat sich auch darum gekümmert, dass ich eine Wohnung mit zweieinhalb Zimmern in der Ansbacherstraße bekam. Und nachdem ich drei Jahre in der Joachimsthalerstraße gearbeitet hatte, hat er mir die Möglichkeit gegeben, im Pestalozzi-Fröbel-Haus berufsbegleitend eine Ausbildung als Kindergärtnerin zu machen. Als ich fertig war, hatte ich ein deutsches Zertifikat. Damit bin ich zum Senat gegangen und hab mich hochgearbeitet von der Erzieherin zur Leiterin aller Kitas im Stadtteil Tiergarten. Bis ich 59 war, hab ich in den Kitas gearbeitet und dann ältere Leute betreut, bis ich 69 war.

Dass ich Jüdin bin, daraus hab ich nie ein Hehl gemacht. Die meisten Leute waren sehr nett zu mir in der Anfangszeit. Aus schlechtem Gewissen? Ich hatte aber auch andere Erlebnisse, wie den Spruch:

»Ach, Sie sind Jüdin. Die Juden haben doch alle schwarze Haare. Und Sie haben ja auch eine Stupsnase.«

Das sind Sätze, die bleiben in Erinnerung. Ich war zu einer Kur verschickt, und da saßen wir mittags bei Tisch und haben uns unterhalten. Ich erzählte, dass ich einige Sprachen kann.

»Na, sehen Sie! Seien Sie doch froh, dass es Adolf Hitler gab«, sagte eine Frau zu mir. »Der hat doch was Gutes für Sie getan. Dadurch können Sie so viele Sprachen, weil Sie überall hingekommen sind.«

Ich war geschockt. Aber so etwas gab es. Das ist vielleicht 30 Jahre her. Hätte mir das bei meiner Ankunft jemand gesagt, ich wäre gleich zurückgegangen. Ich wäre auch nicht nach Deutschland zurückgekommen, wenn ich gewusst hätte, was hier los war zwischen '33 und '45. Ich bin sicher religiöser geworden, als ich davon erfuhr.

Ich bin auch religiöser geworden, weil wir hier eine Minderheit sind. Und ich brauche den Gottesdienst! In Israel geh ich gar nicht in die Synagoge, da bin ich im jüdischen Land. Da fühle ich mich ständig wie hier am Shabbat. Aber hier brauche ich den Zusammenhalt, das Wissen, dass die Menschen um mich herum auch jüdisch sind. Hier

Ruth Goldstein 1961 in Berlin

gehe ich am Freitag immer sehr glücklich zum Shabbat. Warum? Weil wir alle zusammensitzen, ein schönes Essen, die Gebete, da kommt ein Rabbiner, der singt die Lieder, die Männer haben die Kippa auf – und hier passiert uns nichts.

Ich war viel in Israel, das erste Mal '62. Wäre ich mal geblieben! Aber Heinz Galinski wollte nicht, dass ich weggehe, und ich hab gehorcht. Na ja, ich hab hier mein Einkommen gehabt und ein gutes jüdisches Leben. Kein Antisemitismus damals, zumindest hat man ihn nicht gefühlt. Wahrscheinlich gab es ihn. Aber wir waren alle glücklich und zufrieden. Und eines Tages sagte meine Freundin:

»Komm doch mal mit! Es ist Chanukka-Ball in Schöneberg.«

Und da lerne ich meinen Mann kennen, Kasimir. 1963 war es, ich war 27 und er 40. Er war ein Geschäftsmann und immer ein guter Mensch. Seit 2009 leben wir im Jüdischen Altersheim in zwei Wohnungen nebeneinander. Ich konnte ihn nicht mehr pflegen, er muss Insulin spritzen. Er stammt aus Russland und im Altersheim ist er ganz glücklich. Jede Woche trifft er sich mit seinen Veteranen, das sind die Offiziere, die damals nach Berlin gekommen sind. Und wenn der 1. Mai ist, sind sie alle eingeladen in der russischen Botschaft.

Damals bin ich nach Deutschland zurückgekommen, um mir Berlin anzusehen, wo ich geboren war. Die Straße, wo mein Kindergarten war, die Wohnung meiner Eltern. Und weil ich meine Wiedergutmachung haben wollte. Aber als ich mich um die Entschädigung bemühte, da sagte der zuständige Mann zu mir:

»Die Frist ist abgelaufen.«

Wie konnte er so etwas sagen? Das kann er sagen, wenn ich tot bin.

»Ich lebe«, habe ich zu ihm gesagt, »aber ich hab genug durchgemacht. Und ich habe nichts.«

»Die Frist ist abgelaufen.«

Den Satz werde ich nicht vergessen. Das war das Schlimmste. Hätte ich das geahnt, wäre ich niemals zurückgekommen.

Ich bin in Deutschland geboren, aber meine Heimat ist Israel. Obwohl ich da nicht hingegangen bin. Ich war klein, ich wurde nicht gefragt. Wir gingen stattdessen nach Argentinien, und ich fühle mich dem Land zugehörig. Ich bin dankbar, dass es uns nicht zurückgeschickt hat. Dadurch haben wir, auch wenn wir eine sehr schwere Zeit hatten, überlebt. Viele Emigranten sind nicht mit dieser schwierigen Situation fertiggeworden. Sie waren Staatsanwälte, sie waren Ärzte, aber sie konnten die Sprache nicht, hätten noch mal studieren müssen. Viele haben sich das Leben genommen.

Ich lebe wieder in Deutschland, aber ich kann mich nicht als Deutsche fühlen. Ich hab hier alles verloren. Von hier bin ich weggejagt worden. Seit 1959 wohne ich hier, aber ich hab gar keine Beziehung zu Deutschland. Erst recht nicht jetzt, wo es so schlimm geworden ist mit den Rechtsextremisten und den Islamisten. Früher waren wir frei, heute leben wir im Jüdischen Altersheim wie im Ghetto. Hinter einem Zaun und beschützt von der Polizei. Als ich noch gearbeitet habe im jüdischen Kindergarten, konnten wir mit den Kindern überall hingehen. Wenn meine Tochter heute mit den Kindern einen Ausflug machen will, dann muss sie erst die Polizei fragen, ob die genug Leute hat, die sie begleiten. Und wenn die Kinder mit dem Bus nach Hause fahren, dann nimmt der nicht immer denselben Weg. Ist zu riskant.

Kontakt zur Außenwelt habe ich nicht mehr, schon gar nicht zu Deutschen. Ich hab nur noch Kontakt zu jüdischen Menschen. Aber für Juden ist hier keine Zukunft. In dem Moment, wo die Jugend nicht mehr frei ihre Religion ausüben kann, sondern nur unter Gefahr, ist hier keine Zukunft. Mein Enkel kann nicht mit einer Kippa herumlaufen, nicht mit dem Tallith. Er war in Amerika, da ist das alles selbstverständlich. In New York, da war er ganz glücklich, hat sich am Flughafen gleich die Kippa aufgesetzt. Das war auch in Argentinien kein Problem. Aber hier ist es gefährlich. Wer hätte das jemals gedacht, dass wir diesen Antisemitismus noch mal in Deutschland erleben müssen.

Ruth Wolff-Stirner
geboren als Ruth Wolff am 27. Dezember 1946

Shanghai (China)

Jerusalem (Israel)

München

In Israel waren wir staatenlos. Als wir nach Deutschland kamen, wurde mein Vater wieder eingebürgert und ich neu eingebürgert. Ich hab einen deutschen Pass. Aber was ich bin, weiß ich nicht. Was Heimat für mich ist? Das ist dort, wo meine Familie ist. Ich hab aber keine mehr.

Ich hab keine Verwandten, nicht einen Menschen. Es ist bestimmt viel Familie umgekommen. Aber ich kann es nicht recherchieren, weil ich keine Namen habe. Es gibt niemanden, der mir erzählen kann, woher ich komme.

Mein Vater ist geboren 1883 in Maria Alois, das ist im heutigen Polen. Es war eine jüdische Familie, fromm oder nicht – ich weiß es nicht. Ich weiß gar nichts über seine Familie, ich war einfach zu jung.

Er war in mehreren KZs, bis er das Glück hatte, aus dem KZ Dachau zu entkommen. Er konnte fliehen, weil es dort einen Arzt gab. Der musste Medikamente kaufen und nahm ihn mit. Er hat ihm eine Schiffspassage in die Hand gedrückt und gesagt:

»Hau ab!«

Er ist mit einem Transport nach Shanghai gefahren und im Ghetto in Hongkou gelandet. Da lernte er meine Mutter kennen, eine Berlinerin, die geschieden war von einem Amerikaner, mit dem sie in Amerika gelebt hatte, dann nach Deutschland gegangen war und nicht wieder zurückkonnte nach Amerika, weil sie einen Herzklappenfehler hatte. Und die haben keine kranken Leute reingelassen damals. Sie war nach Shanghai geflohen und musste erst mal dableiben. Die beiden haben im Ghetto geheiratet und hatten außer mir noch einen Sohn. Er ist bei einem Angriff auf dem Arm von meinem Vater oder von meiner Mutter getroffen worden und gestorben. Ob er älter oder jünger war, weiß ich nicht. Ich war ja zwei Jahre alt, als wir da weggingen.

Ich hatte noch zwei Halbbrüder aus der ersten Ehe von meinem Vater. Die lebten in Hamburg und in Israel und waren viel älter wie ich.

Weil mein Vater 64 war, als er mich gezeugt hat. Sie waren schon an die 50, waren für mich nicht weiter interessant. Ich habe aber beide kennengelernt. Wobei ich den in Israel nicht mehr in Erinnerung hab, weil er offensichtlich unsere Familie nicht besonders freundlich behandelt hat. Zu ihm waren wir von Shanghai aus gefahren. 1948, als der Staat gegründet wurde. Er hat uns nicht gern aufgenommen und hat dann auch meine Mutter und mich rausgeschmissen. Mein Vater war auf Arbeitssuche, um überleben zu können in Israel, und sein Sohn hat uns in der Zeit vor die Tür gesetzt. Wir haben gewartet bis Vater zurückkam, Mutter und ich, irgendwo an einer Bushaltestelle.

Wir sind nach Jerusalem gegangen, weil der Vater dort Arbeit gefunden hat. Er war Innendekorateur, auch vorher schon. Wo wir gewohnt haben? Im ersten Haus im Niemandsland. Ein Streifen, wo wirklich nichts war. Nur Stacheldraht. Man hat direkt rübergesehen nach Jordanien.

Hebräisch lernte ich auf der Straße und später in der Schule. Die Eltern haben es nicht gekonnt. Mit ihnen hab ich Deutsch gesprochen. Hab dann auch ein bisschen Englisch gelernt. Es waren alle möglichen Einwanderer aus verschiedenen Nationen da. Als Kind hab ich nicht drüber nachgedacht, da ist einem das wahrscheinlich wurscht, mit welchen Kindern man spielt. Ob die aus Israel kommen oder aus Deutschland oder aus Polen oder aus Russland.

Meine Mutter wurde recht schnell krank. Aufgrund der unhygienischen Lebensbedingungen in Shanghai hatte sie sich die Leber infiziert und starb mit erst 46 Jahren. Das war 1954 und ich war acht. Mein Vater hat mich sehr ferngehalten, ich hab sie nicht mehr gesehen, nachdem sie ins Krankenhaus gekommen war. Er hat mich auch nicht zu der Beerdigung mitgenommen, weil er fand, ich war zu klein.

Ich war extern in einem Internat, das von finnischen Schwestern geleitet wurde, und hab zu Hause gewohnt. Es war nicht weit von uns. Nach dem Tod meiner Mutter bin ich dann intern aufgenommen worden. Israel war eine schöne Zeit für mich, solange ich bei meinen Eltern war. Im Internat ging es mir nicht so gut. Ich hab zum Beispiel keinen Spinat essen wollen und dort bin ich dazu gezwungen worden. Ich hab in den Teller erbrochen und musste das dann essen. Auch rote Beete, ich hab mich davor geekelt und es erbrochen. Die Schwestern haben gesagt, ich darf vom Tisch nicht aufstehen, bis ich das runter hab. Das war eine Katastrophe.

Nein, das war keine gute Zeit mehr. Wir haben auch Erdbeben erlebt und im Keller gesessen, als der Brunnen in unserem Hof eingestürzt ist. Und dann kam der Sinai-Krieg. Das war schlimm, weil man ständig irgendwo versteckt war. Man hat auch als Kind die Bedrohung schon gespürt.

Meinen Vater sah ich immer an den Wochenenden. Er hat halt gearbeitet, musste mal da und mal da seine Arbeiten verrichten. Ich glaube nicht, dass er Freunde hatte. Das hab ich nicht in Erinnerung. Auch nicht, dass Leute ihn besuchten. Seine Familie war umgekommen, seine erste Frau in Majdanek. Ob und wie meine Eltern nach dem Krieg hörten, was in Deutschland, was in den Lagern geschehen war, das weiß ich nicht. Ich weiß nur, dass mein Vater unbedingt zurückwollte. Das war das, was ich immer gehört hab: dass wir wieder nach Deutschland zurückgehen. Weil es da so schön ist, die Landschaft so schön ist. Er hat nur drauf gewartet, dass er genug Geld beieinander hat. Er wollte nach München und sonst nirgendwo hin. So nah an Dachau – das konnte ich auch später nie begreifen. Was ihn da getrieben hat?

Wir fuhren nach Deutschland, 1957. Ich bin nicht gern weggegangen aus Israel. Mir hat es dann schon gefallen. Ich hatte ja meine Freunde dort. Irgendwann aber hab ich den Kindern und den Schwestern »Auf Wiedersehen« sagen müssen. Wir sind aufs Schiff gegangen und nach Genua gefahren und von da mit dem Zug nach München. Angekommen sind wir am Hauptbahnhof auf Gleis 11. Das war noch viele Jahre nach unserem Ankommen das Einwanderergleis. Auf Gleis 11 kamen die Fernzüge an und brachten ganz viele Fremde. Für sie gab es eine Innere Mission, deren Mitarbeiter die Leute unterbrachten, ihnen Quartier gaben. Und so sind wir auch aufgenommen worden.

Mein Vater ist auf die Jüdische Gemeinde gegangen und hat von der anfangs eine Unterstützung bekommen. Wir haben ganz in der Nähe vom Hauptbahnhof ein Zimmer gefunden. Ich war da total glücklich, weil die Familie, bei der wir in Untermiete gewohnt haben, auch ein Mädel hatte und ich damit gleich eine Spielkameradin. Gegenüber war noch ein Mädchen, mit dem ich mich angefreundet hab. Wir sind immer miteinander nach Hause gegangen von der Schule, haben Hausaufgaben zusammen gemacht. Das hat sich also ganz nett angelassen.

Ich war eingeschult worden in eine normale Schule. Ich konnte Deutsch, weil ich mit meinen Eltern, später nur mit meinem Vater, Deutsch gesprochen hab. Sprechen ja, aber schreiben war nicht so gut. Aber ich wollte nicht sitzen bleiben und wollte nicht wieder in die vierte Klasse, die hatte ich ja schon abgeschlossen in Israel. Ich hab in der fünften anfangen dürfen, musste aber versprechen, dass ich ganz schnell besser Deutsch lerne. Das hab ich auch gemacht. Mein Vater hat sich hingesetzt mit mir, und ich hab fleißig gelernt. Und ich bin nicht sitzen geblieben, kein einziges Mal.

Als unser Haus abgerissen wurde, sind wir nur um die Ecke gezogen. Da hatten wir auch wieder ein Untermietzimmer. Das hab ich so lang bewohnt, bis mein Vater starb. 1960, da war er 77. Er hat eine doppelseitige Lungenentzündung gehabt. Hatte natürlich, als er im KZ war, Tuberkulose und ist nie wieder ganz gesund geworden. Als ich gemerkt hab, wie schlecht es ihm geht, hab ich ihm gesagt, er soll einen Arzt rufen. Aber er hatte furchtbare Angst vor Ärzten. Er wollte keinen Arzt. Wir hatten in der Schule einen, der uns regelmäßig untersucht hat. Zu dem bin ich irgendwann hin und hab ihm gesagt, er muss zu meinem Vater kommen. Der hat ihn natürlich ins Krankenhaus eingewiesen. Krankenhaus aber war für meinen Vater gleichzusetzen mit sterben müssen. Nach 14 Tagen ist er wieder entlassen worden nach Hause. Er hat einen Rückfall gekriegt, ist in ein anderes Krankenhaus gekommen. Und da ist er dann wirklich gestorben. Aus der Zeit hab ich nur noch die eine, mein Leben prägende Erinnerung: meine Berufswahl. Auf dem Sterbebett hat er nämlich gesagt:

»Mein Gott, was wird jetzt aus dir werden?«

Er hat immer versucht, Wiedergutmachung zu bekommen. Er wusste ja, dass meine Mutter sehr vermögend war, und hatte in Israel auch schon einen Teil bekommen. Mit dem Geld sind wir dann ausgewandert.

»Ich kann nicht sterben in Ruhe«, hat er gesagt. »Ich hab so Angst um dich.«

Da hab ich gesagt, er braucht keine Angst zu haben. Ich geh zu unserer Rechtsanwältin in die Lehre. Ich war immer mit, wenn er zu ihr gegangen war. Und eines Tages hat sie gesagt, ich soll in meiner Klasse mal fragen, ob irgendein Mädel interessiert daran ist, nach der achten Klasse, also mit Hauptschulabschluss, eine Lehre als Rechtsanwaltsgehilfin bei ihr zu machen. Das war kurz bevor mein Vater ins Krankenhaus kam, und dann hab ich ihm eben gesagt, er soll sich keine Sorgen machen, ich frag gar nicht erst die anderen Mädchen. Ich mach selber die Lehre. Das hab ich dann auch gemacht und war seinerzeit mit 13 Jahren der jüngste Lehrling in München. Nach drei Jahren war ich das, was heute Rechtsanwaltsfachangestellte heißt.

Eigentlich wollte ich Kinderpflegerin werden. Aber ich konnte nicht weiter zur Schule gehen. Ich hatte ja weder Geld noch jemanden, der mir Ansporn gab. Mir blieb nichts anderes übrig, als eine Lehre anzufangen. Ich konnte auch nicht in unserem Untermietzimmer wohnen bleiben, weil ich minderjährig war. Jetzt war das Jugendamt zuständig, denn ich hatte ja keinen Erziehungsberechtigten mehr und brauchte einen Vormund.

Wenn ich meinen Vater gefragt hab, warum ich nicht getauft bin und warum, wenn nach der Religion gefragt wurde, bei mir keine angegeben war, bei den anderen aber entweder evangelisch oder katholisch, hat er gesagt:

»Das ist gewollt. Du wirst mit 14 dir selber auswählen dürfen, in welchen Glauben du eintreten möchtest. Da bist du völlig unabhängig. Ich will nicht, dass es dir so geht wie mir.«

Er hat sich noch katholisch taufen lassen vor lauter Angst, dass er als Jude immer weiter verfolgt wird. Er hat gehofft, dass er dann nichts mehr zu befürchten hat. Genützt hat es ihm natürlich nichts. Deshalb hat er gesagt, er will nicht, dass es mir mal so geht wie ihm, dass ich den falschen Glauben hab und deshalb verfolgt werde.

Somit hatte ich keine Ahnung vom Judentum. Ja, in die Synagoge bin ich schon mal gegangen, damals in Israel. Schon deshalb, weil die Klasse ging, obwohl unser Internat ein christliches war. Aber es ließ auch die Möglichkeit offen, dass andere ihrem Glauben nachgehen konnten. Aber das hab ich alles nicht ernst genommen. Das waren für mich abwechslungsreiche Veranstaltungen, und die Geschichten, die da erzählt wurden, waren auch interessant. Das hab ich aber nicht mit dem Gefühl verbunden, ich bin Jüdin. Gar nicht.

In der Schule in München hatte ich dann immer Freistunden während des Religionsunterrichts. Gab ja keine jüdische Religion, die unterrichtet wurde. Es gab evangelische oder katholische. Und ich bin mal da gesessen in der Schulstunde und mal da. Bei den einen Gläubigen oder bei den anderen – war mir egal. Dann gefiel es mir schließlich in der katholischen Stunde besser, weil die gerade das Jahr hatten, in dem Kommunion ist. Schöne weiße Kleider und weiße Kerzen und die Kinder haben für die Kommunion gelernt. Das hab ich toll gefunden, das hat mir imponiert.

Als ich 12 oder 13 war, hab ich mich katholisch taufen lassen. Ich wollte einfach dazugehören. Wollte auch zur Firmung gehen und auch so ein weißes Kleidchen haben und eine Kerze. Aber ich hatte keine Kommunion gehabt, war ja nie im Leben beichten. Das aber war die Voraussetzung, dass man erst seine Sünden beichtet und dann die Absolution mit der Kommunion bekommt. Ich bin ein, zwei Tage vorher getauft worden, hab dadurch keine Sünden mehr gehabt, die ich hätte beichten müssen, und hab dann bei der Firmung die Kommunion empfangen dürfen.

Weil mir das alles so gut gefallen hat und weil ich so aufmerksam aufgepasst hab, hatte die Lehrerin, die Katechetin, einen Narren an mir gefressen. Sie hat mich nach dem Tod meines Vaters unterstützt. Ich hab ja sonst niemanden gehabt. Keinen erwachsenen Menschen, mit dem ich befreundet gewesen wäre. Da gab es nur ein paar Schulfreundinnen, und deren Eltern haben sich nicht um mich gekümmert. Diese Lehrerin hat mich quasi an der Hand genommen und mit mir alles geregelt. Und hat dann die Vormundschaft übernommen. Somit musste ich nicht einen fremden Vormund aus dem Jugendamt kriegen. Sie kannte mich ja die ganzen Jahre schon und hat mir später, wie herauskam, dass mein Vater noch Geld hinterlassen hatte, ein mündelsicheres Sparbuch angelegt.

Ich musste dann in ein Mädchenheim ziehen, auch in München. Tags ging ich in die Lehre und abends in das Heim. Heimleben kannte ich ja von Israel schon. War nicht so abartig für mich, weil ich schon gewusst habe, wie es zugeht. Das Einzige, was ich nicht kannte, das waren Ordensschwestern. Katholische Ordensschwestern. Aber da hab ich auch eine junge, nette gehabt, die sich sehr um mich gekümmert hat. Die hab ich unheimlich gern gehabt, bei ihr hab ich mich schon geborgen gefühlt. Und ich hatte auch viele Privilegien. Ich weiß nicht, aus welchem Grund. Aber wenn ich um irgendwas gebeten habe, dass ich da und da hingehen möchte, hieß es immer »Ja«. Ich hab natürlich auch gelogen, hab gesagt, dass ich am Nachmittag bei der und der eingeladen bin, ob ich dahin gehen darf. In Wirklichkeit bin ich zwei Stunden zum Tanzen gegangen. Solche Sachen hat man halt gemacht. Aber die Ordensschwestern hatten unheimliches Vertrauen zu mir und ich hab das eigentlich kaum ausgenutzt. Es sei denn, dass ich mal geschwindelt hab, aber mehr auch nicht. Andere waren wirklich schwer erziehbar, die sind dann nachts ausgebüxt und von der Polizei zurückgebracht worden. Solche Sachen gab es auch. Aber bei mir nicht.

Diese anderen Mädels musste man halt auch wieder erst kennenlernen. Eine hatte ich, die ist zu mir in die Klasse gegangen in der Berufsschule, die hat den gleichen Beruf gehabt. Das war die Einzige, mit der ich engeren Kontakt hatte. Heute hab ich kein Mädchen aus der Zeit in Erinnerung. Das war vorbei, wie ich da raus ging.

Mit 16 durfte ich mir mein erstes Zimmer nehmen. Mithilfe meines Vormundes, sie hat mir wirklich sehr geholfen. Und dann ist sie in ein Kloster eingetreten und hat die ganze Vormundschaft, damals ist man ja mit 21 erst mündig geworden, an eine Freundin von ihr übertragen. Sie konnte es nicht mehr machen, weil sie in einem strengeren Orden war und das Kloster nicht verlassen durfte.

Während der Lehre kriegte ich ganz wenig Geld. Erst 50 Mark im Monat, dann 75 und schließlich 90. Na gut, mein Vater hatte 6.000 Mark hinterlassen. Einen Teil davon hat sich das Jugendamt wieder zurückgeholt für meine Versorgung in den drei Jahren, die ich im Heim verbracht hab. Aber mein Vormund hatte dafür gesorgt, dass ich nach der Heimzeit jeden Monat einen Zuschuss von 150 Mark abheben durfte für meinen Lebensunterhalt. Ich hätte auch mit dem, was ich als Anfangsgehalt gekriegt hab, nicht überleben können.

Und dann, mit 17, hab ich einen Blackout gehabt. Ich wollte was von der Welt sehen, was erleben. Und bin zu meiner Schwägerin nach Hamburg. Mein Vater hatte den Kontakt zu seinem Sohn in Israel komplett abgebrochen, nachdem der meine Mutter und mich rausgeschmissen hatte. Aber den Sohn in Hamburg haben wir besucht, das Verhältnis war ausgezeichnet. Er starb, als ich 16 war, aber die gute Beziehung zu seiner Frau blieb. Ich hab mich bei ihr eingenistet, bis sie nach ein paar Monaten gefragt hat, ob ich nicht irgendwann wieder nach Hause müsste. Da musste ich gestehen, dass ich alles stehen und liegen gelassen hatte. Deswegen gibt es auch meine einzige Tasche mit Bildern und ein paar Unterlagen nicht mehr: Ich habe sie nie abgeholt bei meiner Vermieterin. Die hatte mich inzwischen rausgeschmissen, weil ich drei Monate die Miete schuldig geblieben war, und ich hatte Angst, wenn ich hingehe, dass die vielleicht die Polizei holt. Dass ich dann wieder in ein Heim muss.

Ich bin dann nach München zurück, hab mir eine neue Stelle gesucht, weil ich ja auch meine Arbeit von heute auf morgen verlassen hatte. In einem Personalbüro, das eine Anwaltsgehilfin suchte, die auch Erfahrung im Arbeitsrecht hat, hab ich dann angefangen. Eines Tages lief mir meine ehemalige Chefin über den Weg.

»Wo warst du denn?«, hat sie mich gefragt. »Warum kommst du nicht mehr?«

Ich hab ihr heulend gestanden, dass ich einfach mal eine Auszeit genommen hab. Und in meiner neuen Arbeit todtraurig bin.

»Komm doch zurück«, hat sie gesagt. »Wir warten auf dich.«

Ich war glücklich wie noch nie und hab wieder in der Kanzlei angefangen zu arbeiten. Die ersten Nächte durfte ich da auf einer Couch schlafen und in der Teeküche hab ich mir mein Frühstück gemacht. Und die Anwältin hat nebenbei für mich noch eine Wohnung gesucht. Sie fand ein Einzimmerapartment, fünfter Stock ohne Lift. War bezahlbar damals, 80 Mark. Außerdem hat sie für mich einen Antrag gestellt, sodass ich mit 18 Jahren für volljährig erklärt wurde und dann meine Geschäfte alleine erledigen konnte. Ich blieb in der Kanzlei einige Jahre, wechselte dann in eine andere, um mich finanziell zu verbessern. Aufgehört hab ich zum 1. Januar 2012, als ich 65 geworden war. Aber nach wie vor arbeite ich dort noch ein oder zwei Mal in der Woche. Das ist wunderbar.

Meinen Mann hab ich 1981 kennengelernt, 1982 haben wir geheiratet. Wir sind noch katholisch getraut worden. Aber ich hab mich über einen katholischen Priester so geärgert, dass ich aus der Kirche ausgetreten bin. Das war erst später, denn ich hab bei einem sehr katholischen Anwalt gearbeitet und dachte, ich kann es mir nicht leisten auszutreten, dann verliere ich vielleicht meinen Job. Als ich diesen Grund nicht mehr hatte, war ich weg. Es gab diese Phase, in der ich streng katholisch von Ordensfrauen erzogen worden war. In dem Mädchenheim, in dem ich gelebt hab, nachdem mein Vater gestorben war, wurde jeden Sonntag in die Kirche gegangen und im ganzen Monat Mai wurde der Rosenkranz gebetet. Aber das hat sich bei mir nicht so festgesetzt. Es kamen auch immer mehr Zweifel auf, ob die Storys, die sie erzählt haben oder die man gelesen hat, ob die alle so nachvollziehbar sind.

Heute bin ich in keiner Gemeinde. Hab einfach mein Leben so gelebt, wie es hier üblich ist, und hab keine Beziehungen zu irgendeiner Religion. Aber ich glaube schon, dass es noch eine höhere Macht gibt.

Und so glaube ich an alle Heiligen. Egal, ob katholisch, evangelisch jüdisch oder orthodox oder sonst was. Ich bete auch, geh in eine Synagoge, in eine Moschee, in eine Kirche – das ist mir egal. Und wenn bei meiner Beerdigung kein Geistlicher ist, wird sich ein anderer finden, der ein paar Worte des Trostes sprechen kann.

Ende 2002 ist es mir dann doch noch gelungen, mehr über meine Familie zu erfahren. Meine Mutter war ziemlich vermögend, mein Urgroßvater war Fabrikbesitzer in Berlin, hatte dort ein großes Anwesen. Als er verstarb, wurden mein Großvater und die beiden Brüder meiner Mutter Eigentümer des Grundstücks.

Nach der Maueröffnung gab es eine Zeit, in der man seine Ansprüche an den Staat geltend machen konnte. Wenn man davon wusste. Aber ich wusste nicht, dass es diesen Grundbesitz in der ehemaligen DDR gab. Und als ich es herausfand, war die gesetzliche Frist abgelaufen. Es war aber noch möglich, einen Goodwill-Antrag über das Vermögen meines Urgroßvaters bzw. seiner Erben zu stellen. Ich bin, gemäß der ausgestellten Erbscheine, die alleinige Erbin nach meinen Onkeln. Beide wurden 1942 deportiert und sind kinderlos ums Leben gekommen, das konnte recherchiert werden. Die Jewish Claims Conference hat meinen Anspruch anerkannt und einen Anteil meiner Mutter am Grundvermögen habe ich ausgezahlt bekommen – aber nur ein Drittel von dem, was mir zusteht. Weil nach den Goodwill-Regeln keine Beteiligung von Großnichten und Großneffen zugelassen ist.

Als ich vor ein paar Jahren in Shanghai war, um zu sehen, woher ich stamme, habe ich versucht, meine Geburtsurkunde zu finden. Denn ich besitze keine. Aber das ist bei der Kulturrevolution alles draufgegangen, hieß es. Natürlich hatte ich keine Erinnerungen an Shanghai. Aber ich hab mir gedacht, wenn wir da gelebt haben, dann ging es uns nicht gut. Man sah, es ist ein sehr armes Viertel gewesen. Da verstehe ich schon, dass meine Eltern nicht bleiben wollten und nach Israel gegangen sind. 27 Jahre nachdem wir aus Jerusalem weggegangen sind, bin ich zum ersten Mal wieder dort hingefahren. Und da wusste ich noch ganz genau, wo was ist.

In Israel waren wir staatenlos. Als wir nach Deutschland kamen, wurde mein Vater wieder eingebürgert und ich neu eingebürgert. Ich hab einen deutschen Pass. Aber was ich bin, weiß ich nicht. Was Heimat für mich ist? Das ist dort, wo meine Familie ist. Ich hab aber keine mehr. Deswegen kann das überall sein.

Nein, verbittert bin ich nicht. Der eine hat Glück, der andere hat Pech. Ich gehöre zu denen, die Glück hatten, dass sie die Zeit damals nicht erleben mussten, sondern jetzt in einer wahnsinnig ruhigen Zeit leben. Es gibt keine Judenverfolgung hier. Ich hab mein Leben in die Hand nehmen können, hab was daraus gemacht. Ich hab ein gutes Leben in Deutschland. Ich hab keinen Hass. Meine Eltern haben mir keinen Hass, keine Wut auf irgendjemanden vorgelebt. Sie haben es mich nicht spüren lassen, dass sie traumatisiert waren. Und sehr unglücklich.

Als Kind wusste ich nichts. Mein Vater hat einen Höcker gehabt. Er ist so geprügelt worden, dass ihm der Höcker gewachsen ist, hat er gesagt. Dass er sehr schwer hat arbeiten müssen, das hat er mir erzählt. Das wusste ich. Aber alles andere, von den Gaskammern etwa, das hab ich nicht gewusst. Ich hab auch später, obwohl ich so nah an Dachau wohnte, nichts davon mitgekriegt. Heute weiß ich, was mein Vater mitgemacht hat. Weil ich selber in Dachau war. In dem KZ. Um zu begreifen, was da passiert ist. Man sieht noch die Gaskammern, wo oben das Gas rein geströmt ist. Da stockt einem der Atem.

Ich weiß nicht, wann mein innerer Wandel stattgefunden hat. Noch vor zehn Jahren hat mich das Thema nicht so interessiert. Alles, was über den Holocaust geschrieben wurde, hat mich so genervt, dass ich immer gesagt hab:

»Mein Gott, das ist jetzt 70 Jahre her. Es muss doch irgendwann einmal Ruhe sein.«

Aber es kann keine Ruhe sein. Heute sehe ich mir die Filme an, lese die Bücher. Heute bin ich berührt davon. Unheimlich berührt.

Anni Bober
geboren als Anni Cohen am 8. Juni 1915

Dinslaken, Barmen

Wieringermeer (Holland)

Barmen

Petah Tiqva, Pardes Hana, Nahariya,
Pardes Hana, Nahariya (Palästina/Israel)

Frankfurt

Ob ich mich als Deutsche fühle? Eher als Israelin. Ich habe beide Pässe. Den israelischen würde ich niemals abgeben. Aber ich habe nie überlegt, zurückzugehen nach Israel. Es gab keinen Grund mehr. Mein Sohn war hier in der Schule, ich hatte das Entschädigungsgeld, ich hatte Arbeit. Nach Deutschland gekommen bin ich allerdings aus rein pragmatischen Gründen und nicht aus Überzeugung.

»Kinder, geht!«, hat meine Mutter gesagt, als sie gesehen hat, dass es nicht mehr geht. »Macht, dass ihr wegkommt.«

Wir sind alle im Abstand von zwei Jahren geboren, drei Mädchen und ein Bub. Ich bin Nummer vier. Mein Vater Hermann Cohen hatte ein Geschäft für Bekleidung in Dinslaken. Das war ein richtiges Nest. Deshalb hat auch meine Mutter Julie gesagt:

»Meine Kinder können hier nicht groß werden.«

1920, da war ich fünf, sind wir dann umgezogen nach Barmen, weil mein Vater dort ein Geschäft für Herrenmaßartikel übernehmen konnte. Es lag am Alten Markt, und im selben Haus wohnten wir auch. Mitte der Zwanzigerjahre zogen wir aus der Innenstadt in eine große Jugendstilvilla in der Ringelstraße.

Es gab keine jüdische Grundschule. Nachher, im staatlichen Lyzeum, war in jeder Klasse eine jüdische Schülerin. Zufall. Wir hatten einen so miserablen Klassenleiter, dass nach der Untersekunda, der sogenannten Mittleren Reife, von den über 20 Schülerinnen nur eine weitergegangen ist. Alle anderen hatten die Lust an der Schule verloren. Aber ich musste sowieso aufhören, weil ich Jüdin war.

Ich ging für ein Jahr in eine Art Frauenschule, hab alle möglichen Kurse gemacht. Säuglingskrankenschwester wäre ich gern geworden, aber da bin ich schon nicht mehr genommen worden. Ein Jahr lang hab ich noch einen privaten Schneiderkurs besucht. Bis die Leiterin

Anni Cohen 1936 in Wieringermeer in Holland

mir auch eines Tages gesagt hat, dass sie mich nicht mehr behalten könnte.

Im September '36 bin ich nach Holland gefahren. Auf Hachschara ins Polderland. Im Joodse Camp in Wieringermeer wurden wir ausgebildet in landwirtschaftlichen Tätigkeiten. Da haben wir arbeiten gelernt! Wir waren 120 Jungen und 30 Mädchen zwischen 18 und 25. Natürlich mussten wir Frauen die Küche und das Reinigen übernehmen, aber einige waren auch in der Landwirtschaft und im Hühnerstall.

Anni Cohen 1930 in Barmen

Dort hingekommen bin ich durch eine zionistische Jugendgruppe. Meine Eltern waren keine Zionisten, gar nicht. Ich hatte einen Vetter, der, als er meine älteste Schwester Hilde geheiratet hatte, auch mein Schwager wurde. Der war Zionist, und die beiden sind schon '33 nach Palästina gegangen und haben uns später alle nachgezogen. Mein Bruder Paul war auch in einer Hachschara-Gruppe in Amsterdam und nachher in einem Betrieb in Utrecht. Meine Schwester Grete und ich, wir beide waren in Wieringemeer. Ich hätte das auch allein gekonnt, wir waren so selbstständig erzogen. Na ja, es war schöner zusammen zu sein. Nur, mit der Schwester hab ich mich nicht gut verstanden. Sie hat mich immer geduckt und ich hab mich ducken lassen. Komischerweise. Als sie aus meinem Blickfeld war, da hab ich das sehr bald verloren und konnte tun, was ich wollte, nicht was sie wollte.

Ansonsten war das eine herrliche Zeit – so viel Jugend zusammen. Keine Gefahr, keine Ausgrenzung. Aber das Ziel für uns war immer Palästina, von dem Moment an, als wir auf Hachschara gingen. Grund und Boden haben die Holländer uns gegeben, auch die Baracken. Die waren froh, dass die bewohnt waren und der Boden bearbeitet wurde. Wir wurden voll versorgt, das bezahlten die holländischen Gemeinden. Meine Mutter schickte jeden Monat zehn Mark. Einmal bekam das meine Schwester und einmal ich. Mit den zehn Mark mussten wir dann zwei Monate wirtschaften.

Ich bin noch mal zurück nach Deutschland, zwei Mal sogar. Als es 1937 meinem Vater gesundheitlich sehr schlecht ging, sind wir alle, bis auf die Schwester in Palästina, nach Barmen gefahren und waren auch bei seiner Beerdigung. Im selben Jahr musste ich noch mal für drei Monate hin, weil ich nur in Hamburg das Zertifikat für die Einwanderung nach Palästina bekam. Danach blieb ich noch drei Wochen zu Hause, um einzupacken. Man hatte uns eingebläut: Kleider braucht ihr nicht, nur Arbeitszeug. Ich kam da drüben an und hatte nicht ein Kleid! Ich hab mir direkt Stoff besorgt und eins genäht. Später hab ich viel genäht, auch für andere, und mir damit ein bisschen Geld verdient.

Losgefahren war ich im Januar '38 von Köln mit einer ganzen Gruppe. Der Abschied von Freunden und vor allem von der Mutter, der war hart. Eigentlich wollte sie mit mir fahren, zu Besuch und dann wieder nach Hause. Aber sie hat keinen Pass mehr bekommen.

Ich kam an in Haifa. Und da standen am Schiff beide Schwestern, holten mich ab. Grete war schon ein gutes Jahr vor mir gegangen, nach Nahalal in eine Landwirtschaftsschule für Mädchen. Wir waren erst noch zusammen ein paar Tage bei der ältesten Schwester in Pardes Hana, nicht weit von Hadera, und dann bin ich in die Landwirtschaftsschule nach Petah Tiqva eingeteilt worden. Gartenbau und Hühnerzucht. Vielleicht 25 Mädchen und zwei Männer für die harte Arbeit waren wir, und haben mindestens erarbeitet und verkauft, was wir gekostet haben, wenn nicht mehr. Zu dritt haben wir in einem Zimmer gewohnt, das auf jeder Seite eine Tür hatte. Die eine ging zur Terrasse raus und die andere zum Weg. Beide waren unten ein Stück offen und bei jedem Regenstoß war das Wasser im Zimmer. Die Matratzen waren Strohsäcke und immer feucht und der Schrank war ein Gestell ohne Tür. Haben wir einen Vorhang vorgemacht. Für drei Leute ein Schrank.

Ging alles, ging vieles. Es war Abenteuer. Wir waren doch jung. Und man hat uns den Idealismus so eingepaukt:

»Wir machen! Wir tun!«

Haben wir auch. Wir haben bewusst aktiv gelebt. Natürlich gab es auch zionistische Vorträge. Die Schule gehörte zur Histadrut, der Gewerkschaft, und es wurde sehr drauf geachtet, dass die entsprechende Politik da rein kam. Bevor die zwei Jahre, die man bleiben sollte, vorbei waren, hab ich alles hingeschmissen. Bin weggelaufen zu meiner ältesten Schwester, weil meine Mutter da angekommen war.

Sie hatte noch die Kristallnacht in Deutschland erlebt, war eine Zeit lang bei Verwandten in Holland gewesen und kam gerade vor Kriegsausbruch bei uns in Palästina an. Mit einem sogenannten Elternzertifikat, was wir für sie beantragt hatten, und mit dem allerletzten Schiff, das noch ins Mittelmeer ging. Vorher hatte sie noch alles aufgelöst, das Haus hat irgendein alter Nazi für 'nen Appel und 'n Ei gekriegt. Mit dem Geld hat sie eingekauft für uns, Kleidung und Wäsche. Sie hat die Sachen einpacken lassen für einen Lift, und dann kam das Geschirr in Palästina an ohne Tassen. Komplettes Geschirr und nicht eine Tasse. Und die Wäsche, die sie für meinen Bruder gekauft hatte, die war geklaut. Er hatte nichts, war nur mit einem Rucksack illegal in Palästina an Land gegangen. Ist dann in der Nähe von Hadera in einem Kibbuz gelandet.

Meine älteste Schwester und ihr Mann hatten ein Schuhgeschäft mit Schusterei. Hinter dem Laden lebten sie – man kann sich so was heute gar nicht mehr vorstellen – in einem Zimmer mit Küche und Bad. Das war alles. Ich hab mit meiner Mutter gewohnt bei Bekannten, die eine Dreizimmerwohnung gemietet hatten. Meine Mutter, die aus einem sehr großen Haus kam, in Untermiete in einem Zimmer mit ihrer Tochter! Obwohl das Klima schwer war für sie, hat sie das wunderbar geschafft. Sie war froh, dass sie ihre Küken um sich hatte. Sie war Jahrgang 1880 und, als sie zu uns kam, da war sie 60 und hat den Haushalt meiner Schwester geführt. Sie hat sich um die Kocherei gekümmert und deren Kinder großgezogen.

Dann ging die Ehe von der anderen Schwester kaputt, und wir haben beschlossen, dass ich nach Nahariya gehe, damit sie jemand von der Familie in ihrer Nähe hat. Ich hab nicht bei ihr gewohnt, sondern in einem Lift. Man schnitt Fenster und Türen in die Lifts, Dusche und Plumpsklo waren irgendwo angebaut. Das ging bestens. Man darf nicht vergessen, wir sind in Barmen in der Jugendbewegung groß geworden. Da haben wir, wenn wir unterwegs waren, sehr primitiv in Zelten gelebt und uns im Bach gewaschen. War eine herrliche Vorbereitung, wunderbar und kameradschaftlich und erziehungsmäßig gut. Ich bedauere die Jugend heute, dass sie so was nicht hat. Die setzen sich in den Bus und fahren irgendwo hin. Wir sind mit dem Viehwagen unterwegs gewesen, mit Bauern und ihren Waren. Das war das Billigste.

Gott sei Dank war uns nicht nur der Idealismus eingepaukt worden, sondern auch anzupacken, wenn es nötig war. Und so hatte ich schon in Pardes Hana anderer Leute Wohnungen geputzt und das hab ich dann auch in Nahariya gemacht. Bei Jeckes. Es gab auch Tschechen da, aber die meisten waren Jeckes und sehr viele Deutsch sprechende Ungarn. In Nahariya hat man Deutsch gesprochen. Ich hab auch Hebräisch gesprochen, aber nie richtig. Es reichte für den Alltag.

Mein Mann Kurt war Frankfurter. Kennengelernt haben wir uns im Café Pinguin. Er hat in Kaffeehäusern Musik gemacht für die Engländer, wir waren ja noch unter englischer Besatzung. Er war oft weg, hat mal alleine gearbeitet, mal zu dritt, mal mit Orchester. Er hatte einen dreizehnjährigen Sohn, der gerade Bar Mizwa wurde, als wir uns trafen. Als wir eine Wohnung bekamen, zwei Zimmer von einer Vierzimmerwohnung, lebte er bei uns und hat so endlich mal ein Zuhause gekriegt. Seine Mutter hat sich kaum um den Bub gekümmert.

1945 haben wir geheiratet. Ich kann nicht genau sagen, wann. Ich hab keine Unterlagen von dem Tag. Unter der Chuppa kriegt man den Ehebrief, aber ich finde ihn nicht mehr. Der ist irgendwo untergegangen. Danach mussten wir noch zu den Engländern, um alles bestätigen

Anni Bober und ihr Mann Kurt 1945 in Nahariya

zu lassen. Die haben ein vollkommen anderes Datum reingeschrieben. Aber diese Bestätigung hab ich auch nicht mehr. Schriftlich beweisen kann ich nicht, dass ich verheiratet war. Wurde aber trotzdem später in Deutschland, wahrscheinlich durch Zeugenaussagen, anerkannt für Rentenansprüche.

Ich war schwanger, als Nahariya abgesperrt war wegen der Unruhen. Am 14. Mai 1948 wurde der Staat proklamiert, am 28. Mai mein Sohn geboren. Vier Wochen bevor er fällig war. Weil die Nachbarn uns Bomben schickten, hat er einen Schreck gekriegt – und schon kam er: so ein Kleiner mit 48 Zentimetern und 1.800 Gramm. Am zweiten Tag nach seiner Geburt saß ich im Bus, um aus Nahariya wegzukommen. Die Hebamme fuhr mit, saß auf dem Boden mit dem Kind im Arm und sagte:

»Wenn der einen Windhauch kriegt, ist er weg.«

Sie ist gefahren bis Qiryat Bialik, das ist vor Haifa, weil sie da Verwandte hatte. Sie haben den Knaben in einen Wäschekorb gepackt und wollten mich mit ihm nach Haifa ins Krankenhaus schicken, in eins speziell für Geburten. Da arbeitete inzwischen meine Schwester Grete. Aber ich hab nur geflennt und gesagt:

»Ich will nicht! Ich will nach Hause! Ich will zu Mutter!«

In Pardes Hana lebte auch ein befreundeter Kinderarzt, der ursprünglich in Hamburg eine Kinderklinik hatte. Der hörte, dass ich da war mit Kind, und kam direkt angefahren. Per Rad ist er überall hin und kam dann zwei, drei Mal am Tag, um nach Dan zu gucken. Die Jeckes-Kinder heißen alle Gad oder Dan.

Ich bekam ein Zimmer für mich und das Kind und den Hund. Schäferhündin, ein Prachttier und das beste Kindermädchen, was man sich vorstellen konnte. Da durfte keine Fliege an das Kind. Nach einem halben Jahr, Ende 1948, ging ich zurück nach Nahariya. Es wurde gegen Schakale Gift gelegt, und da war's geschehen um den Hund.

Nachdem mein Kind geboren war, hab ich sofort wieder gearbeitet. Mein Mann hat wenig nach Hause gebracht. Ich war schon froh, wenn er verdiente, was er brauchte. Mehr oder weniger die Familie ernährt, die beiden Kinder und mich, hab ich. Aber kein Problem, es ging. Wir hatten ja auch nichts zu kaufen, brauchten also kein Geld. Es war die schlimmste Zeit: Zena. Das war nach dem Krieg. Während des Zweiten Weltkrieges sind wir versorgt worden durch die Alliierten. Dann, als die weg waren, war alles rationiert. Ein Ei pro Kleinkind – nicht für die Erwachsenen – in der Woche. Ein Ei in der Woche! 100 Gramm Butter pro Woche. Das war schwer. Aber wir hatten immer genug Grünzeug, Tomaten und Gurken. Es wurde besser, als man die Landwirtschaft aufbauen konnte. Und dann wurde auch importiert.

Anni Bober mit ihrem Sohn Dan im Januar 1950 in Nahariya

Irgendwie hatten wir immer Berichte aus Deutschland, auch durch das Rote Kreuz. Es gab Briefpost, dünne, kleine Dinger, die konnte man eigentlich nur mit der Lupe lesen. Davon ist nichts mehr da. Ich nehme an, die sind zerfallen. Das waren Briefe, die kamen aus Lagern. Wir hatten auch Nachrichten von der Schwester meines Mannes. Aus Theresienstadt. Das waren vorgeschriebene Karten. Durch Vermittlung von jemandem aus der Familie bekam sie zehn Mark geschickt, und dann kamen Karten mit »Geld erhalten«. Die kamen irgendwann nicht mehr, die Karten.

Ich habe reihenweise Tanten und Onkel verloren. Ein Onkel war 1913 nach Holland gegangen, ist da sehr reich geworden und hat die ganze Familie nachgeholt. Von denen sind sehr viele umgekommen. Alle Älteren. Die Jüngeren waren versteckt. Die eine war in einer schwer katholischen Familie und, als sie zurückkam zu Verwandten, die Eltern lebten nicht mehr, haben die ihr erst mal beibringen müssen, dass sie nicht unterm Kreuz beten soll. Einen Teil dieser Verwandten, die nach Holland gegangen waren, hab ich auf dem Friedhof in Diemen bei Amsterdam wiedergefunden. In Amsterdam wurden in einem ehemaligen Varietétheater die Juden gesammelt und deportiert. Das ist heute ein Museum. Da sind Tafeln mit den Namen der Leute, aber nur die Nachnamen. Und da steht auch eine Reihe von Verwandten von mir. Geschwister meines Vaters mit ihren Partnern und Kindern – meine Generation. Wir sprachen wenig über die Verluste in der Familie. Und trotzdem: Was ist geschehen? Man möchte doch wissen. Aber wenn man die Namen liest, wird man stumm.

Meine Schwiegereltern hatten in London überlebt. Sie kamen nach Nahariya. Ich weiß nicht mehr, wovon sie lebten, wir hatten doch auch nichts. Meine Schwiegermutter starb schon nach einem halben Jahr. Dann wurde auch der Schwiegervater ganz schrecklich krank, war in einem Pflegeheim. Als die Unterlagen für die Entschädigungsbehörde in Deutschland kamen, mussten sie von ihm unterschrieben werden. Mein Mann fuhr hin und holte die Unterschrift. In der Nacht darauf ist sein Vater gestorben. Der wusste, jetzt hat mein Sohn etwas, und ist gegangen. Hätte er die Unterschrift nicht mehr gegeben, wäre alles weg gewesen.

Einige Zeit später ist mein Mann nach Frankfurt, um sich um das Geld zu kümmern. Und dann wurde er aufgrund einer Malaria so krank, dass er nicht mehr zurückreisen konnte nach Israel. Ich hätte sagen können, ich komm nicht nach Frankfurt, aber ich wollte meinen Mann nicht alleine dalassen. Also hab ich Kind und Koffer gepackt und bin gefahren. Es ist mir schwer gefallen, nach Deutschland zu gehen. Ich wäre niemals hierher gegangen, wenn er nicht krank geworden wäre.

Zum ersten Mal wieder deutschen Boden zu betreten, das war seltsam. Mein Mann wusste ja, dass ich nicht wollte. Er hat uns abgeholt in Genua am Schiff. Von da per Zug nach Zürich. Dort haben uns Bekannte mit dem Auto abgeholt, sodass wir eine Traumfahrt über den Schwarzwald nach Frankfurt hatten. War eine lange Reise, aber es war gut. Um es mir zu erleichtern. Im Schwarzwald, die letzten Tage im Oktober müssen es gewesen sein, da lag schon Schnee.

»Was ist denn das?«, fragte mein Sohn.

Da war er achteinhalb. Hatte nie Schnee gesehen und musste unbedingt aus dem Auto raus und feststellen, was das ist. Wir hatten immer mit ihm Deutsch gesprochen, aber vor allem sprach er fließend Hebräisch, er war ja schon in der Schule. Es war ihm nicht egal, dass er weg musste aus Israel, aber er wollte den Vater wiedersehen.

Ein halbes Jahr hat mein Mann noch ausgehalten hier, dann starb er. Im Mai 1957, mit 51 Jahren. Und da war ich mit dem Kind allein im Ungewissen. In einer Stadt, die ich nicht kannte. In einem Land, in dem ich nicht sein wollte. Da bin ich leicht verzweifelt, ja. Das war eine harte Zeit, psychisch. Ich hatte ja auch keine Familie hier. Und kein Geld. Ich weiß nicht, wovon ich Brot geholt hab. Als wir zurückgekommen waren nach Deutschland, haben wir 5.000 Mark bekommen, um anfangen zu können. Das war viel Geld, wir konnten damit eine komplette Wohnung einrichten. Wahrscheinlich hab ich von dem Geld noch gelebt. Und ich bin zu meinem Wohnungsvermieter gegangen und hab gesagt:

»Ich kann die Miete nicht bezahlen.«

71 Mark waren das für eine Dreizimmerwohnung, man stelle sich das vor. Sie war meinem Mann als jüdischem Verfolgten nach seiner Ankunft zugeteilt worden.

»Das macht nichts, wir wissen, dass die irgendwann kommt«, hat der gesagt.

Waren anständige Leute, eine Baugesellschaft, die gehörte zur evangelischen Kirche. Mehrere Monate hab ich keine Miete bezahlt und dann alles auf einmal. Es hat gedauert, aber langsam kam Geld. Und als ich ein bisschen zur Ruhe kam, hab ich schlapp gemacht. Bin zusammengeklappt. Es ging nichts mehr. Ich kam nicht ins Krankenhaus, ich hatte einen herrlichen Arzt, der hat mir eine Strophanthinkur gegeben, gibt's heute nicht mehr, ein richtiger Aufbau für Herz und Körper. Drei Wochen war ich zu Hause, und dann sagte er zu mir:

»Ich schick Sie zur Kur.«

»Aber ich geh nicht«, hab ich gesagt. »Arbeit tut mir am besten.«

Und dann ging's wieder. Es gab hier einen Konfektionsbetrieb und die Leute hatten gehört, dass ich Arbeit haben müsste. Sie riefen an, Telefon hab ich gehabt, ob ich an 100 Mänteln die Knöpfe annähen könnte? Natürlich konnte ich. Das war mein Arbeitsanfang in Frankfurt. Ich blieb sieben Jahre in dem Geschäft, habe genäht, Modellkleider geändert und auch im Verkauf geholfen. Als die Chefin starb, wurde der Betrieb geschlossen, und ich ging, wieder für sieben Jahre, in das Büro von einem Versandhaus. Nachdem das Pleite machte, war ich elf Jahre bei einem Konfektionär. Und als ich 1983 aufhörte, war ich 68 Jahre alt. Ich hab gern gearbeitet.

Der Bub war zuerst in einer Privatschule, weil ich gedacht hab, er muss richtig Deutsch lernen. Das war falsch, die öffentlichen Schulen hätten das genauso übernommen. Er blieb in der Schule bis um vier, und wir kamen zusammen nach Haus. Oder er kam zu mir, dahin, wo ich gearbeitet hab. Kurz vor dem Abitur hat er geschmissen wegen Mathe. Hat aber auch so seine Familie ernährt. Erst einen Kurs gemacht in Buchhaltung, dann eine Lehre im Hotel- und Gaststättengewerbe. In Wiesbaden hat er Arbeit bekommen beim Landeswohlfahrtsverband, da ist er jetzt noch. Er hat einen Sohn, der ist im Studium, will Lehrer werden.

Im November 1998 bin ich in die Budge-Stiftung gezogen. Es war klar, dass ich unbedingt in dieses jüdisch-christliche Altenheim wollte. Weil es kosmopolitischer ist. Es gibt in Frankfurt auch ein rein jüdisches, aber da sind heute mehr Russen als Jeckes, und das ist eine vollkommen andere Kultur. Hier haben wir immer mal Leute, die für ein paar Tage kommen, um das Wohnen auszuprobieren. Brauchte ich nicht. Es gab für mich keine Wahl. Und auch, wenn ich aus einer vollkommen liberalen Familie stamme, gehe ich in die Synagoge. Nicht um zu beten, sondern weil man dazugehört. Durch die Aussonderung damals fühlt man sich heute zusammengehörig. Man hat doch Gemeinsamkeiten.

Ob ich mich als Deutsche fühle? Eher als Israelin. Ich habe beide Pässe. Den israelischen würde ich niemals abgeben. Aber ich habe nie überlegt, zurückzugehen nach Israel. Es gab keinen Grund mehr. Mein Sohn war hier in der Schule, ich hatte das Entschädigungsgeld, ich hatte Arbeit. Nach Deutschland gekommen bin ich allerdings aus rein pragmatischen Gründen und nicht aus Überzeugung.

Heute gibt es mehr Antisemitismus, heute habe ich mehr Angst als damals. Damals war das noch einfacher, auch für meinen Sohn. Der Bub kam eines Tages heulend von der Straße, ein anderer Junge hätte ihn beschimpft als »übler Jud«. Hab ich nur gesagt:

»Geh runter und verhau ihn.«

Kurz danach kam dessen Mutter und beschwerte sich, was das soll.

»Fragen Sie mal Ihren Sohn, was los ist«, hab ich ihr gesagt. »Mein Sohn hat es nicht nötig, sich das gefallen zu lassen.«

Und dann war Frieden.

Eva Fröhlich
geboren als Eva Beutler am 15. Juni 1922

Berlin

Montevideo (Uruguay)

Rio de Janeiro, Cachoeiro de Itapemirim,
Rio de Janeiro, Teresópolis (Brasilien)

Frankfurt

Warum sollte ich nach Deutschland? In das Nazi-Deutschland? Na ja, es war ja nicht mehr Nazi-Deutschland. Aber zurückgehen musste ich wirklich nicht. Ich hab 55 Jahre in Südamerika gelebt. Uns ging es gut in Brasilien. Aber für meinen Mann war Deutschland sein Land. [...] Schweren Herzens hab ich nachgegeben.

Ich wusste, dass ich Jüdin bin. Ich wusste es immer und hab es nie geleugnet. Aber unter Kindern war das kein Thema. Wir waren mit allen zusammen, und es war ein sehr gutes Verhältnis zu den anderen. Meine Eltern hielten Shabbat und gingen in die Synagoge und, als wir größer waren, haben sie uns mitgenommen.

Mein Vater war Bücherrevisor, Wirtschaftsprüfer würde man heute sagen. Aber als ich sieben war und mein Bruder acht, wurde er krank. Er hatte im Ersten Weltkrieg gedient, das Eiserne Kreuz als Anerkennung bekommen, das nachher überhaupt nicht mehr anerkannt wurde, und die Ruhr. Eine schlimme Infektionskrankheit, die ist wieder so sehr ausgebrochen, dass er lange aussetzen musste.

Meine Mutter musste dann anfangen zu arbeiten. Als junges Mädchen hat sie Hüte gemacht, Putzmacherin hieß das. Und dann hat sie angefangen zu schneidern. Sie hat zu Hause gearbeitet und vor der Tür hatte sie so einen kleinen Schaukasten mit ihren Kinderkleidern. Dadurch hat sie gleich Kunden bekommen. Als ich zwölf war, hab ich sticken und smoken gelernt und ihr nach der Schule immer geholfen. Das haben wir dann auch in Südamerika gemacht.

Ich bin geboren in der Nähe vom Alexanderplatz, Magazinstraße 1, und ging ab 1928 in eine staatliche Volksschule. Wir zogen dann nach Wilmersdorf, und ich kam ins Hohenzollern-Lyzeum. Aber nur für etwa ein Dreivierteljahr. Als '33 Hitler an die Macht kam, da mussten die jüdischen Mädchen gehen. Wir waren sechs oder sieben in meiner Klasse und die mussten raus. Einfach raus. In den Synagogen wurden dann

Eva Beuter im Sommer 1928 in Berlin

Eva Beutler (Zweite von links) mit Großeltern, Eltern und Bruder Lutz ca. 1925 an der Ostsee

Schulen eingerichtet, und ich ging in die in der Prinzregentenstraße. Da waren jüdische Lehrer, und wir hatten genauso einen Unterricht wie vorher. Angst auf dem Schulweg hatte ich nicht, ich wurde auch nicht angepöbelt. Vielleicht sah ich nicht so jüdisch aus. Inzwischen war mein Bruder in Marburg, der sollte vorbereitet werden auf seine Bar Mizwa. Er war begeistert von Marburg und dem Leben dort. Das war natürlich gegen Berlin eine Kleinstadt, aber er fand es ganz toll. Und ich fand Berlin ganz toll. Wir sind eigentlich nie aus Berlin rausgekommen, außer zum Urlaub. Da sind wir, wie alle Berliner, immer an die Ostsee. So hab ich weiter nichts kennengelernt. Warnemünde, Swinemünde, Kolberg und Heringsdorf – das waren die Orte, in die man fuhr.

Wir sind beizeiten ausgewandert. Weil mein Vater das kommen gesehen hat. Er hatte noch '35 einen Kurs gemacht zum vereidigten Bücherrevisor, den hat er mit Auszeichnung absolviert. Und da hat einer der Prüfer gesagt:

»Wir kommen nicht umhin, einem Juden das Diplom zu geben.«

Meine Mutter wäre gern noch geblieben. Die hat immer gemeint, wie viele andere auch, dass es nicht so schlimm kommen wird. Sie hatte ja keinen Laden, konnte weiter zu Hause arbeiten und wurde nie belästigt. Dass jemand gesagt hat, »Sie Jüdin, bei Ihnen kaufe ich nicht«, das gab's nicht. Es gab auch noch Geld, um handgemachte Kleider zu kaufen.

Meine Mutter hatte einen Bruder, der war schon '36 ausgewandert. Seine Frau besaß ein Geschäft am Kurfürstendamm, das hieß »Mode-Kunst«. Sie hat fantastisch genäht, und die größten Sängerinnen und Tänzerinnen der Oper waren ihre Kundinnen. Und auch die Frau des Konsuls von Uruguay. Eines Tages trafen sich zufällig mein Onkel und der Konsul in dem Geschäft. Sie kamen ins Gespräch – da hieß es schon, es soll nicht bei Juden gekauft werden – und der sagte:

»Wenn Sie auswandern wollen, wir nehmen Sie gerne! Wir sind ein ganz kleines Land. Warum kommen Sie nicht nach Montevideo?«

»Ja«, hat mein Onkel gesagt, »das wäre eine gute Sache.«

Da war es noch leicht, vor 1940 war es noch leicht.

Die jüngste Schwester von meinem Vater ist mit ihrer Familie nach Shanghai. Die sind von keinem anderen Land mehr aufgenommen worden. Mit den letzten Emigranten sind sie raus und mussten bis über den Krieg da bleiben. Da war alles trostlos und schwierig und ganz primitiv. Unglaublich, was die durchmachen mussten.

Der älteste Bruder von meinem Vater ist geblieben mit seiner Frau und seiner Tochter. Sie haben gesagt, der Spuk ist bald vorbei. Dann konnten sie nicht mehr raus. Sie wurden deportiert. Mein Vater hat nie etwas herausgefunden über sie.

Im September '37 sind wir von Hamburg losgefahren. Wir wollten über Marokko, aber das Schiff lief schon vor Frankreich auf eine Sandbank, und wir mussten 14 Tage im Hotel in Le Havre warten, bis ein anderes gechartert wurde. Es war eine endlose Reise. Eine schöne Reise, aber wir hatten nicht den Kopf dazu, sie zu genießen. Wir hätten Ende September da sein sollen, aber kamen erst am 2. November an. Die Sonne strahlte – November ist Frühling dort – und es war faszinierend. Montevideo ist eine sehr schöne Stadt. Weit ausgedehnt, wenige Hochhäuser. Die Uruguayer sind stolz auf ihr Meer, das kein Meer ist, sondern der Rio de la Plata. Auf seiner anderen Seite liegt Argentinien, Buenos Aires. Das kann man aber nicht sehen und deshalb ist es für sie ein Meer und kein Fluss.

Die ersten zwei Wochen haben wir bei meinem Onkel und seiner Familie gewohnt. Bis wir was gefunden hatten, was wir mieten konnten. Jeder durfte ja nur zehn Mark aus Deutschland mitnehmen. Alles andere war weggenommen worden, was man auf der Bank hatte sowieso. Wir hatten eine große Kiste gepackt, darin war die Nähmaschine meiner Mutter und auch ein Porzellanservice, das wir dann bald verkaufen mussten, weil wir Geld brauchten. Und Wäsche, was man eben so am Anfang brauchte. Möbel konnten nur Leute mitnehmen, die einen großen Lift hatten. Aber verkaufen konnte man die Sachen in Deutschland auch nicht mehr. Wer hätte denn gekauft? Christen durften nicht von Juden kaufen, und Juden waren mit ihrer Auswanderung beschäftigt und haben auch nichts mehr gekauft. Man ließ alles zurück. Meine Mutter hatte ein Berliner Zimmer, das nur aufgemacht wurde, wenn Feiern waren. Große, schöne Möbel, die die Nachbarn wahrscheinlich sehr schnell mitgenommen haben.

Wir zogen in eine Wohnung in einem kleinen Haus. Es war eine gute Gegend mit Leuten, die Geld hatten, und für Kinder haben die Südamerikaner alles ausgegeben. Wir haben gleich viele Aufträge bekommen für Smok-Arbeiten, Hängerchen mit kurzen Puffärmeln und langen Ärmeln. Ich hab mitgeholfen, die Stickerei gemacht.

Mein Vater und ich, wir waren immer interessiert in Sprachen, haben mit einer Privatlehrerin in zwei Monaten die Grundbegriffe gelernt. Meine Mutter war nicht interessiert, die hatte ja diese Handarbeit, die sprach für sich. Und mein Bruder Lutz, der hat keinen Unterricht genommen.

»Das lernt man schon«, hat er gesagt.

Es war auch so. Er hat eine Lehre gemacht bei einem Schreiner und ein paar Jahre bei ihm gearbeitet, bis er sich selbstständig machen konnte. Dann hat er geheiratet. In Uruguay. Er bekam eine Tochter, die jetzt in Israel lebt und keine jüdische Mutter hat. Die Frau von meinem

Bruder ist katholisch und aus einer sehr guten Familie. Eine entzückende Frau, mit der ich noch heute chatte. Zu meinem 90. Geburtstag habe ich einen Laptop bekommen, denn Tippen konnte ich, hatte in Montevideo Unterricht in Maschineschreiben. Und abends hatte ich Unterricht, um die spanischen Sprachkenntnisse zu vervollkommen. Ich hätte gern Psychologie studiert. Oder etwas mit Kunst, Malerei. Dass ich kein Abitur machen konnte, das war das Einzige, was ich sehr bedauert habe, als wir aus Deutschland weggegangen sind. Ich hab gern gelernt, das fiel mir leicht.

Nachdem ich nicht studieren konnte, war mein Gedanke immer, Lehrerin zu werden. Mit einer Freundin habe ich zwei Jahre den Abendkurs gemacht. Als wir fertig waren, mussten wir eine Stunde Unterricht geben vor einer Klasse. Aber dann hieß es einen Tag vorher:

»Der Direktor von der Schule wird anwesend sein.«

»Um Gottes willen, das mach ich nicht. Das kann ich nicht. Da werde ich doch so nervös sein, da werde ich kein Wort rausbringen.«

Aber weil ich so gern Unterricht geben wollte, war ich so gut vorbereitet, dass der für mich dann gar nicht mehr anwesend war. Das war ein großer, älterer Herr, wir haben ihn alle verehrt. Und dann kam er, als ich fertig war, auf mich zu.

»Miss Bjutl« – Beutler –, »you are a born teacher!«

Das war ja für mich fantastisch! Die haben mich dann auch gleich genommen als Lehrerin in dem Institut. Von da an hab ich Kindern und Erwachsenen abends Unterricht gegeben in Englisch. Da war ich schon 26. Ich hatte erst Privatunterricht gegeben, sodass ich Geld für die Ausbildung hatte.

Ich hab Sprachen immer gern gehabt. In der jüdischen Schule in Berlin konnten wir eine Sprache wählen, da hab ich Englisch genommen. Hebräisch haben wir auch gelernt. Ich kann es nicht übersetzen, aber ich kann es lesen. Ich verfolge jeden Text in der Synagoge. Aber in Uruguay habe ich nie Hebräisch gesprochen, nur Spanisch. Die jüdische Gemeinde gründete sich erst '40 oder '41, als immer mehr Juden da waren. Nachher kamen viele Frankfurter, die haben sich dann zusammengetan und eine sehr schöne Synagoge gebaut. Anfangs gab es nur einen Betsaal, wie überall. Shabbat wurde gehalten, die Feiertage wurden gehalten. Und es wurde sogar eine Jugendgruppe gegründet, damit wir zusammenkommen konnten, tanzen konnten. Zuerst hatte man sich natürlich mit deutschen Emigranten angefreundet. Mit der Zeit mischte sich das und es entstand dieses Forum der Jugend. Wir waren zwischen 18 und 21 und haben uns dann schon auf Spanisch unterhalten.

Ich lebte noch bei meinen Eltern, eine eigene Wohnung konnte ich nicht bezahlen. Außerdem half ich ja meiner Mutter. Sie hatte inzwischen einen Laden gemietet, und wir haben dahinter in zwei Räumen gewohnt. Das Geld wurde in einen Topf geschmissen, was mein Vater verdient hat, meine Mutter, mein Bruder und ich.

Mein Vater hat nicht gleich Arbeit gefunden. Er hat für einen Verein kassiert, Inkasso gemacht. Hat auch Brötchen ausgetragen. Man nahm, was man kriegen konnte. Aber verbittert, nein, das war man nicht. Man war ja auch froh, dass man rausgekommen war aus Deutschland. Dass man sein Leben retten konnte. Und das Leben in Uruguay war ganz gut, war gemütlich. Von Montevideo hat man gesagt, es ist eine schöne Rentnerstadt. Vor allem mein Vater war begeistert. Es war so ulkig: Wenn wir am Strand waren, dann behauptete er, die Luft ist so herrlich. Man singt doch immer von der Berliner Luft, aber er sagte:

»Nein, diese Luft hier ist nicht vergleichbar mit der Berliner Luft.«

Der war immer Optimist, hat nicht griesgrämig rumgesessen und getrauert. Meine Mutter trauerte schon ein bisschen Deutschland hinterher. Ich vermisste es nicht, das war weit weg. Als junger Mensch lebt man sich ja schnell ein. Man denkt nicht viel drüber nach, gefällt es einem oder nicht. Und es hat uns gefallen.

Vom Krieg in Europa wusste man, das hatte man aus der Zeitung. Nachher wusste man auch von den Konzentrationslagern, das haben auch die Zeitungen veröffentlicht. Aber nicht so, wie wir es dann nachher in Filmen gesehen haben. Dass die Menschen wie Vieh auf Güterwaggons mussten. Dass sie verschleppt worden waren, davon wussten wir nichts. Dass Deutschland dann aufgeteilt wurde, wusste man auch nicht. Und dass so viele in russische Gefangenschaft kamen, habe ich erst erfahren, als ich wieder hier war.

Später kamen die Nazis nach Montevideo. In unserer Straße wohnten zwei Ehepaare, die haben sich ein Häuschen gemietet oder gekauft, die hatten ja alle Geld. Wenn die vorbeikamen, haben wir gesagt:

»Guck mal, da gehen die Nazis.«

Wir standen über denen, wir waren schon lange im Land. Die waren dann auch nicht mehr diese großen Herren, die waren schon kleiner. Sie mussten schön brav sein, konnten vor allen Dingen kein Aufsehen von sich machen. Nach Südamerika haben sich viele Nazis abgesetzt, hauptsächlich nach Argentinien. Aber auch in Uruguay sind welche untergetaucht. Die waren natürlich nicht mehr Nazis. Waren es nie gewesen. Aber das haben alle gewusst: Wer nach dem Krieg als Deutscher dorthin auswanderte, der konnte nur Nazi sein, konnte es nicht verschweigen.

Meine Mutter hatte eine Cousine, die aus Berlin nach Rio de Janeiro gegangen war. Sie hat meine Mutter eingeladen, sie soll doch nach Rio kommen, mal raus aus Uruguay und was anderes sehen. Meine Mutter war aber am liebsten zu Hause, hat gleich abgesagt.

»Na, dann schick doch deine Tochter.«

Und die Tochter wollte zuerst auch nicht, weil die gar nicht gewohnt war zu reisen. Ich war immer häuslich, hab mitgearbeitet bei der Mutter. Aber dann bin ich doch gefahren, denn Rio, hieß es damals, sei die schönste Stadt der Welt.

Eines Tages war ich mit meiner Tante und ihrem Mann im Yachtclub. Er war damals gerade Präsident der jüdischen Loge, B'nai B'rith, und traf dort ein Mitglied, das gleich eingeladen wurde, uns am nächsten Tag nach Petropolis zu begleiten. Arthur nahm die Einladung an, und wir fuhren alle in diese frühere Kaiserresidenz. Eine sehr hübsche Stadt, hoch im Gebirge. Danach verabredeten wir uns, Arthur und ich.

Er hatte mit seinem Bruder im Innern des Landes ein Geschäft mit elektrischen Geräten und war seit einem Jahr in Rio, um einen Versandhandel für Radiomaterial aufzubauen. Das lief ganz gut, und er wollte in Rio bleiben. Aber er hat mir gleich gesagt, dass er vielleicht nach Cachoeiro de Itapemirim zurück muss. Das war weit weg, in dem Staat Espírito Santo. Da gab es noch keinen Flughafen, nur ein Feld, wo ein kleines Flugzeug landen konnte. Es gab zwar schon einen Zug, aber wenn der pünktlich war, dann war es der Zug vom Vortag. Das war Brasilien damals, 1956.

»Es hat keinen Zweck, du in Montevideo und ich hier«, hat Arthur bald gesagt. »Da können wir uns ja kaum sehen. Ich möchte dich gern heiraten. Aber ich kenne ja noch nicht mal deine Eltern. Also, entweder wir werden heiraten, legen das Datum fest oder es wird nichts.«

Ich kannte ihn knapp zwei Wochen! Ich hab dann noch eine Woche verlängert in Rio, und er hat mich seinem Rabbi vorgestellt. Nachdem ich zurück war, erschien er eine Woche später in Montevideo. Meine Mutter war nicht begeistert, die wollte mich nicht nach Brasilien gehen lassen. Von ihm aber war sie schon begeistert.

Er kam aus einem so frommen Haus, dass sein Vater am Shabbat kein Licht angemacht und keinen Brief geöffnet hat. Das hat der Briefträger für ihn gemacht und ihm dann hingelegt. Und mein Mann musste, als er 15 war, in die Shil gehen, um Tora zu lernen.

»Das kenne ich nicht«, hab ich Arthur gesagt. »Wir sind frei aufgewachsen. Soll ich kosher kochen?«

»Nein! Überhaupt nicht!«

Die Hochzeit war im Juni '56, an meinem 34. Geburtstag. Er war zehn Jahre älter. Wir mussten in Brasilien heiraten, weil seine Mutter sehr krank war und nicht mehr reisen konnte. Meine Mutter hätte gern die Hochzeit in Montevideo gemacht, weil da die Freunde waren. Da hatte man mir auch andauernd Männer vorstellen wollen. Wie die jüdischen Frauen so sind: Da ist ein jüdisches Mädchen? Na, dann wollen wir doch mal …! Ich hab alle abgelehnt.

In Rio hab ich bei meinem Mann im Büro mitgearbeitet. Zuerst sprach ich nur Spanisch, die Brasilianer verstehen es. Umgekehrt ist es schwieriger, vom Portugiesischen ins Spanische.

Nach drei Jahren sind wir dann umgezogen ins Innere des Landes. In Cachoeiro gab ich Kindern Privatunterricht in Englisch. Mein Mann arbeitete und war im Rotary. Sonst gab es auch in dieser Kleinstadt nicht viel. Die Rotary-Frauen haben mich gleich aufgenommen. Sie haben mich als »a alemã« bezeichnet. Das war so ein bisschen prejorativ für »die Deutsche« und hieß so viel wie, »Du bist ja die Zugereiste, du musst Brasilianerin werden, du musst implantiert werden«. Die Einbürgerungsurkunde, die bekam ich dann im Konsulat in Rio. Durch Hitler war ich ja staatenlos und in Uruguay hab ich mich nicht einbürgern lassen, denn da musste man nachweisen, dass man, ich glaube, sechs Jahre gearbeitet hatte. In Rio wurde ich dann Brasilianerin, bekam einen brasilianischen Pass.

Eva Fröhlich in den Sechzigerjahren in Cachoeiro de Itapemirim in Brasilien

Eine Zeit lang haben wir in einem Haus am Fluss, am Itapemirim, gewohnt. Da gab es fast jedes Jahr Hochwasser. Bei meinem ersten Mal kam der Angestellte von Arthur mit seiner Camioneta, das war so ein Lieferwagen, und sagte:

»Ihr Mann schickt mich. Ich soll Sie rumfahren.«

»Was, jetzt?«, fragte ich. »Bei diesem Hochwasser?«

»Ja, ja, das müssen Sie sehen!«

Dann hat er mir die Gegenden, die am meisten betroffen waren, gezeigt. Als ich wieder zu Hause war, rief meine Schwägerin an:
»Wie findest du das?«
»Ja, ganz toll!«
»Wir treffen uns in der Bäckerei soundso«, sagte sie.
»Aber die ist doch unter Wasser!«
»Ja, das ist gerade das Schöne. Wir sind bis zum Knie im Wasser. Mach dich auf was gefasst.«

Das war das Ereignis dort. Das war alles ulkig für mich, diese Erlebnisse, die man hatte. Winter gab es nicht, aber es war manchmal ein bisschen kühlere Luft. Das war natürlich für uns gut. Es war ja tropische Luft sonst, und ich fühlte mich wie in einer Backstube.

Von '59 bis '71 waren wir dort. Wir gingen, weil mein Mann und sein Bruder den Laden zugemacht haben. Sie wurden bestohlen von einer langjährigen Angestellten. Sie haben sie rausgeschmissen, aber da war es schon zu spät, weil auch noch ein anderer geklaut hatte. Sie haben dann alles liquidiert. Und aus dem Lager, das war riesig, wurde ein Supermarkt.

Wir zogen wieder nach Rio. Für mich war das wunderbar, das Beste, was mir passieren konnte. Ich hab nicht gern in einer Kleinstadt gelebt. Es war so langweilig. Und Rio ist wunderschön. Wir wohnten etwas außerhalb in einem Stadtteil, in dem Leute lebten, die Geld hatten. Ich hab gleich eine Menge Privatschüler gehabt. Die Brasilianer haben Wert darauf gelegt, die Kinder noch eine Sprache lernen zu lassen.

Mein Mann hat noch Vertretungen übernommen für Radiomaterial und für orthopädische Artikel. Und dann hat er noch eine bekommen für Wasserbetten. Die waren in der Zeit sehr beliebt und er hat auch ganz gut verkauft. Dabei war er schon in Rente.

Wir blieben bis '77. Dann haben wir uns in dem Gebirgsort Teresópolis, nicht weit von Petropolis, eine kleine Wohnung gekauft. Das war herrlich. Es war eine Touristenstadt, im Sommer hat sich die Einwohnerzahl verdreifacht.

In Brasilien hab ich sehr gern gelebt. Ich wollte nicht weg. Aber der Freund von meinem Mann, der war schon in Deutschland. Und das war mein Unglück. Von ihm hat sich mein Mann überreden lassen.

»Komm doch her«, hat der gesagt. »Hier hast du alles. Volkshochschulen, Konzerte. Und es ist erschwinglich für Rentner.«

Er hat es ihm so schmackhaft gemacht, dass mein Mann schließlich gesagt hat:

»Ja, wir kommen!«

Hat er nicht an mich gedacht. Hab ich gesagt, als er das erzählte:

»Halt, ich hab auch noch ein Wort zu sagen. Ich gehe nicht!«

Dann hat mein Mann Druck ausgeübt, gesagt, er wird depressiv in dem kleinen Ort. Früher kamen unsere Freunde immer den ganzen Sommer in ihre Ferienhäuser, als deren Kinder klein waren. Aber als die groß waren, kamen sie nicht mehr und haben die Häuser verkauft.

»Dann müssen wir zurück nach Rio«, hat er gesagt.

Aber da ist das Klima mörderisch, feuchte Hitze. Man ist immer nass. Rio kam für mich nicht mehr infrage. Aber warum sollte ich nach Deutschland? In das Nazi-Deutschland? Na ja, es war ja nicht mehr Nazi-Deutschland. Aber zurückgehen musste ich wirklich nicht. Ich hab 55 Jahre in Südamerika gelebt. Uns ging es gut in Brasilien. Aber für meinen Mann war Deutschland sein Land, das, wo er geboren war. Und er war Frankfurter mit Leib und Seele. Obwohl er sich in Brasilien gut eingelebt hatte. Wenn er die Sprache nicht gut gelernt hätte, nicht richtig Fuß hätte fassen können, keine Freunde gehabt hätte, einsam gewesen wäre, dann hätte ich das noch verstehen können. Aber das war es nicht. Im Alter kamen die deutschen Wurzeln meines Mannes wieder hoch. Das war bei mir nicht der Fall. Ich bin hier geboren, da bin ich Deutsche automatisch. Aber vom Herzen her mehr Südamerikanerin. Ich wäre drüben geblieben. Es zog mich gar nicht weg. Anders als damals, in den Dreißigerjahren, als wir froh waren, dass wir raus konnten aus Deutschland.

Schweren Herzens hab ich dann nachgegeben. 1992 gingen wir zurück.

Ruth Thorsch
geboren als Ruth Jaffe am 27. Dezember 1923

Berlin

Ramat Gan (Palästina/Israel)

Frankfurt

Ich war nie gern in Palästina und hatte immer Sehnsucht nach Deutschland. Weil ich da nie was Schlechtes erlebt habe. […] Wir gingen dann zurück. Warum? Zu viel Krieg! Der Unabhängigkeitskrieg 1948, der Sinai-Feldzug 1956. Uns war klar, dort wird es immer Krieg geben. Da haben wir uns gedacht: Raus! Und ich hab das keine Minute bereut.

Das Komische ist, ich hab das sehr begrüßt, dass Hitler an die Macht kam. Hitler hat das richtig gemacht, am Anfang. Als ich mit meiner Mutter in Berlin in die Tauentzienstraße ging zum Einkaufen, hab ich gesehen, die Bettler sind weg! Hitler nahm die Bettler von der Straße. Sonst wusste ich ja nichts von ihm. Als er an die Macht kam, da war ich neun Jahre alt und ging noch eineinviertel Jahr in die Volksschule. Das war eine gewöhnliche Volksschule in der Nachodstraße. Da haben wir nicht »Heil Hitler« gesagt.

Erst als ich 1934 ins Rückert-Oberlyzeum in Schöneberg kam, gab es das übliche »Heil Hitler«. Gut, alles war da neu für mich, dann war das eben auch neu. Am zweiten Tag las ich in der Schule, was draußen an den Klassen stand. Und da war die »O1«, die Oberprima, durchgestrichen. Es gab keine Oberprima mehr, Hitler hatte sie gestrichen. Das war richtig! Die ist vollkommen überflüssig. Es war nicht alles schlecht, was Hitler gemacht hat. Die Auswüchse waren es dann.

Wir sangen keine Hitler-Lieder. Wir sangen »Die Gedanken sind frei«, das ist ein Lied aus dem Mittelalter, das haben die Gefangenen gesungen. Das hat nichts mit Hitler zu tun. Dann haben wir gesungen »Freiheit, die ich meine, die mein Herz erfüllt«. Das hat auch nichts mit Hitler zu tun. Die anderen Mädchen gingen in den BdM und die brachten mir Schifferknoten bei. Und da sagte ich zu meinem Vater:

»Papa, ich will auch in den BdM.«

»Nein, das geht leider nicht. Du gehst in den HaShomer Haza'ir.«

Das Rückert-Oberlyzeum war eine öffentliche Schule. Alle wussten, dass ich jüdisch bin. Es gab noch ein jüdisches Mädchen, das musste die Schule dann verlassen, weil ihr Vater nicht Frontkämpfer war. Ich durfte bleiben, unser Vater – mein Bruder ist ein Jahr nach mir geboren – war Frontkämpfer im Ersten Weltkrieg gewesen. Man nannte uns Frontkämpfer-Kinder.

Christliche Freundinnen hatte ich nicht. Es war damals bei uns auch nicht üblich, dass sie zu mir nach Hause gekommen wären. Geburtstage wurden nur gefeiert mit Cousinen. Aber als ich einmal zu meiner Cousine Ursula zum Kindergeburtstag gehen sollte, ging ich zur Klavierstunde. Meine Eltern haben sich aufgeregt, man wusste ja bei einem jüdischen Kind nicht, wo es steckt. Überhaupt wurde es schrecklich zu Hause. Ich kam mal zehn Minuten später aus der Schule, weil ich noch ein Buch tauschen musste. Meine Mutter war völlig aufgelöst. Großes Theater. Meine Eltern hatten Angst, sie wussten ja ganz genau, was los war. Besonders mein Vater. Er war Rechtsanwalt und Notar und war am Gericht. Da wusste man viel mehr von der Politik als bei dem kleinen Mann. Wissen Sie, warum so viele deutsche Juden ermordet worden sind? Weil viele Menschen sagten:

»Bleibt doch hier. Hitler wird nicht lange bleiben.«

An einem Sonntag im Jahr 1935 klingelte bei uns das Telefon. Meine Mutter ging dran, wurde ganz blass und sagte zu meinem Vater:

»Max, Hitler hat dir das Notariat weggenommen.«

Ich wusste, was das bedeutet. Dass man viel weniger verdient. Mein Vater wollte uns dann schicken nach Ben Shemen, in das Jugenddorf. Aber meine Mutter wollte sich nicht von uns Kindern trennen. So retteten wir praktisch unsere Eltern. Denn jetzt musste auch mein Vater mit. Was blieb übrig? Alle vier wanderten wir aus. 1936, legal. Wir hatten ein Affidavit bekommen für Palästina.

Im ersten Jahr dort fragte ich immer:

»Papa, was steht in der Zeitung? Ist Hitler schon weg? Ich will wieder nach Hause. Nach Berlin.«

Langsam verstand ich, dass das nicht möglich war. Und als ich hörte, dass in Deutschland die Synagogen brannten, bekam ich Angst.

»Was werden wir hier den deutschen Christen tun aus lauter Wut und Rache?«, fragte ich meinen Vater.

Es passierte ihnen nichts, niemand kümmerte sich um sie. Nur später, als Rommel näher rückte, hat man alle interniert. Man tat sie zusammen in ein deutsches Dorf bei Haifa. Außer diesem gab es noch andere deutsche Dörfer in Palästina. Wilhelma, nahe bei Tel Aviv und so genannt zu Ehren Wilhelm II. Oder Sarona, nördlich von Jaffa. Schon 1939 hatte Hitler per Schiff alle wehrfähigen deutschen Männer abholen lassen – frisch, fröhlich und mit einer Hakenkreuzfahne und der Schwarz-Weiß-Roten.

Wir wohnten in Ramat Gan, zu viert in einer Zweizimmerwohnung. Wie das ebenso war. Am Samstag gingen wir oft nach Sarona, weil wir da Deutsch hörten. Wir Kinder warteten vor der Zwergschule, bis sie aus war und dann spielten wir, was deutsche Kinder eben spielten. Die Mädchen mit dem Springseil und die Jungens Fußball. Meine Mutter tauschte Kochrezepte mit den Damen. Wir waren gern zusammen mit Christen. Und wenn es zu heiß war, setzten wir uns in die kleine Kirche, alle miteinander, und Murmeln kullerten auf dem Boden. Mitten in der Hitlerzeit saßen 2.000 Kilometer entfernt von Deutschland Juden und Christen einträglich in der Kirche und ließen Murmeln kullern. Tatsache! Und da hab ich schon als Vierzehnjährige gedacht, dass diese ganze Politik Unsinn ist. Es gibt keinen Hass zwischen Juden und Christen. Es gibt nur anständige und unanständige Menschen.

Mein Vater konnte nicht arbeiten als Anwalt. Er hätte die Prüfung nachmachen müssen in Englisch und Hebräisch. Kann man nicht mit 53 Jahren. Erst hatten wir einen Lebensmittelladen. Der ging natürlich pleite. Später hat er eine Vertretung gemacht für Kaffee. Morgens mit Rucksack und zwei schweren Taschen losgezogen zu den Lebensmittelläden. Hat er Kaffee gebracht und Lebensmittelmarken und Geld bekommen. War alles nicht so einfach. Mein Vater lebte von seinen

Depressionen. Er war nicht der Einzige. Es waren ja alle in derselben Lage. Man musste froh sein, dass man gerettet war. Und irgendwie haben sich alle durchgewurschtelt.

Ich war nie gern in Palästina und hatte immer Sehnsucht nach Deutschland. Weil ich da nie was Schlechtes erlebt habe. Und weil mir das Ganze in Palästina fremd war. Ich kam in der Schule das erste Mal mit Jungens zusammen, das ist schon eine miese Sache. Und dann eine fremde Sprache. Wenn man da sitzt und kaum etwas versteht, das kann man nicht beschreiben, das muss man selbst erlebt haben. Ich verstand ein paar Worte, aber in der siebten Klasse, in die ich kam, muss man schon einiges können. Nach einem Jahr sagte der Lehrer zu mir:

»Du kannst ja immer noch kein Hebräisch! Du musst die Klasse wiederholen.«

So lerne ich auch kein Hebräisch, fand ich und ging daraufhin gar nicht mehr in die Schule. Ich setzte mich in den Park – der war damals menschenleer, wer hatte Zeit, in den Park zu gehen? –, nahm ein deutsches Buch mit und dann holte mich meine Freundin so um eins ab. Die Sache flog auf, als der Lehrer eines Tages in unserem Lebensmittelladen stand und meinen Vater fragte:

»Warum kommt die Ruth nicht mehr in die Schule? Ist sie krank?«

Daraufhin hat mein Vater bei dem Lehrer erreicht, dass ich eine Nachprüfung mache nach den Sommerferien und dafür Nachhilfestunden bekomme. Hebräisch fällt nicht vom Himmel! Da muss man sitzen und lernen. Aber irgendwann fällt der Groschen, man muss nur hinterher sein. Ich hab die Prüfung bestanden und so konnte ich nach der achten Klasse von der Volksschule auf das Balfour-Gymnasium in Tel Aviv wechseln. Nach vier Jahren und nur achteinhalb Monate vor dem Abitur musste ich es verlassen, weil mein Vater sagte:

»Du brauchst kein Abitur, du gehst als Putzfrau arbeiten.«

Das war schrecklich. Und traurig. Ich wollte so gern studieren. Mein Bruder konnte auch keine Ausbildung machen, er bekam Kinderlähmung mit 20 Jahren. Und war 65 Jahre lang gelähmt im Rollstuhl. Unser Schicksal – nicht gerade einfach.

Mit 16 war ich in die Haganah gegangen, in die medizinische Einheit. Da machte ich so etwas Ähnliches wie die Zivildienstleistenden heute in Deutschland. Ich hatte im Krankenhaus Dienst, als Hilfe für die Krankenschwestern. Und wenn die Herren Araber lustig wurden, musste ich Ambulanz-Beifahrerin sein, und wir fuhren rauf auf die Felder und sammelten die Verwundeten ein.

Ich war dann acht Jahre bei der Haganah und zwei Jahre beim Militär, weil ich musste. Bei der Staatsgründung wurde ich eingezogen. An meinem Dienst änderte sich nichts. Das Traurige aber war, dass mit der Staatsgründung der Krieg anfing, der Unabhängigkeitskrieg 1948. Während des ganzen Weltkrieges hatte es keine Unruhen gegeben mit den Arabern. Wir konnten über die Allenby-Brücke rein nach Transjordanien. Wir waren in Abu Gosh bei Jerusalem. Wir waren in Ramallah. Überall. Gern gesehen. Es war tiefster Frieden mit den Arabern. Frieden für immer wäre damals möglich gewesen.

Was sich während des Weltkrieges in Deutschland tat, wussten wir schon sehr früh: Die Engländer hatten einen guten Secret Service. Wir wussten nur nicht, wer ermordet worden war und wer am Leben geblieben ist.

Ein Bruder meines Vaters war schon 1933 nach Tel Aviv gegangen mit seiner Frau und den beiden Töchtern Vera und Eva. Und dann starb Vera mit acht Jahren an einer Meningitis. Damals war eine Epidemie in Tel Aviv. Da zog Onkel Martin raus nach Herzliya und später in den Krieg. Er war stationiert in Isma'ilia und kämpfte gegen die Deutschen. Das kam gar nicht so selten vor, dass Leute im Zweiten Weltkrieg auf britischer Seite waren und im Ersten noch auf deutscher Seite gekämpft hatten. Nicht nur mein Vater, sondern auch seine fünf Brüder waren Frontkämpfer im Ersten Weltkrieg gewesen. Der Onkel Alfred war besonders schwer verletzt worden. Irgendwann konnten er und seine Familie nicht mehr raus aus Deutschland, hatten kein Geld. Mein Vater und Onkel Martin haben ihm geschrieben, dass er seine Tochter Ursula zu uns nach Palästina schicken sollte. Meine Cousine Eva und ich, wir freuten uns auf Ursula.

»Wir werden ihr Hebräisch beibringen, wir werden mit ihr spielen. Und sie wird im Bett von der Vera schlafen.«

»Wir trennen uns nicht von unserem einzigen Kind«, haben ihre Eltern zurückgeschrieben. Alle drei, sie und ihre Eltern, sind in Dachau ermordet worden. Ursula hätte heute noch leben können. Dieser Egoismus: Wir trennen uns nicht von unserem einzigen Kind. Nicht verständlich, man sah doch, was los war.

Meine Tante Paula war in Theresienstadt, aber man hat mir nie davon erzählt. Und ich hab mich immer gescheut, meine Verwandten auszufragen. Ich finde, das soll man nicht machen, dieses Berühren der damaligen Zeiten.

Auch der Vater von meinem Mann war im Ersten Weltkrieg Frontkämpfer auf deutscher Seite gewesen. Und dann ist er ermordet worden von den Nazis. Meine Schwiegereltern sind beide ermordet worden in Treblinka. Mein Mann kam illegal und in letzter Minute ins Land. Er hatte sich mit anderen in Odessa eingeschifft, und vor der Küste von Palästina wurden sie noch von den Engländern beschossen. 1939 war das, kurz bevor der Krieg ausbrach. Durch die Entbehrungen im Land bekam er Tuberkulose, man hungerte ja in der Zeit. Er lag viereinhalb Monate in einer Tuberkulose-Klinik. Rings um ihn herum starben die Patienten, aber er war nicht so schwer betroffen.

Als er geheilt war, kam er nach Ramat Gan, wo ich ihn kennenlernte. Er war Tscheche und Textilingenieur und arbeitete dort in einem Textilbetrieb. 1944 haben wir geheiratet, das erste Kind kam 1951. Das dauerte so lang, weil ich nicht so früh Kinder wollte. Ich hab mit 21 geheiratet! Muss das dann sofort sein? Ich war nicht dafür. Wir haben weiterhin in Ramat Gan gelebt in einem Schuppen, so wohnte man damals. 1954 haben wir eine Wohnung bekommen.

Mein Mann war sehr verbittert nach der Ermordung seiner Eltern. Kann man verstehen. Aber das war dann nicht sehr schön mit ihm. Ich hab ihm öfter gesagt, dass er eine Psychotherapie machen muss. Es gibt Schicksale, die lassen sich nicht allein verarbeiten. Dann sucht man eben Hilfe. Aber er hat gesagt:

»Mir kann doch kein Arzt helfen!«

Wir gingen dann zurück. Warum? Zu viel Krieg! Der Unabhängigkeitskrieg 1948, der Sinai-Feldzug 1956. Uns war klar, dort wird es immer Krieg geben. Da haben wir uns gedacht: Raus! Und ich hab das keine Minute bereut.

Dazu kam, dass Ben Gurion, anstatt die Kontakte zu fördern zu den reichen Juden in Amerika, die investieren wollten in Israel, verlangte, alle sollten Pioniere sein und so bescheiden leben wie er. Aber das ist seine Privatangelegenheit gewesen. Wir wollten endlich raus aus unseren Löchern und leben. Und dann haben die Amerikaner in der Mehrzahl gar nicht investiert, und so musste man zum Beispiel die Textilfabrik meines Mannes nach Dimona verlegen. In Dimona stand schon damals der Kernreaktor, und meinem Mann war klar, da werden die Bomben zuerst fallen. So führte Verschiedenes dazu, dass wir das Land verließen.

Erst war ich alleine hier, um zu sehen, wie es mir gefällt. Meine früheren Nachbarn aus Israel, die schon in Frankfurt waren, haben mich untergebracht bei einer Frau, die Zimmer vermietete. Übernachtung und Frühstück für fünf Mark – so waren die Preise 1960. Am ersten Morgen fragte sie mich:

»Wollen Sie Brötchen essen? Dann müssen Sie sich welche holen. Hier ist die Einkaufstasche. Da drüben ist der Lebensmittelladen. Bringen Sie die Zeitung mit hoch, die ›Frankfurter Rundschau‹.«

Ich starrte verblüfft einer Straßenbahn hinterher, hatte doch seit 25 Jahren keine gesehen! In dem Lebensmittelladen drehte ich das Geld um, und die dachten: eine Verrückte! Ich hatte doch auch 25 Jahre kein deutsches Geld gesehen. Dann kamen Messegäste und die Frau sagte:

»Ich kann doch Ihr Zimmer nicht weggeben.«

»Was soll das heißen?«, hab ich geantwortet. »Das bringt doch Geld!«

So hab ich im Wohnzimmer geschlafen mit ihr und ihrem Mann und morgens ein Schürzchen umgebunden und die Gäste gefragt:

»Was wollen die Herrschaften?«

Ja, ich habe Deutsche bedient und ich war begeistert. Ich hab das gern gemacht. Dann hat mich meine Vermieterin geschickt zum Kaufhaus, zur Krankenkasse. Die hätte für mich gar nichts Besseres tun können. Wäre ich in einem Hotel gewesen, ich hätte gar nicht gewusst, was man wie machen soll. Aber so konnte ich mich einleben.

Nachdem ich eine Weile hier war, hab ich ein Zimmer genommen und mir den Jungen schicken lassen. Viel später kam erst mein Mann, der konnte sich ewig nicht trennen von dort. Ich wollte immer zwei Kinder und hab mir überlegt, wenn ich erst studiere und danach ein Baby, das wird zu spät. Also hab ich 1963 meine Tochter bekommen. Und als sie in den Kindergarten ging, fing ich an zu studieren.

Ich hätte gern Psychologie studiert, hielt mich aber nicht für klug genug. Das war mir eingeredet worden: Du kannst nichts, du bist nichts. Ich hatte aber schon Klavierstunden gehabt, als wir noch in Berlin lebten. In Palästina nicht mehr – wer sollte das Geld dazu haben? Das konnte ich meinen Eltern nicht antun. Später, 1939, fand ich dort eine russische Lehrerin aus Moskau. Sie hat mich engagiert, ich sollte den Kindern helfen, die im ersten Unterrichtsjahr an einer stummen Tastatur üben. Dafür hat sie mir umsonst Klavierstunden gegeben. Sehr guter Unterricht. Und meine Mutter hat gemerkt, dass ich richtig übe.

»Du hast nicht Klavier zu spielen! Du hast zu arbeiten und Geld abzugeben!«

Daraufhin übte ich bei einer Freundin. Dann sagte meine Vater: »Du spielst ja gar nicht mehr! Jetzt verkaufe ich das Klavier.«

In Israel hätte es zigtausende von Dollar gekostet, ein Kind durchs Studium zu bringen. Ich kam nach Deutschland und habe hier studiert. Hier ist es doch umsonst! Ich habe das Staatsexamen in zwei Hauptfächern gemacht, Klavier und musikalische Früherziehung. Das hab ich drei Jahre durchgehalten – mit zwei Kindern. 1970 fing ich an zu arbeiten und gab Unterricht in der Jugendmusikschule, richtige ordentliche BAT-Stelle. Bis zur Pensionierung.

Was mein Mann gemacht hat, fragen Sie besser nicht. Er war so ein echter Ghetto-Jude. Er konnte nichts weiter wie meckern. Schade. Jeder muss sein Schicksal selbst in die Hand nehmen. Man kann nicht warten, dass irgendwas vom Himmel regnet. Ich hab die Familie ernährt. Es war ein hartes Leben.

Als wir nach Frankfurt gingen, blieben meine Eltern in Israel. Mein Vater wollte zurück nach Deutschland. Er kam und arbeitete wieder als Rechtsanwalt. Aber es gefiel ihm hier nicht mehr und er ging zurück nach Ramat Gan. Er starb mit 72 Jahren. Meine Mutter hab ich später besucht, als ich Geld verdiente. Vorher konnte ich mir das ja gar nicht erlauben.

Und heute? Kann ich nicht mehr laufen, wohne in einer Dreizimmerwohnung für 634 Euro. Ich habe meine Rente, auch eine Hinterbliebenenrente meines Mannes. Er war neun Jahre älter als ich und starb 1991. Zum Schluss war er demenzkrank und wohnte drei Jahre im Jüdischen Altersheim.

Ich gehe auch einmal in der Woche dorthin. Die jüdische Atmosphäre gefällt mir. Hier werden die jüdischen Feste gefeiert. Ich komme aus einem frommen Haus, meine Familie ging in die Synagoge. Inzwischen bin ich völlig antireligiös geworden, halte nicht viel von der Frömmigkeit. Aber so wie ich eine jüdische Erziehung hatte, hab ich auch meinen Kindern eine jüdische Erziehung gegeben. Meine Tochter hat einen Juden geheiratet, mein Sohn eine Christin. Das bleibt hier nicht aus. Beide Kinder sind in Deutschland geblieben. Er hat drei Kinder, sie zwei, alles Mädchen.

Als ich zurückkam nach Deutschland, habe ich auch noch Antisemitismus erlebt. Aber ich habe ausschließlich gearbeitet mit Leuten, die nichts mit Hitler zu tun hatten, weil sie damals noch gar nicht geboren waren. Es wächst immer eine neue Generation heran.

Margot Wisch
geboren als Margot Strauss am 12. September 1924

Frankfurt

Santiago (Chile)

Haifa (Israel)

Wiesbaden

Es sind viele zurück. Was ich nicht verstehen kann. Warum? Ich ging hierhin, weil mein Mann hierhin ging. Aber natürlich bin ich auch hier geboren, es ist meine Sprache, es ist meine Kultur. Ich kann es nicht ablegen. Das hat man. Jeder, den ich treffe, sagt: »Du bist mehr Deutsche als die Deutschen.« Aber ich fühle mich nicht so.

An was ich mich am besten erinnern kann, ist, dass ich Angst hatte. Vor diesem Geschrei auf der Straße, vor den Umzügen, den Liedern wie »Wenn das Judenblut vom Messer spritzt«, die sie gesungen haben. Strammstehen, Arm hochheben. Ich habe immer versucht, dass mich bitte keiner bemerkt. Und irgendwie ist das geblieben. Es hat lange gedauert, bis ich das abgelegt hab. Wirklich. Hat sehr lange gedauert. Ich war schon erwachsen. Wenn möglich – bemerkt mich nicht. Ich bin da, aber möchte nicht auffallen.

Ich hatte eigentlich nur jüdische Freundinnen, außer dem einen Mädel, das auch bei uns im Haus gewohnt hat, einen Stock über uns. Wir spielten zusammen, und bis zu einem gewissen Datum war das normal. Dann durfte sie nicht mehr mit mir spielen. Von einem auf den anderen Tag. Sie hat es von ihren Eltern verboten bekommen. Total absurd. Was ich gedacht habe, weiß ich nicht mehr. Aber ich nehme an, dass man dieses Gefühl schon kannte. Irgendwie war man schon an diese Situation gewöhnt. Auch wenn man als Kind das anders aufnimmt. Man war ja immer noch behütet durch die Eltern.

Ich war das einzige Kind. Wir wohnten im Frankfurter Ostend und ich kam in die jüdische Grundschule und dann in die Samson-Raphael-Hirsch-Schule. Da hat man schon bemerkt, der eine oder andere wandert aus. Man hat sich verabschiedet und war weg. Aber man konnte sich immerhin noch verabschieden. Die ersten sind nach Holland. War nicht gut, nein. Eine ist nach Frankreich, auch nicht gut. Vier, fünf, sechs meiner Mitschülerinnen sind ausgewan-

Margot Strauss im September 1937 in Santiago, Chile

dert nach Amerika, nach Kanada. Aber von den anderen weiß ich nichts ...

Ein Bruder von meinem Vater ist mit seiner Frau schon um 1933 nach Brasilien ausgewandert. Auch mein Vater hat schon früh erwähnt, dass er hier nicht bleiben will. Er war Kaufmann, ist als Reisender viel unterwegs gewesen in ganz Deutschland. Und auf seinen Reisen hat er oft erlebt, dass er im Zug saß, und man hat gesprochen über die Juden, dass man die am besten los wird.

Ich persönlich habe keine Anfeindungen erfahren. Aber ich kann Ihnen ungefähr sagen, wie das so zuging. Ich hatte eine Schulkameradin, die war Tochter von einem Rabbiner. Ein Mädchen mit schwarzen Zöpfchen, süßes Mädchen. Und die ist mit ihrem Vater, als Rabbiner trug er schwarze Kleidung, spazieren gegangen in der Friedberger Anlage in Frankfurt. Da kamen SA-Leute auf sie zu und sagten:

»Ein deutsches Mädchen mit diesem dreckigen Juden! Geh mal schnell nach Hause!«

Margot Strauss (Zweite von rechts) 1930 in der ersten Klasse in Frankfurt

Nein, ich hab nicht so schlimme Sachen erlebt wie andere. Aber die Erinnerungen bleiben und das ist genug. Noch heute kann ich nicht verstehen, warum Menschen, mit denen man täglich zusammen war, plötzlich Feinde wurden. Ob das ihre innere Einstellung war? Oder ob sie selber Angst hatten? Sodass sie nicht anders durften? Für die Zeit 1935/36 kann ich mir das gar nicht vorstellen. Aber vielleicht durften die Eltern von dem Mädchen, mit dem ich immer gespielt hatte, auch nicht mehr mit meinen Eltern reden, obwohl wir im selben Haus wohnten.

Meine Eltern sind dann, um ihre Papier in Ordnung zu bringen, nach Bremen gefahren. Ich hatte furchtbare Angst, dass sie nicht wiederkommen. Weil man so verschreckt gewesen ist durch das, was sich getan hat. Es waren ja unruhige Zeiten.

Wir sind nach Chile gegangen, weil meine Eltern einen Deutschen kennengelernt hatten, der aus Chile zu Besuch war und erzählt hat, dass man dort noch gut hin konnte. Und da haben sie sich entschlossen, zusammen mit einem Bruder meiner Mutter und seiner Frau. 1936 sind wir ausgewandert. Wir sind von Bremen aus gefahren, dreieinhalb Wochen.

Mein Vater hatte vorher Spanisch gelernt, aber zwischen Lernen und Sprechen ist ein Unterschied. Trotzdem hatte er sehr bald wieder Vertretungen und ist dann ein bisschen später auch in Chile gereist. Meine Mutter war zu Hause. Wir lernten eine Familie kennen, Frankfurter Juden, mit denen wir dann sehr befreundet waren. Sie hatten einen Jungen in meinem Alter, das war schön.

Ich hab mich in Santiago ganz schnell gut eingewöhnt. In Deutschland hatte ich die Sexta gemacht und noch die halbe Quinta. In Santiago kam ich für die zweite Hälfte des Schuljahres in eine besondere Klasse. In der wurden Kinder gesammelt, die mitten im Jahr gekommen waren und sich noch nicht integriert hatten, nicht in der Schule, nicht im Land. Also haben alle Altersklassen zusammen gelernt für dieses halbe Jahr. Es war eine englische Schule, und man durfte nichts anderes als Englisch sprechen. Egal, ob man es verstand oder nicht. So hat man es sehr schnell gelernt. Auf der Straße lernte ich Spanisch und mit meinen deutsch-jüdischen Freundinnen habe ich Deutsch geredet. Bis wir auch alle Spanisch konnten. Zu Hause haben wir nur Deutsch gesprochen.

Nach dem Abitur hab ich Stenografie und Schreibmaschine gelernt und dann in einem Büro gearbeitet. Es war eine chilenisch-deutsche Firma. In Chile gab es viele Deutsche. Ganze Kolonien, besonders im Süden. Unter den Kunden von meinem Vater waren auch viele Deutsche. Zu Zeiten des Krieges waren die nicht sehr gut angesehen. Aber es war kein Hass. Auch nicht die jüdischen Leute mit den Deutschen. Es hat einem ja niemand was getan. Wir wussten zum Beispiel, dass der Mann der Familie, die uns schräg vis-à-vis gewohnt hat, absolut deutschfreundlich war, ein Nazi. Aber zu uns sehr lieb, sehr nett. Es gab da nie irgendein unfreundliches Wort.

Aus Deutschland hörten wir wenig. Am Anfang konnten ja die Leute noch schreiben, dann nicht mehr. Wir wussten, was sich da tat, aber wie schlimm das war, das hat man nicht geahnt. Von den KZs hat man noch nicht gewusst. Meine Eltern wollten, dass meine Großmutter auch auswandert. Aber sie hat gesagt: »Solang meine Töchter noch hier sind, geh ich nicht weg.«

Margot Strauss (links) mit zwei Freundinnen ca. 1938 in der englischen Schule in Santiago

Meine Mutter hatte sieben Geschwister. Der älteste Bruder ist 1914 gefallen, gleich zu Anfang des Krieges. Einer ist mit seiner Familie mit uns ausgewandert. Ein anderer mit Frau und zwei Kindern ist nachgekommen nach Chile. Eine Schwester ist normal verstorben in Deutschland, bevor wir weg sind. Drei Schwestern und ihre Männer sind umgekommen. Meine Oma auch. Sie hat in Wiesbaden mit einer ihrer Töchter zusammengewohnt. Die Tante ist nach Sobibor deportiert worden und die Oma nach Theresienstadt. Das haben wir nachher erfahren. Durch das Rote Kreuz. Vor dem Haus liegen zwei Stolpersteine.

Ich hab sehr jung geheiratet, 1943 mit 19 Jahren. Wenn ich mir das heute überlege, war es zu früh. Ich hab ihn in Santiago kennengelernt. Er war auch Deutscher, geboren in Posen, aber gelebt hatte er mit seiner Familie in Berlin. Er war auch Vertreter, ist auch gereist. Unser erster Sohn ist 1943 geboren, der zweite 1946. Ich blieb dann zu Hause mit den Kindern, hab nicht mehr gearbeitet. Ich hätte, wenn ich ein bisschen selbstbewusster gewesen wäre, sehr gern studiert. Aber auch meine Freundinnen haben sehr früh angefangen zu arbeiten, das kam durch die Auswanderung. So gut ging es ja den Eltern nicht, und deshalb hat man angefangen zu arbeiten. Aber wenn ich gesagt hätte, ich will unbedingt, dann hätte das auch geklappt. Ich hab immer gedacht, Ärztin. Oder Hebamme. Das hätte mir sehr gut gefallen. Das wäre ich sehr gern geworden, aber ich habe mich nicht durchgesetzt.

Die Ehe war gut. Aber im Jahre 1972 bin ich allein nach Israel, weil mein Mann erst mal sehen wollte, wie es in Chile weitergeht. Es war die Zeit mit Allende. Viele, viele Leute sind dann weg von Chile, weil sie Angst hatten vor dem kommunistischen Regime. Es hat sich aber herausgestellt, dass das schnell zu Ende war. Der ältere Sohn heiratete und blieb in Chile. Der jüngere war aber in der Zwischenzeit schon mit seiner Frau in Israel. Der wollte unbedingt dorthin.

Es war das erste Mal, dass ich in Israel war. Ich hab erst ein paar Monate bei meinem Sohn gelebt und dann hab ich angefangen zu arbeiten. In Haifa in einer jüdischen Firma. Ich sprach kein Hebräisch, aber Englisch war genug. Mein Mann war dann auch mal da, aber er wollte unbedingt nach Deutschland gehen. Seine Schwester und ihr Mann, die waren auch schon da.

Mein Mann hatte lange mit seiner Mutter gelebt, der Vater war schon viel früher verstorben. Und die Mutter, die Schwester und der Schwager sind mit ausgewandert nach Chile. Und dann sind sie wieder zurückgegangen, alle nach Wiesbaden. Warum ausgerechnet Wiesbaden? Ich kann es wirklich nicht sagen.

Es sind viele zurück. Was ich nicht verstehen kann. Ich ging hierhin, weil mein Mann hier hinging. Aber natürlich bin ich auch hier geboren, es ist meine Sprache, es ist meine Kultur. Ich kann es nicht ablegen. Das hat man. Jeder, den ich treffe, sagt:

»Du bist mehr Deutsche als die Deutschen.«

Aber ich fühle mich nicht so. Was ich bin? Erst mal bin ich jüdisch, man wird ja sowieso immer danach gefragt. Und ich bin Deutsche. Das Land, das mich am meisten berührt, ist Israel. Aber wenn Sie mich fragen nach Liebe zu einem Land, dann ist es Chile. Es hat mir nur Gutes gegeben. Ich hab eine schöne Zeit dort erlebt, es sind angenehme Menschen, ich hab gute Freunde gehabt. Zu einer Freundin hab ich noch immer Kontakt. Wir telefonieren oder wir skypen, das ist schön, da können wir uns wenigstens sehen.

Ich hätte mir auch vorstellen können, in Israel zu bleiben. Ich war viereinhalb Jahre dort. Mein Mann ging ungefähr zu derselben Zeit nach Deutschland. Ich war in Haifa und er in Wiesbaden. Ich kam ein einziges Mal zu Besuch, das war vielleicht '74, um zu sehen, wie es ist. Dieser Besuch, das war das erste Mal nach dem Krieg, dass ich hierher kam. Und mein erster Gedanke, mein erstes Gefühl war: Hier ist alles tot. Das ist kein Leben hier. Das kam mir alles so langsam vor. Gegen Israel. Und gegen Chile. Ich fand das alles so steif, so unpersönlich. Jetzt sehe ich das nicht mehr so, es hat sich auch viel geändert.

Ich ging erst mal wieder zurück nach Israel. Und dann haben wir uns entschlossen, dass wir doch in Deutschland leben. Mein Mann hatte ja schon eine Wohnung in Wiesbaden, und ich kam '78. Es war eine große chilenisch-jüdische Kolonie hier. Mitten in der Stadt gab es das »Hotel Rose«. Das ist allen Wiesbadenern bekannt, heute ist da die Staatskanzlei drin. Damals wohnten in dem Hotel viele Emigranten. Man hatte Kontakt zu denen, das war so ein bisschen wie zu Hause.

Am Anfang hab ich nicht gearbeitet. Erst, wie mein Mann verstorben ist. 1982 hab ich in der Gemeinde angefangen, ich hatte vorher schon Kontakt zu ihr, und seitdem mache ich von allem ein bisschen. Es gibt immer Arbeit: etwas schreiben, Einnahmen kontrollieren, dann kommen die Feiertage, das sind besondere Aufgaben. Mein Hobby hier, das sind die Bücher. Ich bin zuständig dafür, neue auszusuchen und zu kaufen.

Nach dem Tod meines Mannes hab ich mit meiner Mutter weiter hier gelebt. Sie war mit mir in Israel und sie ist mit mir nach Wiesbaden gegangen. Mein Vater ist schon vorher in Chile gestorben. Beide Söhne, in Chile und in Israel, haben Kinder und Enkelkinder. Fünf Urenkel habe ich, ich sehe sie nur selten. Chile ist schon sehr weit weg, das letzte Mal war ich 2011 dort. In Israel war ich zuletzt im Jahr 2012. Ich habe schon überlegt, nach Chile oder Israel zurückzugehen. Aber es ist ein Gewissenskonflikt. Wenn meine Söhne beide in einem Land leben würden, egal wo, dann wäre ich da. Aber so ist der eine da und der andere dort.

Ich komme aus einem streng religiösen Elternhaus. Soweit es möglich ist, esse ich kosher. Ich kaufe kein Fleisch, bei Hühnern bin ich etwas liberaler eingestellt. Aber Milch und Fleisch trenne ich, auf jeden Fall. Heute bin ich nicht mehr fromm, aber ich lebe die Tradition. Schon durch die ziemlich orthodox geführte Gemeinde, in der ich arbeite. Bedingt durch sie, ist auch mein Freundeskreis mehr jüdisch als christlich. Aber die Leute von früher – von denen ist keiner mehr da.

Gerda Rosenthal
geboren als Gerda Freund am 20. März 1917

Remscheid

Jerusalem (Palästina)

Remscheid

Jerusalem, Tel Aviv (Palästina/Israel)

Wiesbaden

Portland, Chicago, New York (USA)

Offenbach, Frankfurt

»Was, ihr geht nach Deutschland? In das Land der Täter?«, haben damals unsere Freunde gefragt, als wir Amerika verließen. Das hat man uns sehr übel genommen. Es gab auch Leute, die den Kontakt zu uns abgebrochen haben. Sie konnten nicht verstehen, dass man zurück nach Deutschland geht.

Als junge Leute sind meine Eltern von Galizien nach Deutschland gekommen. Aus dem Grund, aus dem auch heute Leute auswandern: um ein besseres Leben zu haben. Polen war für Juden kein Vergnügen, es hat viel Antisemitismus geherrscht.

Beide sprachen gut Deutsch, und sie kamen nach Düsseldorf, wo eine Art Auffanglager war, und lernten sich da kennen und lieben. Ungefähr 1910 haben sie geheiratet. Mein Vater war eigentlich Uhrmacher. Er wollte sich aber selbstständig machen und hörte, dass in Remscheid, eine kleine Stadt im Rheinland, ein Schuhgeschäft zu kaufen war. Man brauchte nicht viel Geld, konnte eine Anzahlung machen, und es dann abbezahlen. Das hat meinen Vater gereizt. Er verstand zwar nichts von Schuhgeschäften, aber das kann man ja schnell lernen, hat er sich gedacht. Der Laden war auf der Hauptstraße und um die Ecke war der Eingang zu der Wohnung, die dazugehörte. Küche und ein Zimmer, das als Schlafzimmer benutzt werden konnte. Ein Bad gab es nicht, man ging jede Woche zum Baden in die Badeanstalt. Mein Bruder kam 1914 zur Welt und ich 1917, und die Wohnung wurde natürlich zu klein mit zwei Kindern. Im vierten Stock haben meine Eltern dann zwei Zimmer dazu gemietet. Meine ganze Jugend sind wir jeden Abend die vier Treppen aufgestiegen zum Schlafzimmer. Es war sehr hoch und man konnte die Spitze vom Kölner Dom sehen.

Ich wurde in die normale Grundschule eingeschult. Eine jüdische gab es nicht. Es haben ganz wenige Juden in Remscheid gewohnt, aber einige Geschäftsleute gab es doch und ein Warenhaus Tietz und ein Modehaus, das gehörte auch Juden. Und mein Vater hatte das Schuhgeschäft, das

Gerda Freund 1939 in Jerusalem

die Familie ernährte. Er war beliebt, unser Geschäft war beliebt, wir hatten viele Kunden. Uns ging es nicht schlecht. Es hieß immer, wir müssten mal eine größere Wohnung nehmen, aber es kam nie dazu.

Meine Kindheit war unbelastet. Die anderen Mädchen im Lyzeum, damals gab es das Gymnasium für Jungen und das Lyzeum für Mädchen, fanden es eher interessant, dass ich Jüdin war. Ich war nicht die einzige, in der Klasse über mir gab es noch ein jüdisches Mädchen. Und dann kam meine Cousine, unsere Väter waren Brüder. Ihr Bruder war später die ganzen Kriegsjahre im KZ. Er hat überlebt, weil er immer ein sehr kleiner Esser war, das hat ihm das Leben erleichtert. Heute wohnt er in Frankfurt und besucht mich jede Woche. Wir sind die einzigen Überlebenden unserer Familie.

1933 kam Hitler. Der hat zwar viel geredet gegen die Juden, aber zuerst hat er nichts gemacht. Später hat er dann alle jüdischen Geschäftsleute verhaften lassen, aber das war mehr Show für seine Anhänger. Mein Vater hat erzählt, sie waren einen halben Tag in Haft, haben sich unterhalten mit den SS-Leuten, aber die waren alle friedlich. Dann hat man sie wieder nach Hause geschickt.

In dem Haus, in dem wir zur Miete wohnten, haben auch die Hauswirte gewohnt. Die hatten ein Mädchen, das war mit meinem Bruder befreundet, und einen Jungen. Karl war anderthalb Jahre jünger als ich. Der Karl und die Gerda, hieß es im Haus, die sind ein Herz und eine Seele. Jeden Morgen kam der Karl und hat sich in eine Ecke gestellt und geduldig gewartet, bis ich fertig war und aufstehen durfte vom Tisch. Und dann sind wir beide spielen gegangen. Später haben wir uns immer erzählt, was in meiner Schule war und was in seiner Schule war. Eines Tages hab ich wie immer »Hallo Karl« zu ihm gesagt, aber er hat so durch mich durchgeguckt, als ob er mich gar nicht sieht. Und dann hat er weggeguckt. Ich hab das nicht verstanden. Das war ein Erlebnis, das mich sehr getroffen hat, und ich hab es meiner Mutter erzählt. Sie hat dann mit seiner Mutter gesprochen, und die hat erklärt, dass er in die Hitlerjugend gehen musste, weil alle seine Kameraden gegangen sind. Da konnte er sich nicht ausschließen. Die Nazis haben das schlau angefangen, die haben gleich die Jugend sehr beeinflusst. Es gab Ausflüge, Kraft durch Freude, und so hat man die Jugendlichen für den Hitlerismus begeistert. Und ihnen gleich gesagt, dass sie nicht mit jüdischen Kindern sprechen dürfen.

Dann fing auch die Hetze gegen Juden an. Die Nazis hatten Schaukästen, und da stand überall drin »Die Juden sind unser Unglück«. Das war das Leitmotiv des »Stürmers«. Es war eine schlechte Zeit. Eines Tages, es war der 1. April 1933, habe ich in der Schule gehört, es ist ein Boykott gegen alle jüdischen Geschäfte. Also auch gegen das meiner Eltern. Vor lauter Schreck fing ich an zu weinen. Und da haben mich meine Mitschülerinnen getröstet und gesagt:

»Gerda, das geht doch gar nicht gegen euch. Ihr seid ja anständige Juden. Das geht nur gegen die Wucherer und Schwindler zwischen den Juden.«

Die waren schon beeinflusst. Und ich hab mir überlegt, wer von unseren vielen jüdischen Bekannten ist eigentlich ein Wucherer oder ein Schwindler? Die waren Handwerker oder hatten kleine Geschäfte. Meine Mutter ist zum Direktor der Schule gegangen und hat gefragt:

»Wird die Gerda in der Schule bleiben können?«

»Frau Freund, ich versichere Ihnen, solange ich Direktor dieser Schule bin, wird keine jüdische Schülerin die Schule verlassen müssen«, hat er ihr gesagt.

Aber er war nicht mehr lange Leiter der Schule. Einen Lehrer gab es, der hat mich wie Luft behandelt. Aber Schwierigkeiten hatte ich nicht. Im Gegenteil, die Mathematiklehrerin hat mir gesagt:

»Geh nicht von der Schule ab. Zeig ihnen, dass du dich durchsetzt. Ich werde dir helfen. Versuch, hier Abitur zu machen. Und dann, wenn du auswandern musst, wirst du es im Ausland viel leichter haben.«

Die meisten Lehrer waren Antinazis. Aber weil sie ihren Job behalten wollten, trugen manche von ihnen die SA- oder SS-Uniform. Und viele kamen mit dem deutschen Gruß »Heil Hitler« in die Klasse. Da hab ich gedacht: Nein, bis zum Abitur halte ich das hier nicht aus. Hätte ja noch drei Jahre gehabt, war in der Untersekunda und hatte die

Mittlere Reife. Und dann kamen auch aus Palästina Leute, die Propaganda machten:

»Schickt eure Kinder weg in Richtung Palästina! Versucht, selbst auszuwandern! Das wird hier ein böses Ende nehmen.«

Aber meine Eltern haben das gar nicht so richtig geglaubt, denn sie hatten viele Kunden, die sehr freundlich waren. Obwohl es hieß »Kauft nicht bei Juden!«, sind die noch gekommen.

Mein Bruder war schon 1933 nach Dänemark auf Hachschara gegangen, als Vorbereitung auf Palästina. Irgendwann hat er dort mit einigen jungen Leuten ein Boot gekapert, und sie sind einfach losgefahren. Das war abenteuerlich, hat er später erzählt. Sie wären fast ertrunken, das Schiff ist gekentert. Sie haben sich an die Außenwand geklammert und haben Hilferufe ausgesandt. Ein Schiff hat sie gerettet und nach Palästina gebracht. Und da waren Juden, die die Flüchtlinge, wenn sie an Land kamen, sofort versteckt haben. Es war ja englisches Mandat. Aber die Engländer haben sich um wenig gekümmert, die wollten Ruhe haben. Manchmal haben sie Razzien gemacht, um Leute zu verhaften, die illegal im Land waren. Aber zurückgeschickt haben sie die nicht. Die haben sehr viele Augen zugedrückt.

Als mein Bruder nach Palästina ausgewandert war, haben meine Eltern mich zur Jugend-Aliyah angemeldet. Sie hatten gehört, im Kibbuz gibt es keine Kontrolle, da schlafen Jungen und Mädchen zusammen. Das hat ihnen nicht gefallen und deshalb haben sie sich für die religiöse Jugend-Aliyah entschieden. Sie waren nicht besonders religiös, aber sie haben einen kosheren Haushalt geführt. Sie waren bewusste Juden.

Es war ein großer Andrang und ich musste zwei Jahre warten. In der Zeit habe ich meinen Eltern im Geschäft geholfen, denn es hieß ja »Arbeitet nicht bei Juden!«. Es war schwer, Angestellte zu bekommen. Das Geschäft ging dann auch schlechter. Meine Eltern haben sich über Wasser gehalten, weil sie Schuhe auf Abzahlung verkauft haben. Und ich bin jede Woche kassieren gegangen zu den Leuten, die mit 50 Pfennig oder einer Mark abbezahlt haben. Aber meine Eltern wollten noch nicht weggehen. Und nach Palästina einzuwandern, das ging nur als sogenannter Kapitalist mit je 1.000 Pfund Sterling. Die hatten sie nicht, weil sie alles ins Geschäft gesteckt hatten. Sie mussten es dann verkaufen, haben ein bisschen Geld bekommen. Das restliche Geld sollte auf Abzahlung sein, was natürlich nie bezahlt wurde. Nach dem Krieg haben wir eine Art Wiedergutmachung dafür bekommen.

Als ich an die Reihe kam, war ich 18. Eigentlich war die Jugend-Aliyah nur für 14- bis 17-Jährige. Dennoch konnte ich 1935 in Triest auf ein Schiff gehen. Ich war natürlich traurig. Wusste, ich lasse meine Eltern in einer ungewissen Zukunft zurück.

In Palästina hat uns am Hafen Henrietta Szold empfangen. Sie war schon alt, wir haben in dem Jahr ihren 75. Geburtstag in dem Heim gefeiert, in dem wir untergebracht waren. Die Jugend-Aliyah hatte ein altes, verlassenes arabisches Haus gemietet, außerhalb von Jerusalem. Wir waren ungefähr 80 Mädchen aus Deutschland, Österreich und Polen und schliefen zu fünft in einem Zimmer. Es war sehr primitiv am Anfang. Dann haben wir einen Gemüsegarten angelegt und einen Blumengarten. Man hatte uns vorher gesagt, dass man dort auch einen Beruf lernen könnte, aber wie ich hinkam, da war die Schule noch nicht so weit. Meine Cousine, die ist zwei Jahre nach mir gekommen, konnte schon schneidern lernen. Ich hab nur kochen gelernt, weil ich viel in der Küche gearbeitet hab. Und Hebräisch und jüdische Geschichte. Ich war im Juli 1935 gekommen, blieb bis Juli 1937 – und kehrte noch mal nach Remscheid zurück, weil meine Eltern große Sehnsucht hatten nach mir. Ich hatte ein Rückreisevisum nach Palästina und weiß noch, wie der englische Beamte mir gesagt hat:

»You must be back on this day!«

Genau ein Jahr, wenn ich nur einen Tag später gekommen wäre, dann hätten die Engländer mich nicht mehr reingelassen. Bevor das Jahr um war, bin ich 1938 mit dem letzten Schiff zurückgefahren. Aber vorher hatte ich versucht, meinen Eltern bei der Auswanderung zu helfen. Im Ausland hatten wir ja die Gefahr der Nazis mehr gesehen wie die Menschen im Inland. Deshalb hatte ich meine Brieffreundin in Amerika gefragt, ob sie etwas tun kann für uns. Dann gehe ich eben nicht zurück nach Palästina, habe ich gedacht, sondern fahre mit den Eltern nach Amerika. Sie war sehr nett, hat wirklich einen Antrag gestellt und erklärt, dass ihre Familie für uns sorgen wird, wenn wir nach Amerika kommen. Sie hätte viel Geld als Bürgschaft hinterlegen müssen.

Aber diese Möglichkeit war vorbei, als meine Eltern staatenlos wurden. Als Staatenloser kann man nirgendwo hinfahren. Sie waren Deutsche geworden, als sie aus Polen gekommen waren. Aber die Nazis haben sie ausgebürgert. Und die Polen wollten sie nicht mehr. Sie sind verhaftet und verschickt worden. Einfach an die Grenze gefahren worden und dann dort zurückgelassen. Da waren sie in Zbąszyń, im Niemandsland. In einem großen Auffanglager für alle aus Deutschland ausgewiesenen Juden. Wie der Weltkrieg ausbrach, haben die Deutschen das gleich am ersten Tag überfallen und alle Leute dort umgebracht. Das ist der Tag, seit dem ich nichts mehr von meinen Eltern gehört hab. Später haben wir recherchiert und gehört, aus diesem Lager hat niemand überlebt. Sie sind dort ermordet worden. Das Einzige, was ich bekommen habe, ist ein Zertifikat, dass meine Eltern umgekommen sind. Heute werden dort jedes Jahr die Namen der Toten verlesen. Meine Eltern sind dabei und die meisten meiner Familie. Während des Krieges hab ich nicht gewusst, was mit meinen Eltern war. Ich habe immer noch gehofft.

Bevor ich noch mal nach Remscheid gefahren war, hatte ich meinen Mann kennengelernt. Als ich eines Tages spazieren ging in Jerusalem, sah ich einen jungen Mann, der eine Stadtkarte in der Hand hielt und darauf guckte. Da hab ich gedacht: Oh, der ist fremd hier, vielleicht braucht er Hilfe. Und hab meine Schritte verlangsamt. Was dann kam, darüber waren wir uns später nie einig. Er hat gemeint, er hat mich angesprochen und nach dem Weg zu der damaligen Hauptstraße gefragt:

»Slicha geveret, wo ist die King George Street?«

Und ich hab gedacht, ich hätte ihn angesprochen und gefragt, ob ich ihm helfen kann. Jedenfalls hab ich gesagt:

»Ich geh nur spazieren. Ich gehe mit Ihnen und zeige Ihnen die King George.«

Wir haben Hebräisch gesprochen, bis wir gemerkt haben, dass wir beide besser Deutsch sprechen. Alfred kam aus Frankfurt, war 1913 in Hamburg geboren. Sein Vater war dort ein angesehener Bankmann gewesen, ist aber im Ersten Weltkrieg gefallen. Alfred war erst ein Jahr alt und seine Mutter nicht versorgt, weil sie gesagt hatte, wenn sie eine Versicherung abschließen würden, dann wäre das ein schlechtes Omen, dann würde ihr Mann nicht zurückkommen. Meine Schwiegermutter hat dann das ganze Geld, das sie noch hatte, ausgegeben, um ihn suchen zu lassen. Er war verschollen und erst nach dem Krieg hat man sein Grab gefunden an einem Ort, der dann an Polen fiel. Die Jüdische Gemeinde dort hatte einen Stein für ihn gesetzt. Wir sind ein Mal hingefahren, um sein Grab zu besuchen.

1940 haben wir geheiratet. Wir zogen nach Tel Aviv und lebten erst bei seiner Mutter. Es war ja damals Wohnungsknappheit in Palästina durch die plötzliche Einwanderungswelle. Man konnte in einer größeren Wohnung ein Zimmer mit Küchenbenutzung mieten, und das haben wir dann gemacht.

Alfred war Angestellter, sogar bei einer deutschen Firma. Siemens Orient. Im letzten Jahr vor dem Krieg wurde von Deutschland aus gefordert, die Mitarbeiter müssten alle Briefe mit »Heil Hitler« unterschreiben. Da hat mein Mann »Auf Wiedersehen« gesagt und ist weg von der Firma. Wir waren sowieso wütend: Am deutschen Konsulat hat die Hakenkreuzfahne geweht die ganze Zeit. War ja Hitler-Zeit. Aber wie der Krieg erklärt wurde, da hat man gleich die deutsche Fahne runtergerissen und verbrannt. Damit war das zu Ende.

Er hat dann Vertretungen gemacht. Zum Beispiel eine für Gummistiefel. Es gab noch keine Kanalisation, und wenn es in Tel Aviv geregnet hat, dann hat es gegossen. Da konnte man nicht auf die andere Straßenseite.

Ich hab in Haushalten gearbeitet als Dienstmädchen. Meine letzte Stelle war bei einer Familie, die auch aus Deutschland kam und ein kleines Mädchen hatte, das ich sehr gern hatte. Später hab ich gehört, dass sie, als sie Soldatin war, Wache gestanden hat, und da ist von hinten ein Araber gekommen und hat ihr einen Dolch in den Rücken gestoßen. Er hat das Herz getroffen, und sie war auf der Stelle tot. Ich hab so geweint um dieses Mädchen.

Danach hab ich bei einer deutschen Firma gearbeitet. Da war ich sehr glücklich, konnte Büroarbeit machen, musste nicht mehr Dienstmädchen sein. Allerdings hat die Firma bei Kriegsausbruch zugemacht. Schließlich hab ich Brownies gebacken – ich hab sehr schöne gemacht – und sie verkauft an Bäckereien und auch privat.

1943 kam mein Sohn Hanan. Man hat doch Kinder genannt nach lebenden Großeltern, aber wir wussten nicht, ob meine Eltern noch lebten. Und der Vater meines Mannes hieß Hugo. Man kann natürlich in Palästina kein Kind Hugo nennen, aber wir haben etwas mit »H« gesucht. Haben wir ihn Hanan genannt. Unsere Tochter Noemi ist 1947 geboren. Als ich meine Kinder bekam, hab ich daran gedacht, dass mein Vater so kinderlieb war. Meine beiden Eltern, aber mein Vater besonders. Ich hab mir so ausgedacht, wenn meine Eltern nach Palästina kommen, wie werden sie sich freuen über ihre Enkel. Sollte nicht sein. Ich hab mich so oft gefragt, wie wird wohl ihr letzter Moment gewesen sein? Das bedrückt mich noch heute.

Gerda Rosenthal mit ihrem Sohn Hanan ca. 1945 in Tel Aviv

Mein Mann war ein sehr guter Sohn, seiner Mutter durfte nichts fehlen, denn »sie hat so ein schweres Leben gehabt«. Nach siebenjähriger, überglücklicher Ehe war ihr Mann gefallen. Sie ist nie drüber weggekommen. Für uns war sie eine große Belastung. Wir konnten nirgendwo hingehen ohne sie, da hat sie gleich angefangen zu jammern. Sie war dauernd krank, hat sich in Krankheiten geflüchtet. Sie wollte immer nur bemitleidet werden. Verwandte von meinem Mann, die nach Amerika ausgewandert waren, haben uns geschrieben: »Ihr werdet nie ein eigenes Leben haben, wenn ihr bleibt.« Sie konnten uns kein Affidavit geben, aber dann haben sie andere Verwandte überredet, dass die uns eins schicken. Was sehr anständig von ihnen war, denn wenn wir uns nicht hätten ernähren können, hätten sie für uns sorgen müssen.

1956 machten wir uns auf den Weg nach Amerika. Mein Mann – seine Mutter alleine lassen, das ging natürlich nicht. Also hab ich, das war ein bisschen diplomatisch, gesagt:

»Wenn wir eingelebt sind, werden wir sie anfordern.«

Aber es kam nicht dazu. Auf dem Weg nach Amerika waren wir noch in Deutschland, weil ich mehr über den Tod meiner Eltern erfahren wollte. Es war das erste Mal nach dem Krieg, und wir wollten nur ein paar Wochen bleiben. Aber dann brach in Israel der Sinai-Krieg aus. Mein Mann war noch beim Militär, musste jedes Jahr seinen Militärdienst machen und war nur beurlaubt. Wenn Krieg ausbrach, musste er zurück. Und das wollten wir nicht.

Deshalb haben wir die deutsche Staatsbürgerschaft wieder angenommen. Wir haben gesehen, es ist ein anderes Deutschland. Aber trotzdem wollten wir nicht bei einer deutschen Firma arbeiten. Haben beide einen Job bekommen bei der USAFE, United States Air Force in Europe, und sind nach Wiesbaden gezogen. Da war das Headquarter. Wir waren nur mit Amerikanern zusammen. Mit Deutschen wollten wir gar nichts zu tun haben. Mein Mann hatte noch mehr Bedenken als ich. Der hat bei jedem gedacht: Was hast du damals gemacht? Trotzdem waren wir noch fast anderthalb Jahre hier und haben auf unser Visum für Amerika gewartet. Die Kinder haben es uns leicht gemacht, sie waren beide gute Schüler und haben sich schnell eingewöhnt. Wir hatten mit ihnen in Israel nur Ivrit gesprochen. Aber wir haben gedacht, sollen sie mal Deutsch lernen, wir versuchen es mit einer deutschen Schule. Die Noemi ging in die dritte Klasse und ist jeden Morgen von einer Horde kleiner süßer Mädchen begleitet worden.

»Wir müssen die Noemi abholen, die kann doch nicht so gut Deutsch. Und dann kann sie sich auf dem Schulweg vielleicht verlaufen.«

Dabei war die Schule auf der gleichen Straße. Wir haben in einer guten Gegend gewohnt. Damals war noch nicht die große Einwanderung aus dem Osten und Noemi war die einzige Ausländerin.

Wir sind in New York angekommen und eine Woche geblieben, um in die berühmten Theater zu gehen. Wir wollten die Zeit dort ausnutzen, haben nicht geahnt, dass wir später mal in New York leben würden. Wir dachten, wir werden nie wieder zurückkommen an die Ostküste.

Unser Ziel war Portland, Oregon, wo unsere Verwandten lebten. Wir hatten ein kleines Haus da, und mein Mann war Reisender bei einer Firma für Arbeitsuniformen. Die Hauptnäherei war in Los Angeles. In den Sommern hat er dort gearbeitet, und wir haben uns in den langen Schulferien mit den Kindern eine Wohnung genommen. Die Firma hat alles bezahlt. Aber es hat mir nicht so gefallen, dass mein Mann Reisender war. Er hat spät mit dem Autofahren angefangen, erst in Amerika seine Prüfung gemacht. Er war dauernd unterwegs mit dem Auto und er war nicht der beste Fahrer. Ich glaube, ich war die bessere Fahrerin.

Ich hatte eine Cousine, die war mit ihrem Mann in der Schmuckbranche, Zuchtperlen. Die beiden wollten in Chicago ein Geschäft aufmachen und haben uns überredet, dass wir das führen. Gut, hab ich gedacht, dann muss Alfred nicht mehr rumreisen. Mitte der Sechzigerjahre sind wir von Oregon nach Chicago gegangen. Das war ein großer Fehler, wir haben es hinterher sehr bedauert. Das Klima ist mörderisch, zu heiß im Sommer, zu kalt im Winter. Noemi ist da noch in die Schule gegangen und Hanan zur Universität. Irgendwann aber wollte mein Mann selbstständig sein, er hatte die Nase voll davon, immer für andere zu arbeiten.

»Wenn wir mal auf einen grünen Zweig kommen wollen, müssen wir Franchise machen«, hat er gesagt.

Wir sind nach New York gezogen und haben eine Eisdiele übernommen. Sie war in Queens, und Andy Steiman, der heute Rabbi in der Budge-Stiftung ist, in der ich jetzt lebe, hat als Kind immer sein Eis gekauft in unserer »Dairy Queen«. Wir haben von der Firma nur Schokolade und Vanille bekommen und daraus haben wir über 30 Sorten gemacht. Außerdem haben wir Eiscremetorten für Kindergeburtstage kreiert. Das war sehr erfolgreich.

Ich hab immer Bücher gern gehabt, deshalb hab ich ein paar Jahre in einem Buchgeschäft gearbeitet. Es hat mir Spaß gemacht, aber es wurde zu viel für mich, ich konnte nicht beides machen. Abends hab ich noch im Laden geholfen, denn wir hatten bis Mitternacht geöffnet. Wir haben uns gesagt, wenn wir auf einen grünen Zweig kommen wollen, müssen wir eben viel machen.

Unser Sohn hatte damals, wie wir gesagt haben, wir wandern aus nach Amerika, aber erst müssen wir nach Deutschland, angefangen zu weinen.

»Wo werde ich zur Schule gehen?«, hat er gefragt.

Der wollte nur lernen. Er war wirklich begabt, hat mit 25 seinen Doktor in Physik gemacht. Und ist mit 27 gestorben. Bei einem Unfall. In Amerika. Jemand ist ihm reingefahren in sein Auto. Er ist aus dem Wagen geschleudert worden. Man hat uns gesagt, es war ein Junge, der gar keine Fahrerlaubnis hatte. Hat sich ein Auto von einem Freund geborgt und ist gefahren. Wir hätten ihn verklagt, wenn seine Familie wohlhabend gewesen wäre. Aber es waren arme Leute. Da haben wir gedacht, wir sind unglücklich, da werden wir eventuell noch eine Familie unglücklich machen. Wir lassen das. Wir haben Hanan einäschern lassen, die Urne nach Israel gebracht und sie dort beerdigt im Kibbuz Dorot, mit dem wir verbunden waren die ganzen Jahre.

Danach waren wir so am Boden zerstört, dass wir die schwere Arbeit nicht mehr machen konnten. Schon vorher hatte die Firma uns gefragt, ob wir für sie nach Deutschland gehen.

»Nie wieder Deutschland!«, hatten wir da noch gesagt.

Aber wie der Unfall passiert war, haben wir gedacht, vielleicht bringt es uns auf andere Gedanken und wir verkraften das besser. Und da haben wir es gemacht. Sind als Angestellte nach Offenbach gegangen.

»Was, Ihr geht nach Deutschland? In das Land der Täter?«, haben damals unsere Freunde gefragt, als wir Amerika verließen.

Das hat man uns sehr übel genommen. Es gab auch Leute, die den Kontakt zu uns abgebrochen haben. Sie konnten nicht verstehen, dass man zurück nach Deutschland geht.

Als der Laden nach ein paar Jahren schließen musste, wollten wir zurück nach Amerika. Doch dann kamen Leute aus der Jüdischen Gemeinde und sagten, wir sollten bleiben, sie wollten in Frankfurt die Gemeinde neu aufbauen. In Amerika hatten wir alles aufgegeben. Sollten wir da tatsächlich noch mal neu anfangen? Bleiben wir erst mal hier, versuchen wir es, haben wir beschlossen. Wir haben in Frankfurt eine Wohnung in einer Anlage genommen, die der Jüdischen Gemeinde gehörte. Durch die haben wir auch Freunde gefunden, aber auch christliche Bekannte habe ich.

Später sind wir in das Seniorenheim gezogen, wo mein Mann 2009 starb. Es war uns immer klar gewesen, dass wir in einem jüdischen leben wollen. Wir sind Juden. Freitagabend gehe ich in die Synagoge. Ich esse in der kosheren Abteilung. Ich bin nicht streng religiös, das haben wir uns in Palästina abgewöhnt, wo wir oft arabisch gegessen haben.

Heute bin ich Amerikanerin, fühle mich auch als Amerikanerin. Ich hab einen amerikanischen Pass. Keinen deutschen. Ich kann keine Deutsche mehr sein, weil ich meine deutsche Staatsbürgerschaft aufgegeben habe, als ich Amerikanerin wurde. Ich durfte nur eine weitere Staatsbürgerschaft beibehalten. Da wir damals viele Verwandte in Israel hatten, mein Bruder hat dort gelebt, hab ich die israelische genommen. Ich fühle mich auch als Israelin, spreche Ivrit ziemlich gut. Und dass ich heute wieder in Deutschland lebe, ist eigentlich Zufall.

Aber in Palästina und später in Israel hieß ich Golda mit jüdischem Namen. Golda hat mir nicht so gefallen, ich hab meinen Namen behalten. In meinem Pass stand immer Gerda.

Stolpersteine, die Gerda Rosenthal für ihre im Oktober 1938 nach Polen abgeschobenen und dort ermordeten Eltern Israel und Cäcilie Freund in Remscheid verlegen ließ

Maßnahmen der Nationalsozialisten gegen Juden
1933 – 1945 (Auszug aus etwa 2.000 Anordnungen)

29. März 1933 Aufruf zum planmäßigen Boykott jüdischer Waren, jüdischer Ärzte und jüdischer Rechtsanwälte. Der Boykott verpflichtet die Parteimitglieder und tritt am 1.4.33 in Kraft.

31. März 1933 [...] Jüdische Richter und sonstige jüdische Juristen, welche bei Gerichten beschäftigt sind, werden zwangsweise beurlaubt. Das Betreten der Gerichtsgebäude wird ihnen verboten. [...]

7. April 1933 Gesetz zur Wiederherstellung des Berufsbeamtentums: Beamte, die nicht arischer Abstammung sind, sind in den Ruhestand zu versetzen; Ehrenbeamte sind aus dem Arbeitsverhältnis zu entlassen. Dies gilt nicht für Beamte, die bereits seit dem 1.8.1914 Beamte gewesen sind oder die im Weltkrieg an der Front für das Deutsche Reich gekämpft haben oder deren Väter oder Söhne im Weltkrieg gefallen sind.

11. April 1933 Als nicht arisch gilt, wer von nichtarischen, insbesondere jüdischen Eltern oder Großeltern abstammt. Es genügt, wenn ein Elternteil oder Großelternteil nicht arisch ist. [...]

22. April 1933 Die Tätigkeit von Kassenärzten nichtarischer Abstammung wird beendet; Neuzulassungen solcher Ärzte finden nicht mehr statt. Ausnahme: Frontkämpfer.

4. Mai 1933 Privatrechtliche Verträge mit nichtarischen Angestellten und Arbeitern des Reichs, der Länder, der Gemeinden usw. sind mit Monatsfrist zu kündigen. [...]

6. Mai 1933 Nichtarier werden als Steuerberater nicht mehr allgemein zugelassen, bestehende Zulassungen sind zurückzunehmen. [...]

14. Juli 1933 Einbürgerungen aus der Zeit zwischen dem 9.11.1918 und dem 30.1.1933 können als unerwünscht widerrufen werden. [...]

26. Juli 1933 Die Beurteilung, ob eine Einbürgerung als nicht erwünscht anzusehen ist, entscheidet sich nach völkisch-nationalen Grundsätzen. Widerruf der Einbürgerung, insbesondere von Ostjuden, erfolgt. [...].

26. Juli 1933 Die Auswanderung von Personen jüdischer Abstammung ist erwünscht und darf infolgedessen nicht unterbunden werden. Andererseits ist es erforderlich, von leistungsfähigen Personen, durch deren Auswanderung die deutsche Steuerbasis geschmälert wird, eine letzte große Abgabe – die Reichsfluchtsteuer – zu erheben.

13. September 1933 Vererbungslehre und Rassenkunde müssen in allen Schulen gelehrt werden; sie sind auch in sämtlichen Abschlußprüfungen ein für jeden Schüler pflichtmäßiges Prüfungsgebiet.

12. Juli 1934 Beamte, die heiraten wollen, haben vor der Eheschließung den Nachweis der arischen Abstammung der künftigen Ehefrau zu erbringen.

15. September 1935 Gesetz zum Schutze des deutschen Blutes und der deutschen Ehre: 1. Eheschließungen zwischen Juden und Staatsangehörigen deutscher oder artverwandten Blutes sind verboten; Trotzdem geschlossene Ehen sind nichtig (Strafbestimmung: Zuchthaus). 2. Außerehelicher Verkehr zwischen Juden und Staatsangehörigen deutschen oder artverwandten Blutes ist verboten (für Männer Zuchthaus oder Gefängnis). 3. Juden dürfen weibliche Staatsangehörige deutschen oder artverwandten Blutes unter 45 Jahren in ihrem Haushalt nicht beschäftigen (Gefängnis und/oder Geldstrafe). [...]

14. November 1935 Verboten sind auch Ehen zwischen Juden und Mischlingen, die nur einen jüdischen Großelternteil haben und zwischen solchen Mischlingen. [...]

14. November 1935 Juden (d. h. wer von mindestens 3 der Rasse nach volljüdischen Großeltern abstammt, wobei als volljüdisch gilt, wer der jüdischen Religionsgemeinschaft angehört, oder Mischlinge mit 2 volljüdischen Großeltern, wenn der Mischling beim Erlaß des Gesetzes der jüdischen Religionsgemeinschaft angehört, ihr später beitritt oder beim Erlaß des Gesetzes mit einem Juden verheiratet ist oder sich danach mit einem Juden verheiratet, sowie nach dem 31.6.36 geborene außereheliche Nachkommen von Juden) können nicht Reichsbürger sein, haben kein politisches Stimmrecht und können kein öffentliches Amt bekleiden. Jüdische Beamte treten mit Ablauf des 31.12.35 in den Ruhestand. [...]

19. Dezember 1935 Als fremde Rassen in Europa werden nur die Juden und die Zigeuner angesehen.

8. Februar 1938 Über alle Juden, die Deutschland verlassen, ist zu berichten, und zwar unter voller Angabe ihrer Personalien und der Personalien ihrer Eltern [...]. Auch wenn keine Tatsachen bekannt sind, die auf eine frühere staatsfeindliche Tätigkeit oder strafbare Handlung hinweisen, sind Juden in allen Fällen als Staatsfeinde anzusehen.

26. April 1938 Jeder Jude – und auch der nichtjüdische Ehegatte eines Juden – hat sein gesamtes in- und ausländisches Vermögen anzumelden und zu bewerten. [...]

14. Juni 1938 [...] Möglichst schnelle Ausschaltung der Juden auch aus der Wirtschaft ist anzustreben. Allerdings ist es nicht erwünscht, daß Sparguthaben, die von Juden kommen, von den Sparkassen abgelehnt werden. [...]

22. Juni 1938 Die Unterbringung von Juden in Krankenanstalten ist so auszuführen, daß die Gefahr von Rassenschande vermieden wird. Juden sind in besonderen Zimmern unterzubringen.

23. Juli 1938 Juden, die deutsche Staatsangehörige sind, haben unter Hinweis auf ihre Eigenschaft als Jude bis zum 31.12.38 die Ausstellung einer Kennkarte zu beantragen. Bei allen mündlichen Anträgen an Behörden haben sie die Kennkarte unaufgefordert vorzulegen, bei schriftlichen Anträgen auf ihre Eigenschaft als Jude hinzuweisen und Kennort und Kennnummer der Kennkarte anzugeben.

17. August 1938 Juden [...] haben vom 1.1.39 ab als weiteren Vornamen den Namen »Israel« oder »Sara« anzunehmen.

27. September 1938 Juden ist der Beruf des Rechtsanwalts verschlossen. [...]

5. Oktober 1938 Alle deutschen Pässe, deren Inhaber Juden sind, werden ungültig. Die früher ausgestellten Reisepässe sollen abgeliefert werden. Auslandspässe werden wieder gültig, nachdem sie mit einem »J« versehen worden sind.

26. Oktober 1938 Wegen der Absicht der polnischen Regierung, die Wiedereinreise von Juden polnischer Staatsangehörigkeit nicht zuzulassen, wird angeordnet, daß polnische Juden das Reichsgebiet bis zum 29.10.38 zu verlassen haben.

9. November 1938 Sämtliche jüdische Geschäfte sind sofort von SA-Männern in Uniform zu zerstören, und eine SA-Wache aufzuziehen, die dafür sorgt, daß keinerlei Wertgegenstände entwendet werden können. Die Presse ist heranzuziehen. Synagogen sind sofort in Brand zu stecken, jüdische Symbole sind sicherzustellen. Von der Feuerwehr sind nur Wohnhäuser von Ariern zu schützen, aber auch jüdische anliegende Wohnhäuser, allerdings müssen Juden raus, da Arier dort kürzlich einziehen werden. Die Polizei darf nicht eingreifen. Sämtliche Juden sind zu entwaffnen, bei Widerstand sofort über den Haufen zu schießen. [...]

12. November 1938 […] Den Juden deutscher Staatsangehörigkeit in ihrer Gesamtheit wird die Zahlung einer Kontribution von 100.000.000 RM an das Deutsche Reich auferlegt. […]

12. November 1938 Juden ist der Besuch von Theatern, Kinos, Konzerten, Ausstellungen usw. verboten.

15. November 1938 […] Juden ist der Besuch deutscher Schulen nicht gestattet. Sie dürfen nur jüdische Schulen besuchen. […]

3. Dezember 1938 Die Führerscheine und Kraftwagenzulassungsbescheinigungen der Juden werden für ungültig erklärt und ihre Ablieferung angeordnet.

14. Dezember 1938 Juden dürfen nicht mehr Betriebsführer eines ihnen gehörenden Unternehmens sein. […]

28. Januar 1939 Juden ist es verboten, auf Märkten zu verkaufen. […]

21. Februar 1939 Alle Juden – außer ausländischen Staatsangehörigen – haben die in ihrem Eigentum befindlichen Gegenstände aus Gold, Platin oder Silber sowie Edelsteine und Perlen binnen 2 Wochen an die vom Reich eingerichteten öffentlichen Ankaufsstellen abzuliefern.

4. Juli 1939 Die Reichsvereinigung der Juden in Deutschland wird errichtet. Ihr Hauptzweck: Förderung der jüdischen Auswanderung. Die Reichsvereinigung erhält auch das jüdische Schulwesen und die freie jüdische Wohlfahrtspflege aus ihren Mitteln. Der Reichsvereinigung gehören alle staatsangehörigen und staatenlosen Juden an, die im Reichsgebiet ihren Wohnsitz oder gewöhnlichen Aufenthalt haben. Beschränkung der Mitgliedschaft bei Mischehen.

12. September 1939 Juden werden besondere Geschäfte für den Ankauf von Lebensmitteln zugewiesen. Die Wiedereinführung rein jüdischer Geschäfte kommt nicht in Betracht. […] Wo Juden noch in kleineren Gruppen wohnhaft sind, ist eine Durchsuchung nach Hamsterware vorzunehmen. Sollte ein Jude im Besitz solcher Waren sein, sind sie zu beschlagnahmen, er selbst ist in Schutzhaft zu nehmen.

20. September 1939 Juden deutscher Staatsangehörigkeit und staatenlosen Juden wird der Besitz von Rundfunkempfängern verboten. […]

7. Dezember 1939 Kleiderkarten, die Juden zugeteilt worden sind, sind ihnen sofort zu entziehen. Das gilt nicht für Juden, die in Mischehen leben, wenn die Nachkommen aus der Ehe nicht als Juden gelten.

11. März 1940 Lebensmittelkarten für Juden sollen mit dem Buchstaben J gekennzeichnet werden: Die Grundrationen für Normalverbraucher sowie die speziellen Zuteilungen für Kinder werden nicht gekürzt. Juden sind vom Erhalt nicht rationierter und meist unerhältlicher Lebensmittel ausgeschlossen.

4. Mai 1940 Den Juden ist verboten, ihre Wohnungen zu verlassen in der Zeit vom 1.4. - 30.9. für die Stunden von 21 Uhr bis 5 Uhr am Morgen, in der Zeit vom 1.10. - 31.3. für die Stunden von 20 Uhr bis 6 Uhr am Morgen.

23. Juli 1940 Die Arisierung jüdischer Gewerbebetriebe ist bis zum Jahresende abzuschließen.

7. August 1941 Die Lebensmittelzuteilung an Juden wird weiter beschränkt.

1. September 1941 Ab 15.9.41 ist es Juden, die das sechste Lebensjahr vollendet haben, verboten, sich in der Öffentlichkeit ohne einen Judenstern zu zeigen. Juden ist es verboten, ohne schriftliche, polizeiliche Erlaubnis ihre Wohngemeinde zu verlassen [...]. Dies gilt nicht für den in Mischehe lebenden jüdischen Ehegatten, sofern Abkömmlinge aus der Ehe vorhanden sind, die nicht als Juden gelten oder der einzige Sohn im Krieg gefallen ist, ferner nicht für die jüdische Ehefrau bei kinderloser Mischehe während der Dauer der Ehe.

Anfang September 1941 Die folgenden in Mischehe lebenden Juden gelten als privilegiert: 1. Der jüdische Ehegatte einer deutschen Frau, sofern aus der Ehe ein oder mehrere Kinder hervorgegangen sind, welche als Mischlinge ersten Grades anzusehen sind. 2. Die jüdische Ehefrau eines deutschen Ehemannes, sofern deren Kinder als Mischlinge ersten Grades anzusehen sind, oder die Ehe kinderlos ist.

18. September 1941 Juden bedürfen einer polizeilichen Erlaubnis zum Verlassen ihres Wohnorts und für Fahrten in bestimmten Verkehrsmitteln an ihrem Wohnort; der Erlaubnisschein ist vorzuzeigen. Juden wird untersagt, Schlafwagen der Reichsbahn zu benutzen und Speisewagen zu besuchen, ferner Ausflugswagen und Ausflugsschiffe. Juden sind berechtigt, die übrigen öffentlichen Verkehrsmittel nur dann zu benutzen, wenn es noch Platz für sie gibt, keinesfalls aber in der Zeit der größten Belastung, wenn nicht einmal alle Nichtjuden Platz finden. Juden dürfen nur in den niedrigen Klassen fahren und Sitzplätze nur einnehmen, wenn andere Reisende nicht mehr stehen. [...]

23. Oktober 1941 Die Auswanderung von Juden aus Deutschland ist ausnahmslos für die Dauer des Krieges verboten.

24. Oktober 1941 Befehl zur Abschiebung von ca. 50.000 Juden aus dem Altreich, Österreich und Böhmen-Mähren in den Osten.

4. November 1941 Juden, die nicht in volkswirtschaftlich wichtigen Betrieben beschäftigt sind, werden in den nächsten Monaten in die Ostgebiete abgeschoben. Das Vermögen der abzuschiebenden Juden wird zugunsten des Deutschen Reichs eingezogen, außer 100 RM und 50 kg Gepäck je Person. Die abzuschiebenden Juden haben der Gestapo vorher ein Vermögensverzeichnis einzureichen. [...]

13. November 1941 Sämtliche in jüdischem Privatbesitz befindlichen Schreibmaschinen, Rechenmaschinen, Vervielfältigungsapparate, Fahrräder, Photoapparate und Ferngläser sind zu erfassen und abzuliefern. [...]

3. Dezember 1941 Jeder Jude, der zur Abschiebung bestimmt ist, hat an die Reichsvereinigung mindestens 25% seines liquiden Vermögens zu zahlen; diese Beträge werden auf Sonderkonten deponiert und dienen der Finanzierung der durch Abschiebung und Transport entstehenden Kosten.

3. Januar 1942 Angesichts der nahe bevorstehenden Endlösung der Judenfrage wird die Auswanderung von Juden deutscher Staatsangehörigkeit und staatenloser Juden aus dem Reich unterbunden. [...]

5. Januar 1942 Juden, die in der Öffentlichkeit den Judenstern tragen müssen, haben bis zum 16.1.42 die in ihrem Besitz befindlichen Pelz- und Wollsachen sowie Skier, Ski- und Bergschuhe abzuliefern. [...]

14. Februar 1942 In Bäckereien, Konditoreien usw. sind Schilder anzubringen, die darauf hinweisen, daß Kuchen an Juden und Polen nicht abgegeben werden.

15. Februar 1942 Juden dürfen keine Haustiere mehr halten.

3. März 1942 Die Bearbeitung der Gesuche jüdischer Mischlinge auf Erteilung der Genehmigung zur Eheschließung wird für die Dauer des Krieges eingestellt.

13. März 1942 Zur Verhinderung von Tarnungen werden Juden angewiesen, ihre Wohnungen mit einem schwarzen [laut anderer Quellen: weißen] Judenstern an der Eingangstür zu kennzeichnen.

30. März 1942 Die Durchreise durch das Reichsgebiet ist Juden verboten.

April 1942 Den Juden ist der Besuch von Ariern und in Mischehe lebenden Personen in deren Wohnungen zu verbieten.

12. Mai 1942 Juden, die in der Öffentlichkeit den Judenstern tragen müssen, dürfen von nichtjüdischen Friseuren nicht bedient werden.

9. Juni 1942 Juden haben alle entbehrlichen Kleidungsstücke abzuliefern.

20. Juni 1942 Die Reichsvereinigung der Juden in Deutschland wird angewiesen, mit Wirkung vom 30.6.42 sämtliche jüdischen Schulen zu schließen und ihren Mitgliedern bekannt zu geben, dass ab 1.7.42 jede Beschulung der jüdischen Kinder durch besoldete oder unbesoldete Lehrkräfte untersagt ist.

22. Juni 1942 Juden erhalten keine Karten mehr, die zum Bezug von Eiern berechtigen.

10. Juli 1942 Geld- und Geschenksendungen jeder Art und jeder Form an Deportierte sind verboten.

15. Juli 1942 Im Verfahren zur Feststellung der Abstammung ist zu unterscheiden zwischen Kindern eines jüdischen Vaters oder eines jüdischen Mischlings ersten Grades und zwischen Kindern eines deutschblütigen Vaters oder eines Vaters mit geringfügigem jüdischen Bluteinschlag. Es sind strenge Maßstäbe anzulegen in Fällen, in denen auch die Mutter jüdisch oder jüdischer Mischling ist.

16. Juli 1942 Juden wird verboten, in ihrem Besitz befindliche Wertpapiere an Nichtjuden zu übertragen, auch wenn dies unentgeltlich erfolgt. [...]

30. Juli 1942 Jüdische Kultgegenstände aus Edelmetall sind an die Zentrale der Reichsvereinigung abzuliefern. [...]

1. September 1942 Der Nachlaß verstorbener KZ-Häftlinge ist zu Gunsten des Reiches einzuziehen.

18. September 1942 Die Versorgung von Juden mit Fleisch, Fleischprodukten, Eiern, Milch und anderen zugeteilten Lebensmitteln wird eingestellt. Lebensmittelrationen für jüdische Kinder werden gekürzt. [...]

24. September 1942 Nach Entscheidung des Führers ist Soldaten die Heiratserlaubnis mit Frauen, die früher mit einem Juden verheiratet waren, zu verweigern.

7. Oktober 1942 Juden wird jeder direkte oder mittelbare Verkehr mit fremden diplomatischen Vertretungen sowie mit nichtjüdischen Ausländern verboten.

23. Oktober 1942 [...] Jüdische Arbeitnehmer, die den Zusatznamen Israel oder Sara tragen, müssen von ihrem Arbeitgeber verlangen, dass diese Zusatznamen in allen Bestätigungen erscheinen, die sie betreffen. [...]

Anfang November 1942 Alle im Reich gelegenen Konzentrationslager sind judenfrei zu machen, und sämtliche Juden sind nach Auschwitz und Lublin zu deportieren.

26. März 1943 Alle Juden, die im Reich noch privat beschäftigt sind, sind von ihren Arbeitsplätzen zu entfernen und zu Zwangsarbeitseinheiten oder in Deportationszentren zu überführen.

28. April 1943 Die noch im kriegswichtigen Arbeitseinsatz tätigen Juden sind aus ihrem Beschäftigungsverhältnis herauszunehmen und zu melden, soweit sie für eine Evakuierung nach dem Osten oder einer Wohnsitzverlegung nach Theresienstadt in Frage kommen. Zur Vermeidung der Flucht sind die für die Abbeförderung vorgesehenen Juden geschlossen unterzubringen. [...]

11. Juli 1943 Im Einvernehmen mit dem Führer wird angeordnet, daß man bei einer öffentlichen Diskussion über die Judenfrage davon absehen soll, über eine Endlösung zu sprechen: Juden werden zur Arbeit geschickt, en bloc und in angemessener Weise.

18. Dezember 1943 Jüdische Ehepartner von nicht mehr bestehenden Mischehen sowie Geltungsjuden sollen nach Theresienstadt geschickt werden.

12. Januar 1944 Juden erhalten keine Kontrollkarten für den Briefverkehr mit dem Ausland. [Ohne solche Karten wurden Briefe nach dem Ausland nicht befördert.]

13. Januar 1945 Alle in Mischehe lebenden arbeitsfähigen Staatsangehörigen und staatenlose Juden sind zum geschlossenen Arbeitseinsatz in Theresienstadt zu überstellen.

16. Februar 1945 [...] Wenn der Abtransport von Akten, deren Gegenstand anti-jüdische Tätigkeiten sind, nicht möglich ist, sind sie zu vernichten, damit sie nicht dem Feind in die Hände fallen.

Entnommen aus: Joseph Walk (Hrsg.), Das Sonderrecht für die Juden im NS-Staat, 2. Aufl., C. F. Müller, Verlagsgruppe Hüthig Jehle Rehm GmbH, Heidelberg 2013 – abgedruckt mit freundlicher Genehmigung.

Glossar

A

Abu Gosh: Arabisches Dorf zehn Kilometer westlich von Jerusalem; eines der wenigen, dessen Einwohner (heute ca. 7.000) im Unabhängigkeitskrieg 1948 für ein Leben im neu gegründeten Israel votieren

Affidavit: Eidesstattliche Erklärung; hier eine für die Einwanderung benötigte, von einem Einwohner gegebene Bürgschaft, für den Unterhalt des Immigranten aufzukommen

Afula: Nordisraelische Stadt in der Jesreelebene (auch Emek genannt) zwischen den Bergen von Galiläa und Samaria

(Beth) Ahava: Hebräisch für (Haus der) Liebe; ursprünglich ein Kinderheim in der Auguststraße in Berlin, dessen Leiterin Beate Berger 1934 in Qiryat Bialik bei Haifa ein Heim gleichen Namens eröffnet und so 300 Kinder vor ihrer Deportation rettet

Aliyah: Hebräisch für Aufstieg; Einwanderung der Juden nach Palästina bzw. Israel

Allenby-Brücke oder König-Hussein-Brücke: Überspannt den Fluss Jordan und verbindet Jericho im Westjordanland mit Jordanien

Allende, Salvador (1908-73): Arzt und Präsident Chiles von 1970-73

Alzey: Stadt im Südosten von Rheinland-Pfalz

Arbeiterwohlfahrt: 1919 von Marie Juchacz gegründeter Wohlfahrtsverein; nach der Machtergreifung Hitlers verboten und 1946 in Hannover als parteipolitisch und konfessionell unabhängige Hilfsorganisation neu gegründet

Arier: Ursprüngliche Bezeichnung für eine indoeuropäische Volksgruppe; ab 19. Jahrhundert Synonym für die angeblich am höchsten stehende Rasse, die der Weißen; im Nationalsozialismus steht arisch für nichtjüdisch, ab 1935 wird es ersetzt durch deutschblütig

Arierparagraph: Erstmals im Gesetz zur Wiederherstellung des Berufsbeamtentums (BBG) vom 7. April 1933 genannte Bestimmung zur Ausschaltung der Nichtarier; demzufolge gilt als nichtarisch, wer einen jüdischen Eltern- oder Großelternteil hat

Arisierung: Bezeichnung der Nationalsozialisten für die Entfernung der deutschen Juden aus dem Wirtschafts- und Berufsleben sowie für die Enteignung jüdischen Besitzes und Vermögens zugunsten von Nichtjuden

Ashkelon: 1285 v. Chr. erstmals schriftlich erwähnte Stadt an der Mittelmeerküste im Süden Israels

Asti: Stadt im Nordwesten Italiens in der Region Piemont

Atlit: 1903 gegründeter Ort südlich von Haifa an der Mittelmeerküste; im Zweiten Weltkrieg errichtet die englische Mandatsregierung ein Flüchtlingslager, in dem illegale jüdische Einwanderer interniert und im Oktober 1945 von der Haganah befreit werden

Auschwitz: Polnisch Oświęcim; ab 1940 entsteht am Rande der Stadt mit dem KZ Auschwitz, dem KZ Auschwitz-Birkenau und dem KZ Auschwitz-Monowitz das größte nationalsozialistische Vernichtungslager, in dem über 1,1 Millionen Menschen ermordet werden; Auschwitz wird zum Synonym für die Unmenschlichkeit der Nationalsozialisten

Aussig: Tschechisch Ústí nad Labem; Stadt in Nordböhmen in Tschechien

B

Baccalauréat: Französisch; entspricht dem deutschen Abitur

Bar Kochba (Berlin): 1898 als erster jüdischer Sportverein im deutschen Kaiserreich gegründet; 1930 hat er über 40.000 Mitglieder, wird nach dem Novemberpogrom 1938 aufgelöst

Barmen: Bis 1929 Stadt im östlichen Rheinland; heute Stadtteil Wuppertals

Bar Mizwa: Hebräisch für Sohn des Gottesgebot; Zeremonie, mit der jüdische Jungen am Shabbat nach ihren 13. Geburtstag religionsmündig und somit vollwertiges Mitglied der Gemeinde werden; bezeichnet sowohl den Status als auch den Tag der Feier

Bat Galim: Nördlicher Stadtteil von Haifa am Fuß des Berges Carmel

BAT – Bundes-Angestelltentarifvertrag: Regelt von 1961 bis 2006 die Bezahlung der Angestellten im öffentlichen Dienst

BBC – British Broadcasting Corporation: 1922 in London gegründeter unabhängiger Radiosender; im Zweiten Weltkrieg wichtigste ausländische Informationsquelle für deutsche Hörer

BdM – Bund deutscher Mädel: Per Gesetz vom 1. Dezember 1936 werden alle weiblichen Jugendlichen des Deutschen Reichs zur Mitgliedschaft zwangsverpflichtet, somit ist der BdM mit 4,5 Millionen Mitgliedern 1944 die größte weibliche Jugendorganisation der Welt; Standardbekleidung sind dunkelblauer Rock, weiße Bluse und schwarzes Halstuch mit Lederknoten

Be'er Sheva: Stadt im Süden Israels; gilt als Hauptstadt der Wüste Negev, an deren Rand sie liegt

Belgrad: Heute Hauptstadt Serbiens, vormals zu Jugoslawien gehörend

Ben Gurion, David (1886-1973): Als David Grün im Weichselgebiet geboren; emigriert 1918 nach Palästina, wird Vorsitzender der Histadrut (Gewerkschaft) und Mitgründer der Haganah sowie Gründer der Mapai (zionistisch-sozialistische Arbeiterpartei); am 14. Mai 1948 verliest er die israelische Unabhängigkeitserklärung und wird Israels erster Ministerpräsident (1949-54 und 1955-63)

Ben Shemen: 1906 für russische Waisen gegründetes Kinderdorf zwischen Tel Aviv und Jerusalem; seit 1927 Jugenddorf und ab 1933 eines der Hauptzentren der Jugend-Aliyah

Bergen-Belsen: Konzentrationslager in Bergen (Kreis Celle), das ursprünglich als Kriegsgefangenenlager dient; bis zu seiner Befreiung durch britische Truppen im April 1945 sterben mehr als 50.000 Menschen, für Tausende wird es zur Durchgangsstation in Vernichtungslager

Berliner Zimmer: Wohnraum, der Vorderhaus mit Seitenflügel eines Gebäudes bzw. Seitenflügel mit Hinterhaus verbindet; Besonderheit der Berliner Mietshäuser im 19. und Anfang des 20. Jahrhunderts

Beth Olim: Hebräisch für Haus der Einwanderer; Emigrantenheim

Bialik: Siehe Qiryat Bialik

Bialystock: Polnische Stadt rund 180 Kilometer nordöstlich von Warschau; ehemals bedeutendes jüdisches Zentrum

Bloomingdale's: 1860 in New York gegründetes Textilunternehmen; heute amerikanische Kaufhauskette des gehobenen Segments

B'nai B'rith: Hebräisch für Söhne des Bundes; 1843 in New York als geheime Loge von deutschen Einwanderern gegründet zur Förderung von Toleranz, Humanität, Wohlfahrt sowie zur Aufklärung über und Erziehung im Judentum; heute eine der größten jüdischen Vereinigungen

Bojaren: Ehemals Adlige unterhalb des Ranges eines Fürsten oder Zaren in einigen Ländern des Ostens; in Rumänien zum Teil noch bis 1945 die herrschende Schicht der Großgrundbesitzer

Bornplatzsynagoge: Als größte Synagoge Nordeuropas 1906 im Hamburger Grindelviertel eingeweiht; während des Novemberpogroms 1938 wird ihre Inneneinrichtung zerstört, 1940 das Gebäude abgerissen

Bratislava: Deutsch Pressburg; heute Hauptstadt der Slowakei

Breslau: Polnisch Wrocław; viertgrößte Stadt Polens und Hauptstadt des Landkreises Niederschlesien

(Schloss) Brüningslinden: 1911/12 erbauter Landsitz des Regimentskommandeurs Ernst Rütger v. Brüning; nach Ende des Zweiten Weltkrieges von der US-Armee beschlagnahmt und zeitweise als Sommerfrische für jüdische Kinder genutzt

Buber, Martin (1878-1965): In Wien geborener, bis 1933 an der Frankfurter Universität lehrender Religionsphilosoph, der 1938 nach Jerusalem emigriert

Buchenwald: Konzentrationslager auf dem Ettersberg bei Weimar, in dem zwischen Juli 1937 und April 1945 rund 250.000 Menschen inhaftiert sind, von denen etwa 56.000 sterben

(Henry und Emma) Budge-Stiftung: 1920 gegründet von dem jüdischen Ehepaar Budge mit dem Ziel, ältere Menschen zu unterstützen im Sinne einer europaweit einzigartigen, in der Satzung festgelegten jüdisch-christlichen Gleichstellung; heute auch Name eines nach diesem Grundsatz geführten Seniorenheimes in Frankfurt

C

Cachoeiro de Itapemirim: 1890 gegründete Stadt im brasilianischen Bundesstaat Espírito Santo

Carabinieri: Gendarmerie Italiens

Carlebach, Joseph Zwi (1883-1942): Zuletzt Oberrabbiner in Hamburg, von wo er im Dezember 1941 in das KZ Jungfernhof deportiert und im März 1942 mit seiner Frau und den drei jüngsten Töchtern in einem Wald bei Riga erschossen wird; die älteren fünf Kinder werden gerettet durch ihre Emigration nach England, der jüngste Sohn überlebt neun KZs

Carmel: Gebirge in Nordisrael, an dessen nördlichem Abhang die Stadt Haifa liegt

Chanukka: Hebräisch für Einweihung; achttägiges jüdisches Fest zum Gedenken an die Wiedereinweihung des 2. Tempels in Jerusalem im Jahr 164 v. Chr.; beginnt jeweils am 25. Tag des Monats Kislew (November/Dezember)

Chełmno bzw. Kulmhof: Vernichtungslager der Nationalsozialisten in Polen, in dem von Dezember 1941 bis März 1943 sowie im Sommer 1944 Juden und Roma in Gaswagen getötet werden

Chuppa: Baldachin der jüdischen Hochzeitsfeier, unter dem das Paar getraut wird

Civil Rights Congress: 1946 in Detroit gegründete und 1956 aufgelöste amerikanische Bürgerrechtsorganisation

Cohen, Yardena (1910-2012): Israelische Tänzerin, die berühmt wird durch ihr Tanzstudio in Haifa, in dem sie noch als Hundertjährige unterrichtet

D

Dachau: Im März 1933 errichtetes Konzentrationslager, in dem bis zu seiner Befreiung durch amerikanische Truppen im April 1945 etwa 200.000 Menschen inhaftiert sind, von denen etwa 41.500 sterben; gleichzeitig werden unzählige Häftlinge in Vernichtungslager deportiert

Davidstern: Hebräisch Magen David (Schild Davids); sechszackiger Stern, der als Symbol des Judentums und des Volkes Israel gilt sowie Emblem der Nationalflagge ist

Der Führer schenkt den Juden eine Stadt: In den Erinnerungen der Überlebenden des KZ Theresienstadt sogenannter und bekannt gewordener Titel eines Films, dessen Original »Theresienstadt. Ein Dokumentarfilm aus dem jüdischen Siedlungsgebiet« lautet; der im August/September 1944 unter der erzwungenen Leitung des später in Auschwitz ermordeten Regisseurs Kurt Gerron entstandene Propagandafilm der Nationalsozialisten soll die angeblich guten Lebensverhältnisse im sogenannten Ghetto zeigen

Dimona: 1955 im Norden der Wüste Negev gegründete israelische Stadt, die vor allem wegen ihres Atomreaktors bekannt ist

Displaced Persons (DPs): Bezeichnung für Zivilpersonen, die sich im Zweiten Weltkrieg außerhalb ihrer Heimatländer aufhalten und nach Kriegsende vorübergehend in sogenannten DP-Lagern der Alliierten untergebracht werden

Dora-Mittelbau oder KZ Mittelbau-Dora: Im August 1943 als Außenlager des KZ Buchenwald geschaffen, um in den vor Luftangriffen geschützten Stollen bei Nordhausen hauptsächlich die Vergeltungswaffen V1 und V2 bauen zu lassen; der gesamte Komplex erstreckt sich mit fast 40 Lagern über den gesamten Harz; von den 60.000 Inhaftierten sterben 20.000 aufgrund der extremen Arbeits- und Lebensbedingungen

Dorot: 1941 von deutschen Einwanderern gegründeter Kibbuz im Süden Israels

E

Eger: Deutsch Erlau; Stadt im Norden Ungarns

Eichmann, Karl Adolf (1906-62): SS-Obersturmbannführer und als Leiter des für die Organisation der Vertreibung und Deportation der Juden zuständigen Eichmannreferats des Reichssicherheitshauptamtes (RSHA) zentral mitverantwortlich für die Ermordung von sechs Millionen Juden in Europa

Eisernes Kreuz – EK: Kriegsauszeichnung, die 1813 erstmals vom preußischen König Friedrich Wilhelm III. gestiftet wird; darf (nach dem Zweiten Weltkrieg und ohne Hakenkreuz) erst seit 1958 wieder getragen werden

Elat: Stadt im Süden der Wüste Negev an der Südspitze Israels; einziger Zugang des Landes zum Roten Meer

Emek: Hebräisch für Tal; bezeichnet die Jesreelebene zwischen den Bergen von Galiläa und Samaria im Norden Israels

Epidemiologie: Wissenschaft von Entstehung, Verbreitung und Bekämpfung sowie den sozialen Folgen von Epidemien

Etzel (auch Irgun): 1931 in Jerusalem von ehemaligen Haganah-Mitgliedern gegründete Untergrundorganisation, deren Kommandant ab 1943 der spätere Ministerpräsident Menachem Begin (1913-92) ist

F

Fabrikaktion: Großrazzia, in der am 27. Februar 1943 von Gestapo und SS die letzten Berliner Juden aus Rüstungsbetrieben verhaftet und zu Sammelstellen transportiert werden; die meisten der in der Jüdischen Gemeinde in der Rosenstraße Inhaftierten werden nach Protesten ihrer nichtjüdischen Angehörigen entlassen, der Großteil der in den anderen Sammelstellen Inhaftierten wird nach Auschwitz deportiert und ermordet

Falafel: Frittiertes Bällchen aus pürierten Kichererbsen; stammt ursprünglich aus der arabischen Küche, heute auch Nationalgericht Israels

Faschismus: Ursprünglich Bezeichnung für rechtsgerichtete Bewegung, die Italien unter Benito Mussolini (1883-1945) von 1922-43 beherrscht; ab den 1920er-Jahren auch für rechtsextreme, totalitäre und nationalistische Diktaturen, insbesondere den deutschen Nationalsozialismus, verwendet

Feldscher: Ursprünglich ungelernte Landärzte, später unterste Stufe der Militärärzte; in der russischen Armee heute noch gebräuchlich

Flecktyphus: Die korrekte Bezeichnung lautet Fleckfieber; Symptome sind Fieber, Kopf- und Gliederschmerzen bis zu Bewusstseinsstörungen; wird durch Läuse, Milben etc. übertragen und tritt vorwiegend in Tropen und Subtropen auf

Framersheim: Ort im Landkreis Alzey-Worms in Rheinland-Pfalz

French Concession: Eleganter Bezirk Shanghais (heute die Stadtteile Luwan und Xuhui), der im 19. Jahrhundert von zugezogenen französischen Geschäftsleuten und Händlern errichtet wird

Fünfte Kolonne: Subversiv tätige Gruppe, die auf den Umsturz einer bestehenden Ordnung im Interesse einer fremden Macht abzielt; während des Zweiten Weltkrieges werden die deutschen Nationalsozialisten in Shanghai so bezeichnet

Fuhlsbüttel: 1933 innerhalb des Gebäudekomplexes der Hamburger Haftanstalt errichtetes KZ, das bis 1945 existiert

G

Galinski, Heinz (1912-92): In Marienburg (Westpreußen) geboren und in Berlin als Textilkaufmann lebend wird er 1943 mit seiner Frau und seiner Mutter nach Auschwitz deportiert, wo beide Frauen ermordet werden; von dort wird er als Zwangsarbeiter in das KZ Mittelbau-Dora verschleppt und später in das KZ Bergen-Belsen; nach seiner Rückkehr ist er Vorsitzender der Jüdischen Gemeinde Berlins (1949-92) sowie erster (1954-63) und vierter (1988-92) Präsident des Zentralrats der Juden in Deutschland

Galizien: Landschaft in der Westukraine (Ostgalizien) und Südpolen (Westgalizien); bis 1918 Teil von Österreich-Ungarn

Garnisonstadt: Ort, an dem militärische Verbände, Truppenteile oder Dienststellen ständig stationiert sind

Gedenkstätte Wiesbaden: Am 27. Januar 2011 eröffnetes Mahnmal am Michelsberg, das auf der Fläche der während des Novemberpogroms 1938 zerstörten Synagoge gebaut ist und die bisher ermittelten 1.507 Namen der Wiesbadener jüdischen Opfer der deutschen Nationalsozialisten trägt

Gelber Stern: Handtellergroßer sechszackiger Stern mit schwarzer »Jude«-Aufschrift; am 1. September 1941 von den Nationalsozialisten als Zwangskennzeichnung eingeführt, muss er für 10 Pfennig gekauft und auf der Kleidung links in Brusthöhe gut sichtbar getragen werden

Gerechter unter den Völkern: Ehrentitel für Nichtjuden, die im Nationalsozialismus unter Lebensgefahr Juden vor ihrer Ermordung retten

Gestapo: Geheime Staatspolizei; politische Polizei zur Zeit des Nationalsozialismus

Ghetto: Abgesondertes Wohnviertel; das erste Ghetto entsteht, als 1516 die Jüdische Gemeinde Venedigs in einem Stadtteil zusammengefasst wird; während des Zweiten Weltkrieges richten die Nationalsozialisten Ghettos für Juden ein, um sie von dort in die Vernichtungslager zu deportieren; zwischen 1939 und 1944 existieren ca. 1.150 Ghettos in Osteuropa

Givat Haim: 1932 von europäischen Einwanderern gegründeter Kibbuz zwischen Tel Aviv und Haifa

Glühwürmchen: Tschechisch Broučci; Kindersingspiel, das neben dem bekannteren Stück Brundibár im KZ Theresienstadt einstudiert und aufgeführt wird

Gospić: Stadt in Kroatien, in der von 1939-45 ein von der Ustascha (kroatische nationalistische Bewegung mit enger Verbindung zu den deutschen Nationalsozialisten) geführtes KZ besteht

Grindelviertel: Wohngegend in Hamburg, die mit Tora Talmud Schule und Bornplatzsynagoge als Mittelpunkt bis zu der Zeit des Nationalsozialismus stark jüdisch geprägt ist

Große Hamburger Straße: Straße in Berlin Mitte; hier als Synonym für das in der ehemaligen jüdischen Schule und dem Jüdischen Altersheim von der Gestapo errichtete Sammellager, aus dem zehntausende Juden in die KZs Auschwitz und Theresienstadt deportiert werden

(Camp de) Gurs: Während der deutschen Besetzung Nordfrankreichs im Zweiten Weltkrieg größtes Internierungslager u. a. für Juden; am 22. Oktober 1940 werden 6.538 deutsche Juden nach Gurs verschleppt, von denen etwa 2.000 dort sterben; 1942 werden die Internierten nach Deutschland ausgewiesen und in Vernichtungslager deportiert

H

Hachschara: Hebräisch für Die Vorbereitung; Kurse, in denen in den 1920er- und 1930er-Jahren deutsche und österreichische jüdische Jugendliche auf landwirtschaftlichen Gütern auf die Besiedlung Palästinas vorbereitet werden; Anfang 1941 lösen die Nationalsozialisten diese Einrichtungen auf oder wandeln sie in Zwangsarbeitslager um

Hadar (HaCarmel): Mittlerer Teil der am Hang des Berges Carmel gebauten Stadt Haifa

Hadera: 1890 von russischen und osteuropäischen Einwanderern gegründete Stadt in der Sharonebene zwischen Tel Aviv und Haifa

Haganah: Hebräisch für Die Verteidigung; paramilitärische zionistische Untergrundorganisation im Palästina der britischen Mandatszeit (1920-48), die später in der neu gegründeten israelischen Armee aufgeht

Haifa: Israels drittgrößte Stadt nach Jerusalem und Tel Aviv; liegt im Norden des Landes am nördlichen Abhang des Carmels sowie am Mittelmeer und ist Israels größter Hafen
Hakoah: Hebräisch für Die Kraft; Name mehrerer jüdischer Sportvereine
HaMahanot HaOlim: 1927 von Schülern des Tel Aviver Herzliya Gymnasiums gegründete Jugendbewegung, die sozialistisch-zionistisch geprägt ist und sich für Chancengleichheit einsetzt
Harbin: 1898 von Russen gegründete Stadt in der Mandschurei im Nordosten Chinas
HaShomer Haza'ir: Hebräisch für Der junge Wächter; 1913/14 in Galizien als Pfadfinderbewegung gegründet, heute sozialistisch-zionistische Jugendorganisation
Hatikva: Hebräisch für Die Hoffnung; Titel der Nationalhymne Israels
Hefzibah: 1922 von deutschen und tschechischen Einwanderern gegründeter Kibbuz im Norden Israels
Heiden: Gemeinde im Schweizer Kanton Appenzell Ausserrhoden
Hershey-Schokolade: Hershey's ist einer der ältesten (1894 gegründet) und bekanntesten Schokoladenhersteller der USA
Herzliya: 1924 gegründete und nach Theodor Herzl benannte israelische Stadt, 15 Kilometer nördlich von Tel Aviv in der Sharonebene
Hindenburg, Paul von (1847-1934): Deutscher Generalfeldmarschall und Politiker, der als zweiter Reichspräsident (1925-34) der Weimarer Republik am 30. Januar 1933 Adolf Hitler zum Reichskanzler berufen
Hiroshima: Hafenstadt im Südwesten der japanischen Insel Honshū; hier Ziel des weltweit ersten Atombombenabwurfs am 6. August 1945
Histadrut: Hebräisch für Zusammenschluss; 1920 von David Ben Gurion in Haifa gegründeter Dachverband der israelischen Gewerkschaften
Hitachdut Olej Germania: Hebräisch für Vereinigung der Einwanderer aus Deutschland (in Palästina bzw. Israel)
Hitlerjugend – HJ: 1926 gegründete Jugendorganisation der NSDAP; gegliedert in Deutsches Jungvolk (Jungen 10-14 Jahre), Deutsche Jungmädel (10-14 Jahre), die eigentliche Hitlerjugend (14-18 Jahre) und Bund deutscher Mädel (14-18 Jahre); ab 1939 ist Mitgliedschaft Pflicht, sodass sie zeitweise 8,7 Millionen Jugendliche zählt
Höfs, Else (1876-1945): SPD-Politikerin und Abgeordnete der Verfassungsgebenden Deutschen Nationalversammlung der Weimarer Republik; von 1919-33 Vorsitzende der Arbeiterwohlfahrt in Pommern
(Jüdische) Hohe Feiertage: An Rosh HaShana (Kopf des Jahres) am 1. des Monats Tishri (September/Oktober) legt der Mensch Rechenschaft über sein Tun ab, am zehn (Buß-)Tage darauf folgenden höchsten Feiertag Yom Kippur (Versöhnungstag) kann er durch Reue und Umkehr das göttliche Verzeihen erlangen

Hongkou: Stadtteil von Shanghai; in den 1930er- und 1940er-Jahren Zufluchtsort für viele jüdische Emigranten aus Europa

House Committee on Un-American Activities: Komitee für unamerikanische Umtriebe; ehemaliges Gremium im Repräsentantenhaus der USA, das eine mögliche Bedrohung einer Unterwanderung durch Gruppen wie die der Kommunisten untersucht und Gesetzentwürfe gegen sie erarbeitet

Humanitas: Liberale Freimaurer-Großloge für Männer und Frauen

I

Iaşi: Universitätsstadt im Nordosten Rumäniens; heute kulturelle Hauptstadt des Landes, ehemals Siedlungsschwerpunkt der rumänischen Juden

Ida Ehre Schule: 1934 erbaute Volksschule in Hamburg, die als Gesamtschule seit 2001 den Namen der jüdischen Schauspielerin und Theaterintendantin (1900-89) trägt

Ima: Hebräisch für Mama, Mami

Isaaksohn, Rolf (1921; 1957 für tot erklärt): Jüdischer Passfälscher im Berlin der 1940er-Jahre, der als sogenannter »Greifer« mit der Gestapo kollaboriert und untergetauchte Juden aufspürt und denunziert; arbeitet als deren zweiter Ehemann auch mit der bekanntesten »Greiferin« Stella Goldschlag (1922-94) zusammen

Isma'ilia: Stadt im Norden Ägyptens

Israelitische Töchterschule: Von 1884 bis zu ihrer Schließung im Mai 1942 jüdische Schule im Hamburger Karolinenviertel; heute Gedenk- und Bildungsstätte, 1998 zur Erinnerung an den letzten Schulleiter umbenannt in Dr. Alberto Jonas-Haus

Ivrit: Neuhebräisch; semitische Sprache und Amtssprache Israels

J

Jaffa: Hebräisch Yafo; seit der Antike bestehende Hafenstadt im heutigen Israel, dessen Vorort ursprünglich das 1909 gegründete Tel Aviv ist; 1950 werden beide Städte zu Tel Aviv-Jaffa vereint

Jahn, Dr. Friedrich Ludwig (1778-1852): Deutscher Pädagoge und Mitglied der Frankfurter Nationalversammlung sowie Initiator der deutschen Turnbewegung, deshalb auch »Turnvater Jahn« genannt

Jecke, Jeckes (Pl): Anfangs noch spöttische, später respektvolle Bezeichnung für deutschsprachige Palästina-Einwanderer der 1930er- und 1940er-Jahre, die sich durch angebliche Überheblichkeit und Korrektheit von den dort lebenden Juden unterscheiden

jeckisch: Sich wie ein Jecke verhalten

Jewish Agency: Hebräisch Sochnut; 1929 auf dem 16. Zionistenkongress gegründete Vertretung der Juden und somit auch während der britischen

Mandatszeit verantwortlich für interne Angelegenheiten der in Palästina lebenden Juden; heute offizielle Einwanderungsorganisation Israels

Jewish Claims Conference – JCC: 1951 gegründeter Zusammenschluss jüdischer Organisationen, der Entschädigungsansprüche jüdischer Opfer des Nationalsozialismus vertritt

jiddisch: Sprache, die von den aschkenasischen Juden (Mittel-, Nord- und Osteuropa) sowie von einigen ihrer Nachfahren gepflegt wurde bzw. wird

Joachimsthaler Straße 13: Ursprünglich ein Haus der jüdischen Loge B'nai B'rith in Berlin; in den Nachkriegsjahren Sitz des Vorsitzenden der Jüdischen Gemeinde und heute auch jüdischer Organisationen wie WIZO (Women's International Zionist Organisation)

Joint – JDC (American Jewish Distribution Committee): Seit 1914 vor allem in Europa tätige Hilfsorganisation amerikanischer Juden, die ursprünglich gegründet wird zur Unterstützung jüdischer Opfer des Ersten Weltkrieges

Jonas, Dr. Alberto (1889-1942): Seit 1924 Direktor der Israelitischen Töchterschule in Hamburg, der mehrfach Kindertransporte nach England begleitet und immer wieder nach Deutschland zurückkehrt, bis er 1940 nicht mehr ausreisen darf und mit seiner Familie 1942 nach Theresienstadt deportiert wird, wo er kurz darauf stirbt; das ehemalige Schulgebäude trägt heute seinen Namen

Jonas, Dr. Marie Anna (1893-1944), geborene Levinsohn: Arbeitet bis zum Berufsverbot als Schulärztin an der von ihrem Mann geleiteten Israelitischen Töchterschule in Hamburg; mit ihm und ihrer gemeinsamen Tochter Esther (Bauer) wird sie 1942 nach Theresienstadt deportiert und 1944 in Auschwitz ermordet; seit 2003 ist im Hamburger Stadtteil Eppendorf ein Platz nach ihr benannt

Joodse: Holländisch für jüdisch

Juchacz, Marie (1879-1956): Seit 1919 als SPD-Abgeordnete Mitglied der Weimarer Nationalversammlung, gründet im selben Jahr die Arbeiterwohlfahrt (AWO), emigriert 1933 nach New York, wo sie 1945 die Arbeiterwohlfahrt JSA – Hilfe für die Opfer des Nationalsozialismus gründet, und kehrt 1949 nach Deutschland zurück

Judaistik: Wissenschaft des Judentums

Judenhaus: Ab Herbst 1939 werden Juden auf Anweisung der Gestapo in ehemals jüdische Wohnhäuser eingewiesen und leben dort unter extrem beengten Verhältnissen; einerseits bewirkt diese Maßnahme eine weitere Diskriminierung der Juden, andererseits schafft sie Wohnraum für die sogenannte »deutschblütige« Bevölkerung

Jüdischer Frauenbund – JFB: 1904 von Bertha Pappenheim (1859-1936) gegründete Organisation, die sowohl feministische Ziele verfolgt, wie die Stärkung der Frauenrechte, als auch traditionell jüdische, wie die Wohltätigkeit als Gottesgebot; 1939 von den Nationalsozialisten aufgelöst

Jüdisches Krankenhaus Berlin: 1756 als erstes Berliner »Juden-Lazarett« in der Oranienburgerstraße gegründet; seit 1914 in der Iranischen Straße, die später umbenannt wird in Heinz-Galinski-Straße; ab März 1944 dient ein Teil des Hauses als Sammelstelle für den Abtransport von Berliner Juden; 1945 wird der Krankenhausbetrieb für jüdische wie nichtjüdische Patienten wieder aufgenommen

Jugend-Aliyah: Am 30. Januar 1933 in Berlin von Recha Freier (1892-1984) gegründet, um möglichst viele jüdische Kinder und Jugendliche in der Zeit des Nationalsozialismus vor allem nach Palästina zu bringen; etwa 21.000 Kinder und Jugendliche werden auf diese Weise gerettet

Jungfernhof: Konzentrationslager in dem Dorf Jumpravmuiza nahe der lettischen Hauptstadt Riga, das von Dezember 1941 bis März 1942 zur vorübergehenden Unterbringung deutscher und österreichischer Juden eingerichtet wird; viele von ihnen werden in einem nahegelegenen Wald erschossen und in Massengräbern verscharrt

K

(Hamburger) Kammerspiele: 1918 gegründetes Theater, in dessen Gebäude von 1904-37 die jüdische Loge B'nai B'rith und bis 1941 der Jüdische Kulturbund untergebracht ist; nach der Schließung des Theaters wird das Haus zur Sammelstelle, von der im Juli 1942 Juden in Vernichtungslager deportiert werden; unter der Intendanz der KZ-Überlebenden Ida Ehre wird das Theater 1945 wieder eröffnet

Kapo: Funktionshäftling in einem Konzentrationslager, der für die SS bzw. Lagerleitung die Arbeit der Mithäftlinge anleitet und dafür besondere Vergünstigungen erhält

Katamon: 1914 entstandenes Viertel im Süden Jerusalems

Kibbuz, Kibbuzim (Pl): Hebräisch für Sammlung, Versammlung; ländliche Kollektivsiedlung in Israel mit gemeinsamem Eigentum und basisdemokratischer Struktur; erster Kibbuz ist der 1910 gegründete Degania A am See Genezareth, dem etwa 270 folgen und eine entscheidende Rolle bei der jüdischen Besiedlung Israels spielen

Kibbuznik, Kibbuzniks (Pl): Mitglied(er) eines Kibbuz

Kindertransporte: Ausreise von rund 12.500 jüdischen Kindern aus Deutschland, Österreich, Polen und der Tschechoslowakei zwischen Ende November 1938 und 1. September 1939. Etwa 10.000 von ihnen nimmt England auf, die anderen verteilen sich auf die Niederlande, Schweden, Belgien, Frankreich, Schweiz und die USA; diese Kinder sind oftmals die einzigen ihrer Familie, die den Holocaust überleben

Kippa: Hebräisch für Kappe, Käppchen; kleine kreisförmige Mütze, die von männlichen religiösen Juden getragen wird

Koreakrieg: Geführt von Juni 1950 bis Juli 1953 zwischen Nordkorea und China auf der einen Seite und Südkorea und den Vereinten Nationen, insbesondere USA, auf der anderen, da beide koreanischen Regierungen die Wiedervereinigung des Landes unter eigener Führung erzwingen wollen

kosher: Hebräisch für rein; bezieht sich auf Lebensmittel, die nach den jüdischen Speisegesetzen als essbar gelten, so darf beispielsweise Fleisch von Säugetieren und Geflügel nicht mit Milchprodukten zubereitet werden; orthodoxe Juden verwenden deshalb getrenntes Besteck und Geschirr

Kraft durch Freude – KdF: Nationalsozialistische Organisation, die von 1933 bis 1945 besteht (ihre Tätigkeit aber bereits 1939 weitgehend einstellt), um die Freizeit der Deutschen zu gestalten und zu überwachen; gleichzeitig ist sie der größte Reiseveranstalter in diesen Jahren

Krakau: Polnisch Kraków; zweitgrößte Stadt Polens, im Süden des Landes; die deutschen Nationalsozialisten errichten in der Stadt ein Ghetto und in Stadtnähe die Konzentrationslager Auschwitz, Auschwitz-Birkenau, Auschwitz-Monowitz und Plaszow

(Reichs-)Kristallnacht, Pogromnacht: In der Nacht des 9. November 1938 zerstören Nationalsozialisten in Deutschland 1.400 Synagogen und Beträume sowie tausende jüdische Geschäfte, Wohnungen und Friedhöfe; etwa 30.000 männliche Juden werden in Konzentrationslager deportiert, von denen Hunderte ermordet werden oder an den Haftfolgen sterben

Kuli: Ostasiatischer Tagelöhner oder auch Lastenträger

Kulturrevolution (in China): Politische, von Mao Tse-tung (1893-1976) ausgelöste Kampagne 1966-76, in der es zu massenhaft Menschenrechtsverletzungen kommt und 20 Millionen Menschen getötet werden

L

Latrun, Schlachten von Latrun: Ortschaft im heutigen Westjordanland, 15 Kilometer westlich von Jerusalem, in dem es von Mai bis Juli 1948 zu Gefechten zwischen israelischer und jordanischer Armee sowie palästinensischen Milizen kommt; Israel unterliegt in dem Versuch, das strategisch wichtige Gebiet einzunehmen, das die Straße zwischen Tel Aviv und Jerusalem kontrolliert

Le Prese: Ort am Lago di Poschiavo im Schweizer Kanton Graubünden

Leitmeritz: Tschechisch Litoměřice; Stadt in Tschechien, sechs Kilometer nördlich von Theresienstadt (Terezín); während des Zweiten Weltkrieges errichten die deutschen Nationalsozialisten in der Nähe der Stadt ein Außenlager des KZ Flossenbürg

Lemberg: Ukrainisch Lwiw; heute Stadt im Westen der Ukraine; 1918-39 polnisch (Lwów) mit mehr als 50 Prozent jüdischen Einwohnern; in der Zeit des

Nationalsozialismus wird sowohl ein Ghetto als auch ein Zwangsarbeitslager errichtet

Leo-Baeck-Schule bzw. Leo-Baeck-Erziehungszentrum – LBEZ: 1939 gegründete, in der Tradition des liberalen Judentums verwurzelte Schule in Haifa; heute über Israel hinaus bekannt als Bildungseinrichtung für jüdische und arabische Kinder vom Kindergarten bis zum Gymnasium

Lette-Haus bzw. Lette-Verein: 1866 in Berlin von Wilhelm Adolf Lette (1799-1868) gegründet zur Förderung der Erwerbsfähigkeit der Frauen; heute Stiftung sowie Träger von drei Berufsfachschulen und zwei Lehranstalten

Lift: Container, in dem Gepäck und Möbel der Emigranten nach Palästina transportiert wird

Lindenfels: Stadt im Odenwald, in der die amerikanische Militärverwaltung nach dem Zweiten Weltkrieg ein Lager für jüdische Displaced Persons einrichtet, das im November 1948 aufgelöst wird

Lions: 1917 gegründeter, heute mit über 1.347 Millionen Mitgliedern größter Service Club der Welt; das Motto »We serve« verpflichtet jedes Mitglied, den Dienst am Nächsten über den persönlichen Profit zu stellen; LIONS ist gleichzeitig das Akronym des Wahlspruches Liberty, Intelligence, Our Nation's Safety (Freiheit, Intelligenz, Sicherheit unserer Nation)

Lod: Heute Stadt im Zentralbezirk Israels, etwa 20 Kilometer östlich von Tel Aviv; 1921 werden die dort lebenden Juden von Arabern vertrieben; 1944 wohnen dort ca. 17.000 Araber, die nach der Besatzung durch israelische Truppen während des Unabhängigkeitskrieges (Mai 1948 bis Juli 1949) die Stadt verlassen

Lodz: Polnisch Łódź, 1940-45 in Litzmannstadt umbenannt; drittgrößte, im Zentrum des Landes liegende Stadt in Polen; im Februar 1940 wird eines der größten Ghettos des Nationalsozialismus errichtet, die meisten der dort eingesperrten Juden werden später deportiert und ermordet; in einem geräumten Teil wird im Dezember 1942 ein Jugendkonzentrationslager eingerichtet, in dem, laut Schätzungen, 12.000 bis 20.000 Kinder ab zwei Jahren inhaftiert sind

Lublin: Stadt im Osten Polens; von 1939-44 unter deutscher Besatzung sowie Hauptquartier der »Aktion Reinhardt«, deren Ziel die Ermordung aller Juden Polens ist

M

Machtergreifung: Begriff, der überwiegend benutzt wird in Bezug auf den 30. Januar 1933, an dem Adolf Hitler zum Reichskanzler ernannt wird und daraus folgend die NSDAP die Demokratie abschafft und ihre Herrschaft festigt

Macy's: 1858 in New York gegründetes Kaufhaus; heute mit knapp 800 Filialen der größte Warenhausbetreiber der USA

Madrich, Madricha: Hebräisch für Erzieher, Erzieherin

Majdanek: Erstes deutsches Konzentrationslager im besetzten Polen (bei Lublin), das von Oktober 1941 bis zu seiner Befreiung durch die russische Armee im Juli 1944 existiert; über die Zahl der Opfer gibt es keine belegten Angaben, Schätzungen gehen von 78.000 Menschen aus

Maria Alois (1815-1918 und 1933-45): Polnisch Potaśnia; Ortschaft in der Gemeinde Ostrzeszów (deutsch Schildberg), etwa 130 Kilometer südöstlich von Posen und 100 Kilometer nordöstlich von Breslau

Marienburg: Polnisch Malbork; Stadt im ehemaligen Westpreußen, im heutigen Norden Polens

Mauthausen: Größtes Konzentrationslager in Österreich, in das von August 1938 bis zu seiner Befreiung durch amerikanische Truppen im Mai 1945 knapp 200.000 Menschen aus ganz Europa deportiert werden, von denen etwa die Hälfte getötet wird

Mazza, Mazzot (Pl) oder Matze, Matzen (Pl): Ungesäuerter Brotfladen, der von religiösen Juden an Pessach gegessen wird zur Erinnerung an den Auszug der Israeliten aus Ägypten

McCarthy-Ära: Nach dem amerikanischen Senator Joseph McCarthy (1908-57) benannter Zeitraum (1946-57), der in den USA stark von Antikommunismus geprägt ist, was sich u. a. in Vorladungen und Verhören politisch Verdächtiger vor parlamentarischen Untersuchungsausschüssen äußert

Minsk: Hauptstadt Weißrusslands (Belarus); vor dem Zweiten Weltkrieg mit 30 Prozent der insgesamt 240.000 Einwohner die größte Jüdische Gemeinde Russlands; ab Juli 1941 eines der größten Ghettos, in dem 60.000 Juden auf zwei Quadratkilometern eingesperrt sind

(Privilegierte) Mischehe: Bezeichnung der Nationalsozialisten für eine Ehe zwischen »arischen« und »nicht arischen« Partnern; Unterscheidung zwischen »einfacher Mischehe« eines »deutschblütigen« mit einem jüdischen Partner ohne getaufte Kinder oder mit jüdischen Kindern und »privilegierter Mischehe« eines »deutschblütigen« Mannes mit einer jüdischen Frau ohne oder mit getauften Kindern; Tod des nichtjüdischen Partners oder Scheidung bedeutet für den jüdischen Deportation, ab Herbst 1944 werden auch aus bestehenden »Mischehen« die jüdischen Partner in Arbeitslager, ab 1945 nach Theresienstadt deportiert

Moldau: Rumänisch Moldava; Region im Nordosten Rumäniens, die auch, um sie von der Republik Moldau zu unterscheiden, als Westmoldau bezeichnet wird

Moshav, Moshavim (Pl): Landwirtschaftliche Genossenschaft mit größerer Eigenständigkeit der Mitglieder als im Kibbuz, nach dem Prinzip, dass jeder für sich arbeitet, Einkauf und Vertrieb aber genossenschaftlich organisiert sind

N

NAACP – National Association for Advancement of Coloured People: Deutsch Nationale Organisation für die Förderung farbiger Menschen; 1909 gegründet und damit eine der ältesten sowie einflussreichsten schwarzen Bürgerrechtsorganisationen der USA

Nahalal: Erster, 1921 gegründeter Moshav westlich von Nazareth im Norden Israels; geplant von dem Frankfurter Architekt Richard Kaufmann (1887-1957), der 1920 nach Palästina emigriert

Nahariya: In den 1930er-Jahren von deutschen Emigranten gegründete Küstenstadt am Mittelmeer im Norden Israels

Nansen-Pass: 1922 von Fridtjof Nansen (1861-1930), Hochkommissar des Völkerbundes, entworfenes und noch im selben Jahr eingeführtes Reisedokument für staatenlose Flüchtlinge; ein Jahr gültig, kann verlängert werden, erlaubt die Rückkehr in das ausstellende Land und wird zuletzt von 53 Staaten anerkannt; 1946 abgelöst durch ein entsprechendes Dokument der Genfer Flüchtlingskonvention

Napola – Nationalpolitische Lehranstalt: Eliteschule, in der ab 1933 nationalsozialistischer Führungsnachwuchs ausgebildet wird; Kriterien für eine Aufnahme in diese Internate sind die rassische Eignung sowie die charakterliche und körperliche und angeblich erst an letzter Stelle die intellektuelle

Nazareth: Stadt in Galiläa im Nordbezirk Israels, die heute weitgehend von Moslems und Christen bewohnt wird, wohingegen die 1957 gegründete Schwesterstadt Nazareth-Illit jüdisch ist

Negev: Wüste im Süden Israels, die mit 12.000 Quadratkilometern 60 Prozent des Landes einnimmt, aber nur von knapp zehn Prozent der Bevölkerung bewohnt wird

Nesthäkchen: Zehnbändige Kinder- bzw. Jugendbuchreihe der jüdischen Autorin Else Ury (1877-1943), die in Auschwitz ermordet wird

Neue Dammtorsynagoge: 1894/95 erbaute Synagoge am heutigen Allendeplatz in Hamburg; ihr Innenraum wird in der Pogromnacht im November 1938 vollständig zerstört, aber mit privaten Spenden wiederhergestellt, sodass bis zu ihrer Beschlagnahme in Juni 1943 Gottesdienste stattfinden können; kurz darauf wird sie durch eine Bombe getroffen und zerstört

Niedergebra: Gemeinde im Landkreis Nordhausen in Thüringen

Nordenstadt: Ehemals ein Dorf in Hessen, seit 1977 Ortsbezirk von Wiesbaden

NSDAP – Nationalsozialistische Deutsche Arbeiterpartei: 1920 gegründete und ab 1933 die einzige zugelassene Partei in Deutschland, bis sie 1945 als verbrecherische Organisation verboten wird

Nürnberger (Rassen-)Gesetze: Auf dem 7. Reichsparteitag der NSDAP am 15. September 1935 in Nürnberg wird einstimmig u. a. das Gesetz zum »Schutze des deutschen Blutes und der deutschen Ehre« beschlossen, das Eheschließung sowie außerehelichen Geschlechtsverkehr zwischen Juden und Nichtjuden verbietet und Verstöße dagegen als »Rassenschande« mit Gefängnis oder Zuchthaus bestraft

O

Odenwaldschule: 1910 gegründetes Internat im hessischen Heppenheim (Bergstraße), das zeitweise als Vorzeigeschule der Reformpädagogik gilt

Odessa: Ukrainische Hafenstadt am Schwarzen Meer

Opiumkriege: Der erste (1839-42, Großbritannien gegen China) endet mit der Niederlage Chinas und dessen erzwungener Duldung des Opiumhandels, der zweite (1856-60, Großbritannien und Frankreich gegen China) ebenso und der Opiumhandel wird legalisiert

Opfer des Faschismus – OdF: Bezeichnung, insbesondere im DDR-Sprachgebrauch, sowohl für die ermordeten als auch für die überlebenden Verfolgten des Nationalsozialismus

Osterode: Polnisch Ostróda; Stadt im ehemaligen Ostpreußen, im heutigen Nordosten Polens

Osthofen: Stadt bei Worms, in der von März 1933 bis Juli 1934 eines der ersten Konzentrationslager für politische Gegner der Nationalsozialisten eingerichtet wird

P

Palästina-Amt: Offizielle Vertretung der Zionistischen Weltorganisation, deren deutsches Büro 1924 in der Berliner Meinekestraße 10 eröffnet wird und bis zu seiner Schließung 1941 rund 50.000 Juden zur Auswanderung verhilft

Papadatschi: Vorwiegend im Mittelmeerraum auftretende Krankheit, die übertragen wird durch Sandmücken und einhergeht mit tagelangem hohen Fieber

Pardes Hana(-Karkur): 1929 gegründete Stadt im nördlichen Israel

Patria: Flüchtlingsschiff, mit dem tausende von illegalen jüdischen Palästina-Einwanderern von Haifa auf die Insel Mauritius transportiert werden sollen; um deren Immigration zu erzwingen, sprengt die Haganah am 25. November 1940 das Schiff; 270 Menschen sterben, die meisten Geretteten werden im Lager Atlit interniert

Pearl Harbor: Hafen auf der Insel O'ahu (Hawaii); hier Synonym für den Luftangriff der Japaner auf die in Pearl Harbor vor Anker liegende amerikanische Flotte am 7./8. Dezember 1941, der den Kriegseintritt der USA auslöst

Peres, Shimon (1923): Als Szymon Perski im polnischen Wiszniewo geboren; israelischer Ministerpräsident (1984-86 und 1995-96) und Staatspräsident (2007-14)

Perón, Juan Domingo (1895-1974): Zweifacher Präsident von Argentinien (1946-55 und 1973-74), der eine Reihe von sozialen Reformen einführt und somit schon vor seiner Präsidentschaft von seinen Anhängern als Held der Arbeiterklasse gefeiert wird
Pessach: Zentrales Fest des Judentums, das an den Auszug der Israeliten aus Ägypten bzw. ihre Befreiung aus der dortigen Sklaverei erinnert; wird in der Woche vom 15. bis 22. des Monats Nissan (ab Mitte März) gefeiert
Petah Tiqva: 1878 als Bauernsiedlung gegründete Stadt östlich von Tel Aviv
Petrópolis: 1825 von deutschsprachigen Einwanderern gegründete Stadt in Brasilien, ca. 60 Kilometer nördlich von Rio de Janeiro
Pita: Fladenbrot aus Hefeteig
Pogrom: Gewaltsame Ausschreitung gegen Menschen, die von den Tätern einer bestimmten politischen, religiösen oder ethnischen Gruppe zugeordnet werden; früher wird der Begriff ausschließlich für Gewaltakte gegen Juden verwendet
Pogromnacht: Siehe Kristallnacht
Polder: Niedrig gelegenes Gebiet in der Nähe von Gewässern, das durch Deiche vor Hochwasser geschützt wird
Polenaktion: Am 28./29. Oktober 1938 schiebt die deutsche Polizei ohne Vorwarnung etwa 17.000 polnische Juden nach Polen ab, wo ihnen die Einreise verweigert wird, sodass sie mehrere Wochen u. a. am Grenzübergang in Zbąszyń kampieren müssen; für Herschel Grynspan, dessen Eltern betroffen sind, ist das der Anlass, in Paris den deutschen Diplomaten Ernst vom Rath zu erschießen, woraufhin die Nationalsozialisten in der Pogromnacht des 9./10. Novembers 1938 mit Gewalt gegen Juden im gesamten Deutschen Reich vorgehen
Poschiavo: Gemeinde im Schweizer Kanton Graubünden
Posen: Polnisch Poznań; Stadt im Westen Polens
Primus: Bunsenbrenner aus Messing
Purim: Jüdisches (Freuden-)Fest, das am 14. des Monats Adar (Februar/März) gefeiert wird und an die Rettung des jüdischen Volkes in der persischen Diaspora erinnert

Q
Quäker: Mitglied des Quäkertums, einer Strömung des Christentums
Qiryat Anavim: Erster, 1920 von ukrainischen Einwanderern gegründeter Kibbuz in den Judäischen Bergen, westlich von Jerusalem
Qiryat Bialik: 1939 von deutschen Einwanderern gegründete israelische Stadt nordöstlich von Haifa, die benannt ist nach dem Nationaldichter Chaim Nachman Bialik

Qiryat Haim: 1933 gegründete Stadt nördlich von Haifa, die benannt ist nach dem im selben Jahr ermordeten Zionistenführer Haim Arlozorov

R
Rabbinat: Sitz des Rabbiners
Rabbiner: Geistliches Oberhaupt einer jüdischen Gemeinde
Ramallah: Stadt in den Palästinensischen Autonomiegebieten im Westjordanland, 15 Kilometer nordwestlich von Jerusalem
Ramat Gan: 1921 ursprünglich als Moshav gegründete Stadt östlich von Tel Aviv
Ramat Yohanan: 1932 von einheimischen und aus den USA eingewanderten Juden gegründeter Kibbuz im Norden Israels, 15 Kilometer östlich von Haifa
Ramleh *(arabisch)* **oder Ramla** *(hebräisch)***:** Hauptstadt des Zentralbezirks in Israel, 20 Kilometer südöstlich von Tel Aviv
Rassengesetze: Siehe Nürnberger Rassengesetze
Ravensbrück: Konzentrationslager 100 Kilometer nördlich von Berlin, das von 1939 bis zu seiner Befreiung durch russische Truppen im April 1945 zum größten deutschen KZ für Frauen wird, in dem 28.000 Menschen sterben
Rehovot: 1890 von polnischen und russischen Einwanderern gegründete Stadt, 20 Kilometer südlich von Tel Aviv
Reichstagsbrand: Brand des Berliner Reichstagsgebäudes in der Nacht des 27. Februars 1933; am 28. Februar 1933 wird daraufhin »die Verordnung des Reichspräsidenten zum Schutz von Volk und Staat« erlassen, die die Verfolgung der politischen Gegner der NSDAP durch Polizei und SA legalisiert
Rishon LeTsiyon: 1882 ursprünglich als Moshav gegründete Stadt südlich von Tel Aviv
Rommel, Erwin (1891-1944): Deutscher Generalfeldmarschall im Zweiten Weltkrieg, der seinem Einsatz im Afrikafeldzug den Beinamen »Wüstenfuchs« verdankt
Roosevelt, Franklin Delano (1882-1945): 32. Präsident der Vereinigten Staaten von Amerika (1933-45)
Rosenstraße: Straße in Berlin; hier Synonym für die in der Zeit des Nationalsozialismus größte Protestaktion gegen die Verhaftung von Juden aus »Mischehen«, die bei der Fabrikaktion des 27. Februars 1943 festgenommen und in der Rosenstraße 2-4 eingesperrt werden; deren »arische« Familienangehörige versammeln sich tagelang vor dem Gebäude und verlangen die Freilassung; tatsächlich kommen fast alle der 2.000 Inhaftierten frei
Rosh HaShana: Hebräisch für Haupt des Jahres; Neujahrstag am 1. Tishri, dem siebten Monat des jüdischen Kalenders (September/Oktober), der mit dem zehn Tage später folgenden Versöhnungstag (Yom Kippur) die Hohen Feiertage bildet

Rotary (Club): 1905 in Chicago gegründet als Wertegemeinschaft, in der jeder den anderen nach seinen Fähigkeiten unterstützt; heute der älteste und mit 34.000 Clubs in 200 Ländern einer der größten Service Clubs der Welt mit den Zielen humanitäre Dienste und Einsatz für Frieden und Völkerverständigung

Rot-Kreuz-Brief: 1936 richtet das Internationale Rote Kreuz einen Nachrichtendienst ein, um Emigranten die Möglichkeit zu geben, mit ihren in Deutschland gebliebenen oder schon deportierten Angehörigen in Verbindung zu bleiben; auf dem dafür zu benutzenden Formblatt dürfen die Mitteilungen nur aus maximal 25 Wörter bestehen

Ruhr: Meist in Gebieten mit mangelnder hygienischer Versorgung auftretende, den Dickdarm befallende Krankheit, die in leichter Form heilbar, in schwerer tödlich sein kann

Ruma: Heute Stadt in Serbien, vormals zu Jugoslawien gehörend

S

SA – Sturmabteilung: Kampforganisation der NSDAP während der Weimarer Republik; nach der Machtergreifung der Nationalsozialisten kurzzeitig auch als Hilfspolizei eingesetzt und 1945 verboten

Saba: Hebräisch für Großvater

Sabre, Sabres (Pl): Hebräisch für Kaktusfeige; Bezeichnung für die im Land geborenen jüdischen Israelis, die als außen stachelig, aber mit weichem Kern beschrieben werden

Sachsenhausen: 1936 errichtetes Konzentrationslager bei Oranienburg, das durch seine Nähe zu Berlin eine Sonderstellung einnimmt und zum Ausbildungslager für KZ-Kommandanten und -Bewachungspersonal wird; bis zu seiner Auflösung 1945 werden mehr als 200.000 Menschen aus 40 Nationen inhaftiert, von denen Zehntausende sterben

Samson-Raphael-Hirsch-Schule: 1853 gegründete jüdisch-orthodoxe Schule in Frankfurt, die 1939 von den Nationalsozialisten aufgelöst wird

Sarona: 1871 von Mitgliedern der deutschen Templergesellschaft gekauftes und bebautes Grundstück im heutigen Stadtgebiet von Tel Aviv, das nach deren Ausweisung 1950 in HaKirya umbenannt wird; seit einigen Jahren wird das Viertel saniert und trägt wieder seinen ursprünglichen Namen

Schindler, Oskar (1908-74): Sudetendeutscher Unternehmer, der während des Nationalsozialismus in seinem Werk in Krakau (Polen) bei ihm angestellte jüdische Zwangsarbeiter schützt und etwa 1.200 vor ihrer Deportation und Ermordung rettet

Schlachtensee: See im Südwesten Berlins am Rande des Grunewalds

Schleich, Josef (1902-49): Österreichischer Schlepper, der bis 1941 gegen Zahlung von 670 Reichsmark Juden zur Flucht nach Jugoslawien verhilft und somit Hunderten das Leben rettet

Schwarz-Weiß-Rot: Ab 1867 die (Farben der) Flagge des Norddeutschen Bundes sowie von 1871 bis 1919 und von 1933 bis 1945 die des Deutschen Reiches

Sepharde, Sephardim (Pl): Juden, die ursprünglich in Portugal und Spanien lebten und sich sowohl im Osmanischen Reich und Nordwestafrika (Maghreb) ansiedelten als auch in Nordeuropa, u. a. in Amsterdam und Hamburg, sowie in Amerika, Indien und Afrika

Shabbat: Im Judentum der siebte Wochentag; Ruhetag, der am Freitagabend mit der Dämmerung beginnt und am Samstagabend mit dem Sonnenuntergang endet

Shabbat-Lampe: Ölgespeiste Hängelampe über dem Tisch, an dem in jüdischen Häusern der Shabbat-Abend begangen wird

Shanghai-Fieber bzw. Dengue-Fieber: Eine der am weitesten verbreiteten Infektionskrankheiten; wird verursacht durch ein von Mücken übertragenes Virus und geht einher mit starken Kopf- und Muskelschmerzen

Shanghaier Ghetto: Ab 15. November 1942 lässt die japanische Besatzungsmacht in Shanghai die Juden ghettoisieren; obwohl das nationalsozialistische Deutschland Druck auf Japan ausübt, die Juden auszuliefern oder umzubringen, gibt Japan trotz der Allianz der Länder dem nicht nach; das Ghetto wird am 3. September 1945 befreit; mit Gründung des Staates Israel verlassen fast alle Juden die Stadt

Shil: Jiddisch für Synagoge

Shuk HaCarmel: Täglich (außer Samstag) geöffneter Markt in Tel Aviv

Sinai-Krieg: Als Reaktion auf Ägyptens Sperrung des Suezkanals und seinem mit Syrien und Jordanien geschlossenen Militärbündnis, greift Israel mit Unterstützung Englands und Frankreichs Ägypten vom 29. Oktober bis 5. November 1956 an und erobert den Gazastreifen und den Sinai

Slicha geveret: Hebräisch für Entschuldigung, meine Dame

Sobibor: 1942 errichtetes Konzentrationslager im Südosten Polens, das neben den Lagern Belzec und Treblinka als Vernichtungslager der »Aktion Reinhardt« dient, deren Ziel die Ermordung aller Juden Polens ist; Schätzungen nach sterben dort 250.000 Menschen in den Gaskammern

Split: Heute zweitgrößte Stadt Kroatiens, vormals zu Jugoslawien gehörend

Sriv: Hebräisch für Container, in dem die Möbel der Emigranten nach Palästina transportiert werden

SS – Schutzstaffel: Gegründet 1925 als Sonderorganisation der NSDAP zum persönlichen Schutz Adolf Hitlers; ab 1934 eigenständige paramilitärische Organisation der NSDAP, die später maßgeblich am Holocaust beteiligt ist

Standartenführer: Dienstgrad der SS und SA in der Zeit des Nationalsozialismus

Stettin: Polnisch Szczecin; Stadt im ehemaligen Westpommern, 120 Kilometer nordöstlich von Berlin

Stolpersteine: Rechteckige Gedenktafeln aus Messing, die wie Pflastersteine eingelassen werden vor den letzten selbstgewählten Wohnorten der von den Nationalsozialisten in den Suizid getriebenen oder deportierten Menschen; ein Projekt des Künstlers Gunter Demnig, der die mit Namen und Lebensdaten gravierten Steine seit dem Jahr 2000 in Deutschland und in 17 europäischen Ländern verlegt

Strauss, Ludwig (1892-1953): In Aachen geborener Schriftsteller, der als jüdischer Privatdozent 1933 vom Dienst beurlaubt wird und 1935 nach Palästina emigriert, wo er zeitweise in dem Jugenddorf Ben Shemen als Lehrer arbeitet

Strophanthin: Früher zur Behandlung von Herzkrankheiten eingesetztes Medikament

(Der) Stürmer: Ab 20. April 1923 bis 22. Februar 1945 von Julius Streicher herausgegebene antisemitische Zeitung, die maßgeblich der Aufhetzung zum Judenhass dient und u. a. öffentlich in sogenannten »Stürmerkästen« aushängt

Stutthof: Im August 1939 auf dem Gebiet der annektierten Freien Stadt Danzig errichtetes und somit erstes Konzentrationslager außerhalb der deutschen Grenzen, in dem 110.000 Menschen inhaftiert werden, von denen 65.000 sterben

Sukka, Sukkot (Pl)**:** Hebräisch für Laubhütte bzw. Laubhüttenfest; während des siebentägigen Festes (Erntedank) vom 15. bis 21. Tishri (siebter Monat des jüdischen Kalenders, September/Oktober) errichten religiöse Juden eine Laubhütte, in der zeitweise auch gewohnt wird

Szold, Henrietta (1860-1945): In Baltimore, USA, geborene Erzieherin, Autorin, Sozialarbeiterin und 1914 Gründerin der Hadassah (zionistische Frauenorganisation in den USA) sowie Leiterin der Kinder- und Jugend-Aliyah in Palästina

T

Tallith: Jüdischer Gebetsmantel; rechteckiges, meist weißes Tuch mit blauen oder schwarzen Streifen, an dessen vier Ecken lange, mehrfach geknotete Fäden den Gläubigen an die Erfüllung der Gebote Gottes erinnern sollen

Talmud Tora Schule: Schule im Hamburger Grindelviertel, die von 1805-1942 besteht und seinerzeit als größte jüdische Schule Norddeutschlands gilt; seit 2004 wieder im Besitz der Jüdischen Gemeinde und seit 2007 auch wieder als jüdische Schule genutzt

Tanach: Bibeltexte, die als bindend für die jüdische Religion angesehen werden; bestehend aus den drei Teilen Tora (Weisung), Nevi'im (Propheten) und Ketuvim (Schriften); entspricht dem Alten Testament und wird auch als jüdische Bibel bezeichnet

Tatra: Gebirgskomplex der Karparten, dessen größerer Teil in der Slowakei und kleinerer in Polen liegt
Tbc: Siehe Tuberkulose
Tempel: Seit dem 19. Jahrhundert Bezeichnung für die Reformsynagogen
Teresópolis: 1820 von englischen Siedlern gegründete Stadt in Brasilien, 95 Kilometer nördlich von Rio de Janeiro
Theresienstadt (Terezín): Frühere Festungsstadt im heutigen Tschechien; nach der Besetzung Böhmens und Mährens errichten die Nationalsozialisten in Theresienstadt ein Konzentrationslager, in dem bis zur Befreiung durch die Rote Armee im Mai 1945 etwa 140.000 Menschen inhaftiert sind; ca. 33.500 sterben dort, über 88.000 werden in Vernichtungslager deportiert
Thorn: Polnisch Toruń; Stadt an der Weichsel, 180 Kilometer nordwestlich von Warschau
(Hermann) Tietz: 1892 von Oscar Tietz mit dem Kapital und unter dem Namen seines Onkels Hermann gegründete Warenhauskette, die in der Zeit des Nationalsozialismus den jüdischen Namen aufgeben muss und seitdem unter den zusammengesetzten Anfangsbuchstaben des Unternehmens firmiert (Hertie)
Transjordanien: Bis 1950 offizielle Bezeichnung Jordaniens
Treblinka: Im Juli 1942 und damit als letztes im Zweiten Weltkrieg errichtetes Konzentrationslager nordöstlich von Warschau, das im Rahmen der »Aktion Reinhardt«, deren Ziel die Ermordung aller Juden Polens ist, zum größten Vernichtungslager wird, in dem nach Schätzungen 1.1 Millionen Menschen aus ganz Europa getötet werden
Tuberkulose: Die weltweite Statistik der tödlichen Infektionskrankheiten anführende bakterielle Erkrankung
Turiah: Hacke aus schwerem Holzstiel und breitem Metallstück, das in Palästina in der Landwirtschaft eingesetzt wird, um trockene Böden aufzulockern
Turnerkreuz: Graphische Darstellung aus den »vier F« (Frisch, Fromm, Fröhlich, Frei) des Turner-Mottos des Dr. Friedrich Ludwig Jahn, Begründer des gemeinsamen Sporttreibens

U
Ulpan, Ulpanim (Pl)**:** Intensiver Hebräischkurs
Unabhängigkeitskrieg: Als Reaktion auf die Proklamation des Staates Israel am 14. Mai 1948 greifen am darauffolgenden Tag Ägypten, Syrien, Transjordanien, Libanon und Irak an; im Juli 1949 wird durch ein Waffenstillstandsabkommen, das nur der Irak nicht unterzeichnet, die Auseinandersetzung beendet und Jerusalem in zwei, von Jordanien und Israel kontrollierte Sektoren geteilt

UNRRA – United Nations Relief and Rehabilitation Administration: Deutsch Nothilfe- und Wiederaufbauverwaltung der Vereinten Nationen; die am 9. November 1943 auf Initiative der USA, Russlands, Großbritanniens und Chinas gegründete Hilfsorganisation unterstützt bis 31. Dezember 1946 die Repatriierung der Displaced Persons

USAFE – United States Air Force in Europe: Deutsch Luftstreitkräfte der Vereinigten Staaten in Europa mit Hauptquartier in Ramstein bei Kaiserslautern

Usha: 1937 von polnischen Einwanderern gegründeter Kibbuz im westlichen Galiläa

V

V2-Waffe: Vergeltungswaffe (Rakete), die nach der V1-Waffe (Flugbombe) von Zwangsarbeitern in den Stollen des KZ Mittelbau-Dora gebaut und von der NS-Propaganda als »Wunderwaffe« bezeichnet wird

Vereinigung der Verfolgten des Naziregimes – VVN: Zusammenschluss von nach dem Zweiten Weltkrieg gegründeten Opferverbänden, die den Widerstand gegen Faschismus und Krieg zu ihrem Grundsatz erklären

W

Warschauer Aufstand: Ab 1. August 1944 stellt sich die Polnische Heimatarmee den deutschen Besatzern entgegen und kämpft 63 Tage, bis sie kapitulieren muss; die Deutschen töten einen Großteil der Bevölkerung und zerstören die Stadt

Weichsel: Mit 1.047 Kilometern der längste Fluss Polens

Weimarer Nationalversammlung: Verfassungsgebendes Parlament der Weimarer Republik

Weiße Busse: Kurz vor und nach Kriegsende 1945 vom Schwedischen Roten Kreuz zum Transport und somit zur Rettung überwiegend dänischer und norwegischer KZ-Gefangener eingesetzt, um sie in ihre Heimatländer zurückzubringen; die Aktion geschieht mit Billigung der Nationalsozialisten; die Busse sind stationiert bei Fürst Bismarck in Friedrichsruh bei Hamburg

Weißer Stern: Auf Anordnung der Gestapo muss ab 13. März 1942 jedes sogenannte »Judenhaus« mit einem weißen sechszackigen Papierstern gekennzeichnet werden

Weizmann, Chaim (1874–1952): Geboren in Motal (heute Weißrussland); Chemiker, Präsident der Zionistischen Weltorganisation (1921–31 und 1935–48) sowie erster israelischer Staatspräsident (1948–52)

Wenn das Judenblut vom Messer spritzt: Zeile eines von der SA bei Aufmärschen gesungenen Liedes

Wiedergutmachung bzw. Deutsche Wiedergutmachungspolitik: Staatliche Maßnahmen, durch die Verfolgte des Nationalsozialismus materiell entschädigt werden

Wieringermeer: Gebiet an der Nordseeküste der Niederlande

Wilhelm II. (1858-1941): Letzter deutscher Kaiser (1888-1918), der auf seiner mehrwöchigen Palästina-Reise im Oktober/November 1898 die dort ansässigen Christen bestärkt und die deutsche Erlöserkirche in Jerusalem einweiht

Wilhelma: 1902 von Templern (um 1850 in Württemberg entstandene Religionsgemeinschaft) errichtete und nach Kaiser Wilhelm II. benannte deutsche Kolonie, ca. 15 Kilometer östlich von Tel Aviv; nach Ausbruch des Zweiten Weltkrieges wandelt die englische Mandatsregierung diese wie auch andere Templer-Kolonien in Internierungslager für die meist nationalsozialistisch gesinnten Deutschen um; 1950 verweist die israelische Regierung die letzten Templer des Landes; auf dem Gelände entsteht der Moshav Bnei Atarot

WIZO – Women's International Zionist Organisation: 1920 in Großbritannien gegründete, karitativ tätige Organisation; mit 250.000 Mitgliedern in 50 Ländern größte Frauenorganisation der Welt

Wolff, Jeanette (1888-1976): Geboren als Jeanette Cohen in Bocholt; SPD-Politikerin, die sowohl als Politikerin als auch als Jüdin in der Zeit des Nationalsozialismus in mehreren Ghettos und KZs inhaftiert ist; ihr Mann und zwei der drei Töchter sterben; nach ihrer Befreiung wird sie Abgeordnete des Deutschen Bundestages, Mitbegründerin und Vorsitzende der Gesellschaft für Christlich-Jüdische Zusammenarbeit sowie Stellvertretende Vorsitzende des Zentralrats der Juden in Deutschland

Y

Yad Vashem: Offizielle Bezeichnung »Gedenkstätte der Märtyrer und Helden des Staates Israel im Holocaust«; 1953 in Jerusalem eröffnete bedeutendste Gedenkstätte, die an die nationalsozialistische Vernichtung der Juden erinnert und sie wissenschaftlich dokumentiert

Yagur: 1922 gegründeter Kibbuz im Norden Israels, südöstlich von Haifa; heute mit über 1.200 Mitgliedern einer der größten Kibbuzim

Yangtse: Kurzform für Yangtsekiang; Chinas wichtigster und mit einer Länge von 6.380 Kilometern Asiens längster Fluss; entspringt im Hochland von Tibet, mündet in der Nähe von Shanghai ins Ostchinesische Meer und ist bekannt für die von ihm verursachten Hochwasserkatastrophen

Yerushalayim: Hebräisch für Jerusalem

Yom Kippur: Hebräisch für Tag der Sühne; Versöhnungstag am 10. Tishri, dem siebten Monat des jüdischen Kalenders (September/Oktober); mit dem zehn Tage zuvor stattfindenden Neujahrsfest Rosh HaShana bildet er die Hohen Feiertage

Z

Zagreb: Heute Hauptstadt Kroatiens, vormals zu Jugoslawien gehörend

Zahlmeister: Frühere Bezeichnung für einen Geldverwalter, beispielsweise beim Militär

Zakopane: Höchstgelegene polnische Stadt ca. 90 Kilometer südlich von Krakau in der Hohen Tatra

Zbąszyń: Deutsch Bentschen; polnische Stadt ca. 100 Kilometer östlich von Frankfurt an der Oder und 75 Kilometer westlich von Posen, in die bei der sogenannten Polenaktion Ende Oktober 1938 etwa 17.000 polnische Juden aus Deutschland abgeschoben werden

Zena: 1949 eingeführte Lebensmittelrationierung in Israel, die notwendig wird durch die der Staatsgründung folgende Masseneinwanderung orientalischer Juden; ab 1953 werden ihre Auflagen gelockert, aber erst 1959 vollständig aufgehoben

(Kapitalisten-)Zertifikat: Bewilligung zur Einwanderung nach Palästina, die von der britischen Mandatsregierung gegen Zahlung von 1.000 Pfund erteilt wird

Zfat: Stadt in Galiläa im Nordbezirk Israels, gilt neben Jerusalem, Tiberias und Hebron als eine der vier heiligen Stätten des Judentums und als geistiges Zentrum der Kabbala (mystische Tradition des Judentums)

Zionist: Anhänger des Zionismus, einer politischen und internationalen Bewegung, deren Ziel die Errichtung, Rechtfertigung und Bewahrung eines Jüdischen Nationalstaates auf dem heutigen Gebiet Israels ist mit dem religiösen Mittelpunkt Zion bzw. Jerusalem

Zionistische Weltorganisation – WZO: 1897 auf Initiative von Theodor Herzl (1860-1904) in Basel gegründet mit der wesentlichen Aussage, dass der Zionismus die Schaffung einer öffentlich-rechtlich gesicherten Heimstätte für Juden anstrebt

ZWST – Zentralwohlfahrtstelle der Juden in Deutschland: 1917 gegründete, 1939 durch die Nationalsozialisten aufgelöste und 1951 neu gegründete Dachorganisation der jüdischen Gemeinden und Landesverbände auf dem Gebiet der Sozialarbeit mit Sitz in Frankfurt